周蓓 主编

專題史叢書

徐松石 著

河南人民出版社

粵江流域人民史

粵江是珠江的舊稱，粵江流域即今廣東、廣西及附近區域。本書主要論述了這一地區的古代歷史和地理，通過田野調查與地名研究考證法考證當地少數民族的歷史和現狀

圖書在版編目(CIP)數據

粵江流域人民史 / 徐鬆石著. —鄭州 : 河南人民出版社, 2016. 10(2017.7 重印)
(專題史叢書 / 周蓓主編)
ISBN 978-7-215-10455-6

Ⅰ. ①中… Ⅱ. ①佐… ②劉… ③劉… Ⅲ. ①中國歷史-教材 Ⅳ. ①K280.6

中國版本圖書館 CIP 數據核字(2016)第 256987 號

河南人民出版社出版發行
(地址 : 鄭州市經五路 66 號 郵政編碼 : 450002 電話 : 65788063)
新華書店經銷 河南新華印刷集團有限公司印刷
開本 710 毫米×1000 毫米 1/16 印張 23
字數 200 千字
2016 年 10 月第 1 版 2017 年 7 月第 2 次印刷

定價 : 150.00 圓

出版前言

中國現代學術體系是在晚清西學東漸的大潮中逐步形成的。至民國初建，中央政治權威進一步分散和削弱，加之新文化運動帶給國人思想上的空前解放，新學的啓蒙，新知識分子的産生，民國學術如草長鶯飛，進入一個自由而蓬勃的時代。中國傳統學科乃中國學術之根基與菁華所在，民國學人采用『取今復古，别立新宗』之方法，引入西方的學術觀念，積極改造，使史學、文學等學科向現代學術方向轉型。此外，大力推介西方社會科學的新學科和自然科學，在學習、借鑒乃至移植西方現代學術話語和研究範式的過程中，逐漸建立中國現代學科，使中國的學科門類迅速擴展。一時間，新舊更迭，中西交流，百花齊放，萬壑争流，開創了中國現代學術的源頭。

伴隨知識轉型和研究範式轉换而來的，還有學術著作撰寫方式的創新。中國古代的著作向來以單篇流傳，經後人整理匯編後，方以成册成集的面目出現并持續傳播。直到十九世紀末，東西方的歷史編撰體裁不外乎多卷本的編年體、紀傳體和紀事本末體等，章節體的出現標志着近代西方學術規範的産生和新史學的興起。章節體具有依時間順序，按章節編排；因事立題，分篇綜論；既分門别類，又綜合通貫的特點。以章、節搭建起論述之框架，結構分明，邏輯清晰，較傳統的撰寫體裁容量大、系統性强。它的傳入，使中國現代學術體系從内容到形式被納入了全球化的軌道。民國時期專題史的研究、譯介、編纂、出版恰恰是在這樣的背景下欣欣而發，是學術的實驗場，也是歷史的記録儀。編選『民國專題史』叢書的初衷正是爲了從一個側面展示中國學術從傳統向現代過渡的歷史進程。

專題史是對一個學科歷史的總結，是學科入門的必備和學科研究的基礎，也是對一個時代艱深新鋭問題的解答，是學術研究的高點。民國專題史著作中，既包含通論某一學科全部或一時代（區域、國别）的變化過程的，又囊括對一時代或一問題作特殊研究的，還有少部分是對某一專題的史料進行收集的。原創與翻譯并重，翻譯的底本大多選擇該學科的代表著作或歐美大學普及教本，兼顧權威性和流行性，其中日本學者的論著占據了相當比重。日本與中國同屬東亞儒家文化圈，他們在接納西方學術思想和研究模式時，已作了某種消化與調適，從思維轉换的角度看，更便于中國借鑒和利用，他們的著作因而被時人廣泛引進。

與當代學術研究日趨專業化、專門化、專家化的『窄化』道路迥乎不同的是，中國傳統學術崇尚『學問主通不主專，貴通人不尚專家』的通識型治學門徑，處于過渡轉型期的民國學術在不同程度上保留了這種特徵。民國學術大師諸學科貫通一脉，上千年縱横捭闔之功力自不待冗言，外交家著倫理政治史、文學家著哲學史、化學家著戰争史等亦不乏其人，民國專題史研究呈現出開放、融通、跨界撰述的特點。與此同時必須看到，自晚清以來，中國的命運就在外侮屢犯、内亂頻仍的窘境中跌宕彷徨，民族存亡仿若命懸一綫。這股以創建學科、總結經驗、解决問題爲指歸的專題史出版風潮背後，包裹着民國學人企望以西學爲工具拯民族于衰微的探索精神，及以學術救亡的愛國之心。梁任公曾言：『史學者，學問之最博大而最切要者也，國民之明鏡也，愛國心之源泉也。』這種位卑未敢忘憂國的歷史使命感和國民意識是今人無法漠視和遺忘的。

『民國專題史』叢書收録的範圍包括現代各個學科，不僅限于人文社會科學，學科分類以《民國總書目》的分科爲標準，計有哲學、宗教、社會、政治、法律、軍事、經濟、文化、藝術、教育、語言文字、中國文學、外國文學、中國歷史、西方史、自然科學、醫學、工業、交通共19個學科門類。本叢書分輯整理出版，内不分科，單本發行，方便讀者按需索驥。既可作爲大專院校圖書館、學術研究機構館藏之必備資源，也可滿足個人研讀或興趣之收藏。

與目前市場已有的一些專題史叢書相比，『民國專題史』叢書具有規模大、學科全、選本精、原版影印的特點。本叢書選目首重作者的首創、權威和著作影響力，尤其注重選本的稀見性。所謂稀見，即建國後没有再版，且多數圖書館没有收藏，或即便有收藏，也是歸于非公開的珍本之列予以保存，普通讀者難以借閲。部分圖書雖有電子版，但作爲學術研究的經典原著讀本，紙質版本更利于記憶和研究之用。本叢書精揀版本最早、品相最佳的原版圖書作爲底本，因而還具有很高的版本收藏價值。

『民國專題史』的著作是民國學者對于那個時代諸問題之探究，往往有獨到之處，無論其資料、觀點短長得失如何，要之在中國現代學術史的構建與發展進程中，自有其開宗立論之地位。

唐立嶺南容管經略臺

（秦開三郡漢用兵威奇女徵側徵貳用心亦苦入唐此乃嶺南五管之一唐末屬南漢國）

民國廿七年春

始皇奮翮開炎裔。
百粵漫歌響遽沉。
刁斗幾傳三郡劫！
旌旗誰見二徵心？
初唐功績臺前柳。
南漢江山葉底禽。
此日登臨無限感。
五羊風雨又鬖鬖！

作者登臨賦懷

作者手執女式傜衣及千摺傜裙

（衣裙均有紅綠花紋）

南丹白袴徭何進時鄉長夫婦
（作者曾住其家）

修仁過山猺婦女及小孩

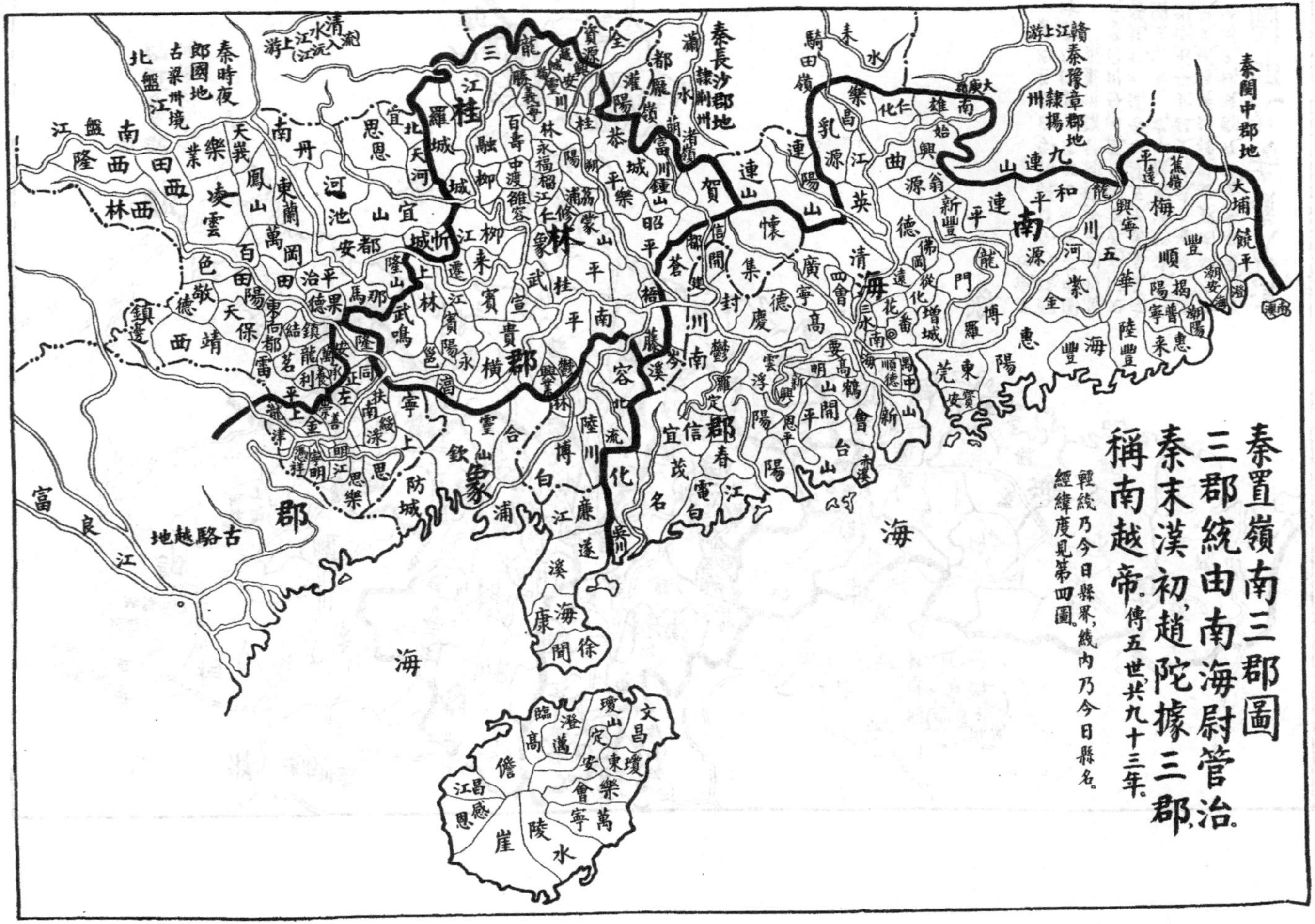

秦置嶺南三郡圖
三郡統由南海尉管治。
秦末漢初，趙陀據三郡，稱南越帝。傳五世，共九十三年。
經緯度見第四圖。粗綫乃今日縣界，綫內乃今日縣名。

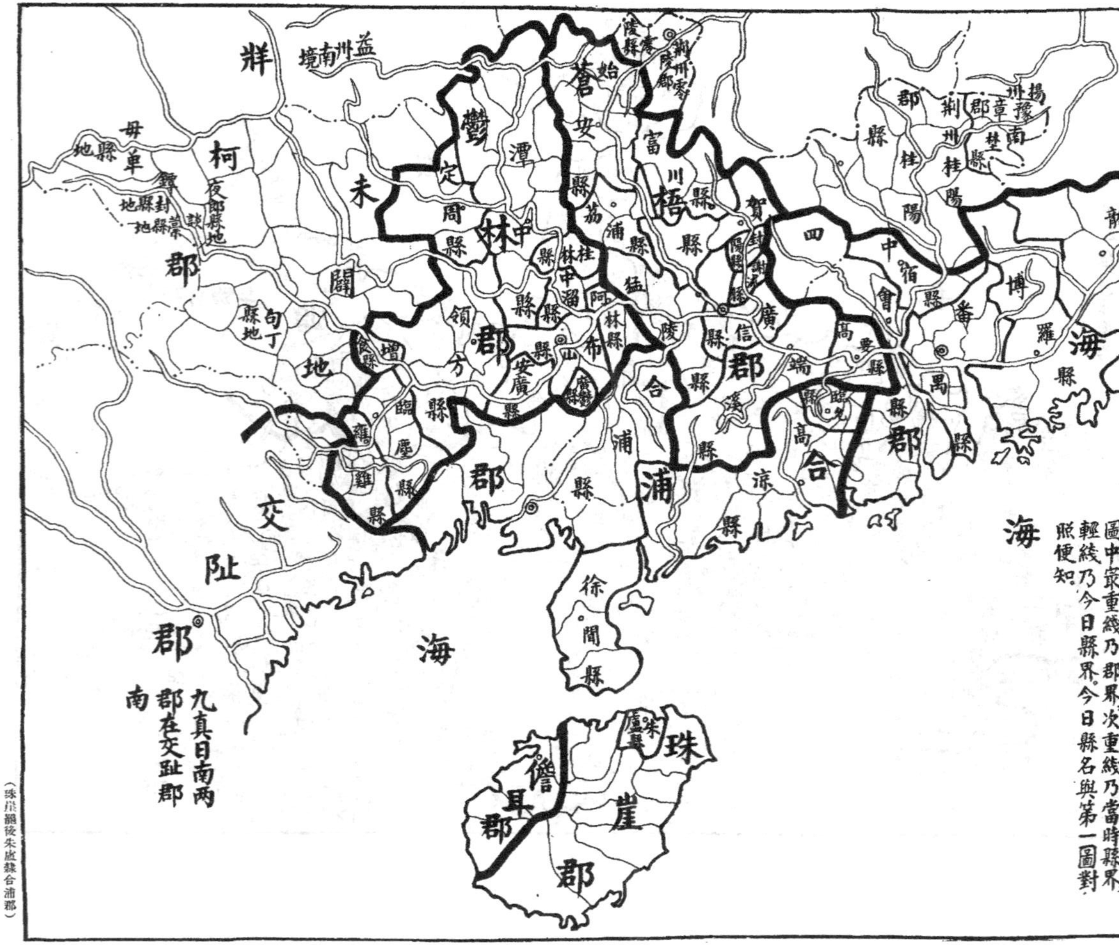

漢代嶺南九郡圖

漢武帝平南越，立九郡，統稱交州，治龍編，即今河內。建安間徙治廣信，後又徙治番禺。後漢光武時，交阯女子徵側徵貳反，遣伏波將軍馬援平之。漢末三國時，嶺南屬吳。黃武五年，以合浦以北為廣州，交阯以南為交州。再後分州日多，大都以廣州刺史持節都督諸州軍事。圖中最重綫乃郡界，次重綫乃當時縣界，輕綫乃今日縣界。今日縣名與第一圖對照便知。

（珠崖罷後朱盧隸合浦郡）

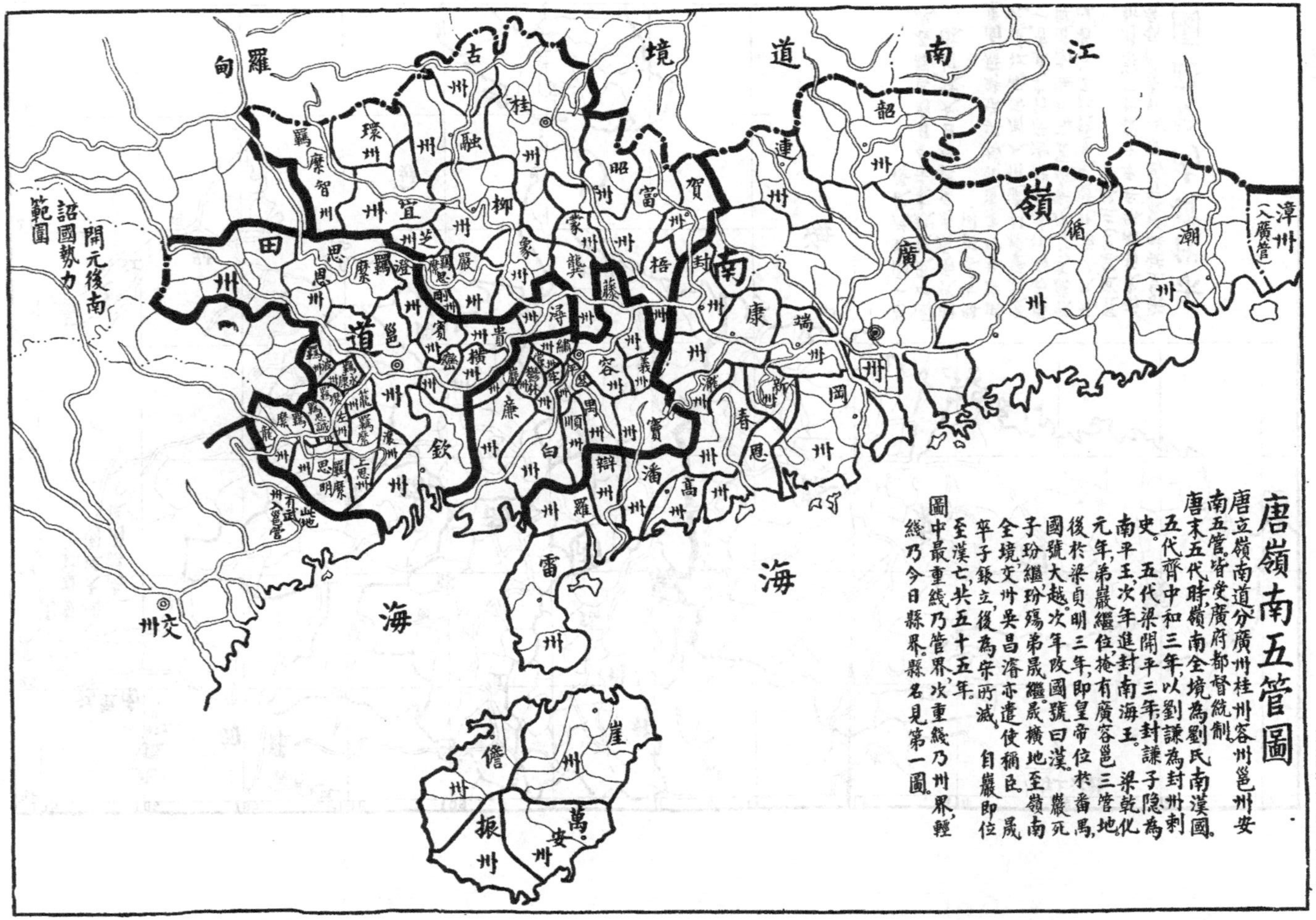

唐嶺南五管圖

唐立嶺南道，分廣州、桂州、容州、邕州、安南五管。皆受廣府都督統制。

唐末五代時，嶺南全境為劉氏南漢國。五代齊中和三年，以劉謙為封州刺史。五代梁開平三年，封謙子隱為南平王，次年進封南海王。梁乾化元年，弟巖繼位，掩有廣、容、邕三管地。後於梁貞明三年，即皇帝位於番禺，國號大越。次年改國號曰漢。巖死子玢繼，玢殤弟晟繼。晟擴地至嶺南全境，交州吳昌濬亦遣使稱臣。晟卒子鋹立，後為宋所滅。自巖即位至漢亡，共五十五年。

圖中最重綫乃管界，次重綫乃州界，輕綫乃今日縣界。縣名見第一圖。

（粵江流域人民史書前插圖三）

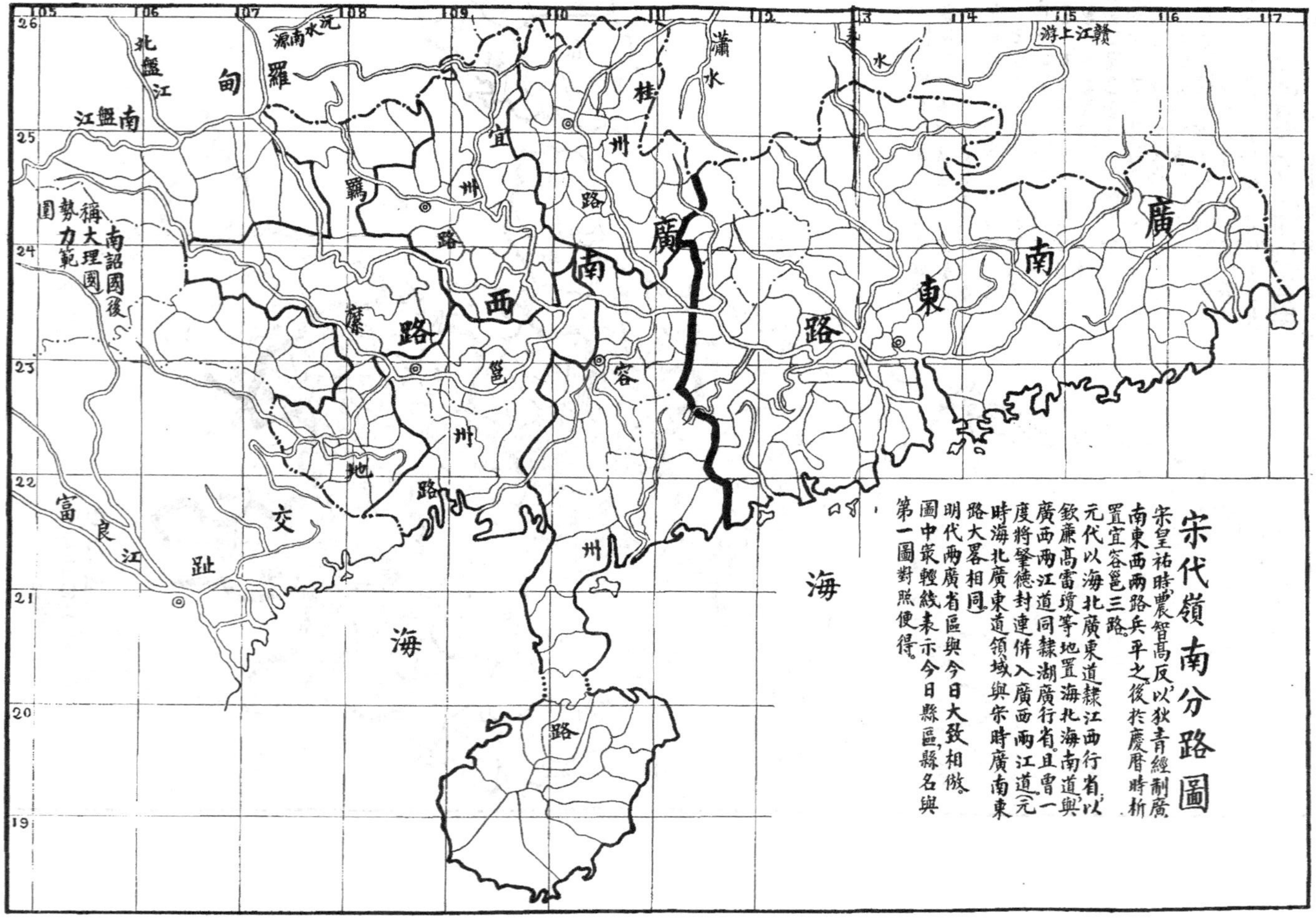

宋代嶺南分路圖

宋皇祐時儂智高反，以狄青經制廣南東西兩路兵，平之後，於慶曆時析置宜容邕三路。

元代以海北廣東道隸江西行省，以欽廉高雷瓊等地置海北海南道，與廣西兩江道同隸湖廣行省。且曾一度將肇德封連併入廣西兩江道（元時海北廣東道領域與宋時廣南東路大畧相同）。

明代兩廣省區與今日大致相倣。

圖中衆輕綫表示今日縣區，縣名與第一圖對照便得。

序言

粵江流域的風土人情，有種種特殊的現象。甚至居民體格，也與中州略有不同。作者世居嶺南，族人散佈兩粵。早年往還探訪，對於這粵江流域，尤其是兩廣方面古代史地的研究，油然發生興趣。

十餘年來滯留滬上，在大學中學教授史地，關於嶺南部分，蒐集材料更多。很久便有意把個人的研究和見聞，作成有系統的報告。民國十六年在桂北旅居數月，增加心得不少。民國二十四年，應雷賓南廳長之命，赴桂就全省國民基礎教育暑期訓練班主任之職，得有機會在邕寧和左右江流域實地考察，對於以前研究心得，尤多證實，更加鼓勵我的探討。

民國二十七年春，稍有餘暇，特為此事在廣東南路旅行一周。後來又入廣西，得省政府黃旭初主席和邱昌渭廳長的贊許，賜予種種便利。遂由桂林出發，經桂北湘西黔中黔南桂西桂中和桂省東南，曲曲折折走了一個圈子，深入傜山苗山和獞(音狀)人區域。又在桂平都合考查銅鼓的出土，和各種古代的石刻。於是這嶺南古代史地和嶺南古代文化的研究，才告一個相當的段落。

我們提及粵江流域古代史地這個問題，心裏必定要問，兩粵最初的居民到底是誰？嶺南遠古時代的地理環境到底怎樣？古時兩廣地面的居民與北方漢族究有何種關係？當日四川雲南貴州的西南夷與散居兩粵的部族又有甚麼連屬？古代兩廣居民是說甚麼話的？兩廣方言來歷如何？嶺南常見的大銅鼓乃何人和何時所造？印度支那民族與兩粵人民的關係怎樣？像這樣的問題，本書都有詳細解答，閱者必定覺得津津有味。

作者在考證上所用的方法很多。最主要的一個，乃從地理而推測歷史，用地名以證實古代的居民。自問這個『地名研究考證法，』對於中國古史尤其是西南部分的研究，確有特殊的價值。至於在心得上，則本書最要的幾點，乃苗傜僮都是中國的古部族，僮族在三代以前佈滿西南各省，這僮族非但是遠古嶺南的土著，而且是今日最純粹的漢人。他們的流風遺跡十分有趣。本書所記，不一而足，閱者可以細察。

作者完成這個研究，除特別感謝桂省的精明領袖黃旭初主席和邱昌渭廳長外，並要多謝唐現之教授，和唐兆民、姚子通、周振鐸、段希孟、蒙正強、吳維邦、謝東友、韋增健、龔家瑋、劉振棨、盧玉書、韋永才、莫樹風、莫相業、黎志明、周治長、方漢濱等君，以及家兄同民和舍弟震池。他們賜給作者的便利或指導實在不少此外則吾友劉錫蕃君多年致力於苗傜同胞的師資訓練賜予作者的鼓勵亦大，謹在這裏道謝。

中華民國二十七年十月十日。

作者徐松石謹序於滬上

粤江流域人民史

目録

⊙附載照片

⊙附載地圖及繪圖

粵江流域人民史

第一章　嶺外稽古的先決問題

本書稱爲粵江流域人民史它所研究的對象，就是粵江流域古代的史地。粵江流域在南嶺之外，所以本書也可以稱爲『嶺外稽古。』研究範圍，包括西南數省，而特別注重兩粵。孟子說南方是蠻夷鴃舌之邦，那麼『嶺外稽古，』豈不就是一部蠻夷史麼？所以我們的先決問題，就是蠻夷華夏有何分別。

一　華夏漢三字的檢討

有人說軒轅黃帝的子孫才是華族夏族漢族，倘若這話是眞的，那末燧人伏羲神農和昔日東夷南蠻等部落的子孫，都不是華族夏族和漢族了。又有人說華族夏族漢族是指黃帝時進住中原的一個特殊民族，他的血統與當時所謂蠻夷截然不同。倘若這話是眞的，那末從前益梁荆楚江淮閩粵海岱等地原有居民的子孫，都要摒之於華族夏族和漢族之外了。作者覺得這論斷是不對的，是完全不合事實的。所以在這裏先提出誰是華族夏族漢族這個問題，並且先將華夏漢三字檢討一下。

華字在中國史錄上，首先見於伏羲的母氏華胥相傳燧人氏之世，有大人跡出於雷澤，華胥踏了而生伏羲。又考華胥氏之所以得名是居於華胥之水。這華胥之水在甚麼地方呢？據路史華胥水即四川閬中縣的俞水。可見伏羲的母親生於西蜀，而華字最初出處也在西蜀蠻地。（閬中的閬字是僮語，本書下文另有證明。）就是華胥履巨人跡的雷澤，也是今日山東濟陰的古東夷地呢。

其次，黃帝封東山而奉中華君。路史注謂中華君即中黃丈人，黃帝從他受九品之方。這東山相傳是在山東。那末這飄渺無稽的中華君，也是出於當日東夷之地。（華山二字見於史書還是較後的事）

在周朝以前，並沒有華族這個名稱。到了周朝，方才以華字代表一個民族。左定公十年傳『夷不亂華。』尚書『華夏蠻貊，罔不率俾。』左傳疏謂中國有禮儀之大，故稱夏；有服章之美，謂之華。原來所謂華者，乃指服章的整齊華美，於血統方面絕對沒有關係，換一句說，有同樣華美服章的便是華人，沒有同樣服章的便是蠻族。華蠻之分，與其說是先天的，不如說是後天的；與其說是血統的，不如說是教化的。柳宗元文『公以令望，顯於華族。』這裏以華族二字代表冠族，含着衣冠禮教的意義。作者以爲中華民族應作如是解釋，並非一定要黃帝子孫才是華族。

現在讓我們再看一個夏字。夏族得名於夏禹。帝王世紀說，『禹受封爲夏伯，在豫州方外之南。』方外異域也。殷代且稱夷爲方，如土方、戲方、鄧方等。（見研契枝譚）夏字未必一定是指中土。說文『夏中國之人也。』段註『以別於北方狄，東方貉，南方蠻閩，西南僬僥，東方夷也。』但這也不是說中原的人是一個特殊的血統。請看帝王世紀說禹『長於西羌，西夷人也。』以西夷人而創立一個夏朝，爲我們夏族之所宗。可知夏族成立的條件，也是文化的而不是血統的關係。夏乃表示禮儀之大，前段已經說及。照華字一樣的演繹，凡有我們同樣的禮儀的，都可以稱爲夏族。

最後說到一個漢字。漢之得名，並非起於漢朝。因爲禹疏九河，已經有了漢水。不過外人稱中國人爲漢族，却起於劉漢時代。詢芻錄說，『漢武征兇奴二十餘年，馬畜孕重墮殰，疲極。聞漢兵莫不畏者，稱爲漢兒，又曰好漢。』然而漢朝爲何而稱漢呢？史謂諸侯叛秦，沛人立劉邦爲沛公。沛公入秦之後，西楚霸王復立他做漢王，封以巴蜀地方。所以漢字也是起於荊襄巴蜀。我們知道湖北有東漢水，四川有西漢水，大渡河支流也有一條叫做漢川水的。荊襄巴蜀，顯然與漢字有特殊關係。可是這些地方古時都是獞獠盤據之地。你看這漢字起於獞獠地方，而後世反拿來代表中原民族，說這中原漢族是與獞獠不同種的，眞是可笑得很。

更可異的，就是獞獠向來稱呼他們自己爲漢人漢子。獞話叫男人爲勒漢。勒音乃兒字子字的意思，勒漢就是漢兒。獞獠自稱爲漢兒，而漢人卻指他們爲異於漢人血統的夷獠，對他們表示輕賤侮蔑的態度。天下間寃枉的事，莫過於此。作者根據多年研究的結果，覺得獞獠自稱爲漢兒，實在比我們稱爲漢兒更合事理，

二　華夏漢族的血統問題

古時所謂華夏漢族，並非純粹的中原黃帝血統。甚至古代帝王，也每每出於夷族，或母氏原是夷人。史謂黃帝的兒子昌意降居若水爲諸侯，娶蜀山氏的女兒爲妻，叫昌濮氏，生下顓頊，二十歲而卽帝位，可見顓頊的母親原是濮人，就是今日獞侗獠僰之族。又舜帝非黃帝子孫，路史說得非常淸楚，本書下面還有考證。又鯀娶有莘氏的女兒名叫女嬉，產禹於西羌，地名石紐，卽今四川汶川縣的境地。所以帝王世紀說他是西夷之人。據華陽國志，夏禹王的妻又是西夷塗山氏女。塗山在巴蜀，卽昔日的江州城，亦卽今日四川的江北縣。（酈道元謂塗山上有禹廟和塗后祠。倦遊

錄謂禹廟後殿有一氈裘像，侍衛的皆是夷人，說是禹婦的父親。）禹生子啓，這啓豈不更是十足的夷僮族麼？此外商湯王之非黃帝子孫，衞聚賢氏在吳越文化論叢一書，多有考證，閱者可以參察。至於秦的祖先，史記秦紀提出一個鳥俗氏，更是離奇得很。近人陸侃如說，從前有許多諸侯稱爲黃帝子孫，實係附會。『他們互稱或自稱蠻夷，周人稱商爲戎，一見於尚書康誥，再見於周語所引太誓，三見於逸周書。又稱紂爲夷，一見於左傳所引太誓，再見於墨子非命，三見於逸周書……秦之與周亦然。魏策引朱己的話稱秦爲戎狄。秦本紀引申侯的話稱秦主爲戎。……楚人也自稱蠻夷，如楚世家引熊渠的話。』所謂華族夏族漢族並非與蠻夷血統對立，從這裏可以更加明白。

君主方面已是這樣，民衆方面更不必說。單就東晉以後的五胡亂華而論，今日所謂中原黃裔，實在大部分已經混有氐羌烏桓鮮卑的血統，再加上以前和以後的混合華族中西戎東夷南蠻北狄匈奴突厥蒙古契丹金人等族的血統也正不薄。曹松葉所著的中華人民史說唐朝的宰相一共九十八姓，其中有十一姓屬於胡人。所謂華族，實在不是一個純粹的中原黃帝血統。

在這裏我們可以下一個斷語，說華族的起源，不過是廣義漢族當中的一個黃帝部落，一方面採集了以前許多部落的文化精華，一方面加以獨立的發揚光大，慢慢的在這包括軒轅族神農族苗傜獞等族的一個廣義漢族裏頭，造成了一個半抽象的文化核心。附屬於這文化核心的一個集團，便是華族夏族和漢族。正如春秋的大法，『諸侯用夷禮則夷之，進於中國則中國之。』華蠻夷夏之分，原來是如此的。閱者必須牢記此點，然後能够體會本書的一切論證。淺白的說一句，讀者萬勿以爲今日嶺南苗傜獞人的本身和他們的祖先，都不是與我們同血統的華族漢族。

路史說徐人初時本來稱戎。後來採納中原文化，興盛一些，便不稱戎而稱徐。後來再盛一些，進級而稱爲人。等到極端强盛，竟稱他爲徐子。然而在周王要征伐他的時候，又復稱他爲徐戎了。楚國也是這樣。最初稱之爲荊蠻。後來吸收了中原文化，便稱之爲楚人。再後稱之爲楚子。再後與他通使，而視爲中原華族的一部分。宋羅長源批評說，『聖人豈有心於進之哉？因其進而進之，至於此也。』這就是『進於中國則中國之』的意義。

三　黃裔的攀附

華蠻分野這一個問題，本來是很簡單的。他只是廣義漢族許多部落當中的一個文化分野。可惜史家和諸侯攀附黃帝，使這問題增加了不少的複雜。請看一般史家所作的表。

黃帝—玄囂—蟜極—帝嚳—帝堯。
　　　　　　　　　帝嚳—（元妃姜嫄履巨人跡而生棄—周。）
　　　　　　　　　帝嚳—（次妃狄簡吞玄鳥卵而生契—商。）
黃帝—昌意—顓頊—窮蟬—敬康—句望—蟜牛—瞽叟—舜。
　　　　　　顓頊—伯鯀—大禹。漢書及縣律志謂顓頊五代生鯀，皇甫謐謂鯀乃顓頊子。
　　　　　　顓頊—楚芈姓顓頊後。
　　　　　　顓頊—秦嬴姓顓頊後。

【注意表中姜嫄的姜字（姜即羌）和狄簡的狄字。】

根據這表，少昊顓頊帝嚳堯舜禹湯文武秦楚吳越等，一概都附屬於黃帝了。可是上文已經證明，事實不是這樣的呢。以後各章還有許多地方表明這系統是杜撰的。

又如唐朝王室李姓起於甘肅成紀。時在五胡之後，甘肅成紀一帶的居民血統，已經成了一個問題。但是照中國人的舊習慣，一個人有了地位，終須要攀附黃帝才是。照樣，唐朝王室也說是出於嬴姓。其遠祖皋陶爲帝堯的大理官，因命理氏。紂王時理氏的後人，有於逃難的當兒，因食木果而得保存生命，所以改爲李氏。唐室既盛，又有徐氏邴氏安氏杜氏胡氏弘氏郭氏麻氏張氏鮮于氏阿布氏阿跌氏舍利氏董氏羅氏朱邪氏的人，因爲有功而均賜姓李氏。於是李氏布滿天下。不管他是阿跌氏或鮮于氏的後代，也一變而爲黃帝的子孫了。

無怪通典的作者批評說『臣按李氏，涼武昭王有國二十年，高祖有天下三百年。支庶既蕃，子孫必衆。然譜牒之議，紛紛不知何始。以理官爲氏者，容有此理。以食木子爲氏而取理同音者，無此理也。今不得其始，姑從理說，置在官列。臣又按唐家有天下，必欲世系詳明。然自隴西成紀令之後，信以傳信；自成紀令之前，疑以傳疑耳。』

更可笑的，石敬唐明明出於西夷，而冒稱石姓。劉知遠明明其先是沙陀人，而冒稱劉氏。赫連勃勃和安祿山尤爲滑稽。赫連是塞外人，自稱是大禹王之後，同時下令說『帝王者係天爲子，實與天連，今改姓曰赫連氏，庶協皇天之意。』安祿山原是營州柳城胡人，初名阿犖山，冒姓安，自稱黃帝之後裔，並說當時高加索白種人的安息國也是出於黃帝，因爲黃帝有個兒子名安。（見路史）倘若我們承認安祿山之說爲是，就今日的英俄德法美都可以牽連爲黃帝的後人了。

像這樣的攀附黃帝，完全因爲一般正統思想太深的史家作俑於前，後代世人竟誤會以爲黃帝子孫才是矜貴的華族。這樣一來，華蠻的界限就變爲純然血統的了。

在這矛盾綜錯的當中又有一班古代史家把正統觀念放得更大宣稱所有九州徼內徼外的華夷，都是出於三皇五帝。據他們說黃帝後人有名龍苗的，生吾融，爲吾氏。吾融生卞明，封於卞，爲卞氏。卞明離棄職守，降於南裔，生下白犬，是爲蠻人之祖。同時黃帝後人又有名叫番禺的，居於南海，乃是儋人的祖先。山海經就是這類書籍的一種。記述離奇，更使我們對於誰是華族夏族漢族這一個問題發生無窮的興趣。嶺外古代史地的研究，也就不能逃出我們的注意了。

第二章　四千年前的漢族

上面一章曾說古代華蠻夷夏傜漢的分野，是文化的多於血統的。所以本書所用漢族二字，實包括蜀山氏燧人氏伏羲氏神農氏軒轅氏以及微盧彭濮三苗九夷苗徭僮傜等一切部落而言。作者認定軒轅黃帝所領導的基本民衆，乃是一個部落而不是一個民族。正如今日留存的苗徭僮等，乃是部落而已。這許多部落都是漢族，他們的體格同屬南蒙古利亞種，與蒙古突厥等北蒙古利亞西蒙亞利亞種不同。（有人說現在華北人比華南人身裁較高較大，所以古代中原華族必與南方的人不同種族。不知現時中原的人已經雜有突厥兇奴蒙古的血統，當然不能說他們與古代中原人民的體格是一樣的。）他們的語言同是單音和最富鼻音的，與西蒙古利亞北蒙古利亞語言也有分別。本章所要探討的，就是四千年以前，這廣義的漢族有怎樣的特殊情形。

數萬年以至十餘萬年以前，中國地方是否已有人類，和若有人類，到底屬於何種。像這樣的問題，離本書研究的對象太遠，我們不必考慮。一九二一年在離北平不遠的周口店發現兩顆古人類牙齒，一九二九年又在那裏發現了一個古人類的完整髑髏。於是考古家斷定十餘萬年之前，中國地方已有人類，而且加以『震旦人』的稱號。葉爲耽氏在震旦人與周口店文化一書第四章說『震旦人雖則發現在中國，但決不能說他是一種先類蒙古人。他的悠古年代，早於眞人的出現，故他與現存人種的分類，可謂毫不相干。』我們知道這一點便已足了。

我們漢族到底發源於本國，抑自中亞細亞遷來，現在尚無定論。近年各省古石器的繼續發現，增加本源論的勢力不少。但以黃河和江漢上游爲漢族古文化的搖籃，似極可信。漢族散佈全國，爲時必定很古。慢慢的人口增多，而分爲無數的部落。史謂黃帝設監以理萬國；禹會諸侯，數達萬餘；周會諸侯於孟津，到者也有一千八百。韓詩外傳說孔子登泰山，觀易姓而王，可得而數的七十餘氏，不可得而數的一萬以上。這萬餘個王所代表的，就是萬餘個部落。黃帝國於有熊，他所領導的有熊氏，不過是當時萬餘部落當中的一個而已。

一　文化核心的形成

這萬餘或數萬餘的部落，當然有種種不齊的文化。有些已經很開通了，有些仍然非常閉塞。有些喜歡與外界接觸，有些喜歡閉關自守。最大的部落恐怕有數萬以至數十萬人，最小的恐怕只有數百或千餘而已。初時大多數部落以遊獵遊牧爲生，遷徙靡常，衝突非常利害。漸漸的農作興盛了，藉着競爭戰鬥擄掠倣效婚姻盟約的關係，不知不覺之間，形成了許多細小的文化核心。後來較大的核心也形成了。而最初形成的大核心，就是西蜀和中原兩個。在比較上，似以西蜀的核心爲早。這就是遠古時代的蜀山氏。

這蜀山氏的文化到底如何，不得而知。世本揚雄蜀記華陽國志等，均說蜀之爲國肇自人皇。黃帝和蜀山氏乃係兒女親家。武王伐紂，蜀亦來會。周時有蠶叢柏灌魚鳧等王。蠶叢治瞿上城，即今四川雙流縣。魚鳧治導江，即今四川彭山縣。肇國以後，揚雄杜甫說有二萬多年，當然不能遽信。史說直到蒲卑（即杜宇）開明爲帝，人民尚存椎髻的習俗。再後又有盧帝保子帝出來。而國家的滅亡，則爲秦惠文元年蜀亂，苴侯來秦告急，司馬錯請伐之。秦兵遂由石牛道入蜀，降他爲侯，而置於秦國支配之下。

蜀山氏的文化有幾點很值得我們注意。（1）史書論及蜀山二字，適與四川古代的地質史相符。山海經注謂蜀古字作淖，又謂蜀有三澤水，叫做三淖。按字典淖殊玉切，音屬，澤也。蜀山就是淖山，就是澤山或海山。倒轉來便是山海或山澤。在遠古時代，四川是個內海區域，稍有地質學知識的人都要公認。蜀山氏的國家非但是個內海區域，而且照他的歷史傳說，從前有三澤水，叫做三淖，連內海的數目也提出來。我們當然不能回到數千年前，去看看那裏是否眞有三海。然而希奇得很，今日所有的地理書都說四川現在產鹽縣份有四十餘，有井約九千口，所採的鹽都是從前海水的沉澱。鹽鑛共分三個區域。一個叫做自流井區，包括沱江的下游，富順榮縣一帶。一個叫做嘉定區，包括樂山附近的岷江下游。一個叫做嘉陵區，包括涪江的沿岸。這樣看來，蜀山氏實在是一個很眞實而又很古的文化中心。(2)蜀山氏發明蠶織之術。他有個君主叫做蠶叢。路史考證說這就是古代的蠶國。史謂伏羲興蠶桑。黃帝內傳說黃帝斬蚩尤，蠶神獻絲。皇圖要覽說伏羲化蠶而西陵嫘祖勸蠶。今四川松潘縣南古翼水縣有蠶陵，相傳即西陵得蠶之處。(3)中原文化顯然大部分脫胎於蜀山文化。路史謂伏羲生於成紀(甘肅)，燧人遊於南垂(疑即雲南安南)若然，必定經過四川。黃帝子昌意就德遜於若水。黃帝子玄囂也曾降居江水。昌意且娶蜀山氏而生顓頊，顓頊亦娶蜀山氏女。禹生石紐，也在西蜀。可見古代中原吸收西蜀的文化必多。(4)西蜀賨廬彭濮等人，和今日的苗傜僮獠一樣喜歡用倒裝名辭。例如都城而稱成都，紀城而稱成紀，山淖而稱蜀山之類。(關於此種倒裝語辭，下文還有許多地方論及。)在古代中原文化，這種語法也很普通。例如伏羲的妹叫做女媧，神農母氏叫做女登，舜妻叫做娥皇女英，融氏祝官叫做祝融，嚳帝叫做帝嚳，堯帝叫做帝堯，祿氏監官叫做監祿，倉氏史官叫做史倉，周朝的城叫做成周，鹿淖叫做濁鹿，劉公叫做公劉，稷后（后卽君主）叫做后稷之類。這也證明蜀山文化影響中原文化很大。

古代第二個大文化核心乃是中原。這核心比蜀山文化更爲有趣，因爲這中原地方部落鬥爭消長混合非常利害。炎帝部落與黃帝部落一戰，就是要奪取中原霸權。中國歷來所公認的正統文化，便是這中原文化。這文化的性質，我們讀過相當史書的人都很明白，不必多說。

二　成立中原文化的四巨頭

成立中原文化的四巨頭乃燧人氏，伏羲氏，神農氏，和軒轅黃帝。在燧人之前，還有鉅靈句彊，葛天，尊盧，無懷等五十餘氏，見於史冊。然而語焉不詳，他們與中國文化的關係無從推斷。到了燧人氏，方才有些事實可稽。

這燧人氏大約是一個起首用火的部落，這部落又顯然是先來漢族的前鋒，到達中國中部很早。路史謂燧人氏南遊於西王母國，又說他遊於日月之都，至於南垂，看見某種樹木，鳥啄其枝便粦然出火，燧人因而發明取火之道。南垂是指何地不得而知。尙書大傳說「堯南撫交阯於禹貫荆州之南垂幽荒之處，故越也。』似乎西王母的羌地和南垂的越地，這用火部落的酋長都曾到過。陳炯齋南越遊記說南方的榕樹，往往日久自行生火。燧人氏所遇着的或者就是此樹。史家稱他爲三皇的第一位。（這是譙周之說。春秋運斗樞則以伏羲女媧神農爲三皇。白虎通則說三皇乃伏羲神農祝融。）他發現了火，中原文化就大大的展開了。後來他的部落顯然遠達中國的東鄙，因爲他姓風，而風夷乃是後來所謂東方九夷之一。（九夷乃畎夷於夷方夷黃夷白夷赤夷玄夷陽夷風夷。）你看蜀字蠻字閩字風字和蚩尤的蚩字都是從蟲，他初時是西南方食蟲蛤的部落可無疑義。

燧人之後，又有伏羲氏。他是譙周所舉三皇中的第二位，史稱東方之君。作者深信他是出於燧人部落，因爲他也姓風。史稱三皇皆蠦身，或說伏羲人首龍身或鱗身，顯然他用蛇皮來做衣裳。又說他以龍紀官，遂開中國以龍爲矜貴的風氣。說他生長黃河之南，習見巨蛇，似難否認。他的妹妹叫做女媧。釋名說笙是女媧所造。如今苗傜僮和雲南夷人並印度支那的猺族，還以笙爲普遍的主要樂器。凡此種種，均令我們感覺着他們兄妹與南方漢族的關係密切。更可奇的一件事，就是今日苗傜僮人多拜伏羲兄妹和神農，而不奉軒轅黃帝。作者在兩廣視察時，屢見此種現象。試舉廣西修仁縣栫山村傜人神廟的神牌爲例。

九天雷祖長生大帝
九天應元雷聲應化天尊
南農北斗諸將侯土
先後天盤古五穀大王
祈雨雷神有感尊神
伏羲兄妹九祖聖尊
神農皇帝住祿判官
左右百營天地仙兵
神位。

（苗人臘祭叫做報章，祭用巫，亦設女媧伏羲位。安南人也相傳他們遠古第一朝的鴻龐氏是神農的後裔。）

這情形之所以發生，大概一方面因爲伏羲女媧神農當時勢力偉大，而另一方面因爲軒轅黃帝純然以刀兵對付南方部落。

神農稱爲炎帝。南方屬火，他確然是南方之君。他的母氏叫做女登，乃有蟜氏的女兒。他生於列山的石室，卽今湖北江夏隨縣。但因長於姜水，所以姓姜。蚩尤三苗等都是他的部族，同屬姜姓。苗徭僮和中國南方的人重巫，首先設立巫咸巫陽等主筮巫官的卻是神農。後來他崩於長沙，而葬於茶陵，乃是當日夷方之地。在農作醫藥政事教化各方面，神農的建樹實在很多。中原文化的創造，他的功勞恐怕比燧人伏羲還要偉大，所以也在三皇之列。

炎帝後裔有蚩尤阪泉氏，原是一個很有本領的人，作了五刑和五兵，出羊水，登九淖，而擴張勢力達於涿鹿。他與榆罔爭奪帝位，本是自己家內的事。不意榆罔約了有熊部落的酋長軒轅氏同攻蚩尤。蚩尤作霧，軒轅皇帝作指南車，三年九戰然後給黃帝打敗。這樣一來，姬姓的黃帝便剪除了姜姓系統的霸權，中原政柄竟入黃帝的手中了。

這黃帝似是一個北方部落的人。譙周謂黃帝乃有熊國君少典的兒子。國語卻說少典娶有蟜氏女而生炎帝。論者早已指明兩人相隔五百餘年，斷無同父之理。試看炎黃戰爭的慘烈，我們終覺得他們必非同一部族。黃帝的政策與炎帝的政策頗有不同。商君書說『神農之世，男耕而食，婦織而衣，刑政不用而治，甲兵不起而王。神農既沒，以強勝弱，以衆暴寡。故黃帝內行刀鋸，外用甲兵。』自從這時以後，中原文化另外加上一個色彩。南方部落是戰敗族，當然憤憤不平。黃帝部落和他次第吸收的部落集團，自命爲武力戰勝者，當然對稍遠的部落表示歧視和戒懼。於是漢族漸漸的成爲南北二支。爲便利起見，可統稱爲姜漢族和姬漢族。而後代華蠻的界限和壁壘，這時已放下第一顆基石了。本無血統之別，而形成蠻夏之分，遂使南方和西南稍爲落後的苗徭僮等部落，被中原冠族視同異類，這眞是中國歷史上一件非常不幸的事！

第三章　正統思想的養成

中國在四千年以前，有千千萬萬的部落，住在黃河長江粵江流域，都隸屬於廣義的漢族之內。但當四五千年甚或六七千年以前，這些廣義的漢族，却因地位相隔遼遠，風土人情遂漸漸的發生歧異，膚色和體質也因太陽雨水氣候食物等環境的作用，而彼此略有分別。一個廣大的漢族，便無形中成為三個很大的集團。黃河集團以中原文化為根據，而流傳為齊魯秦晉等個較小的文化中心。江漢集團以蜀山文化為根據，而泛濫為楚越吳等個區域文化。至於峽谷集團，就一方面依附於蜀山文化，而一方面孕育為哀牢古滇越裳扶南等特別富於南方色彩的撣族泰族文化了。

為便利起見，我們可稱中原集團為北支漢族，而他的文化為北支漢族文化。其他兩個集團為南支漢族，而他們的文化為南支漢族文化。然而這是教化的分別，而不是種族血統的分別，讀者必須牢記。

一　中原地位的優越

漢族部落既然形成了南北二支，他們的關係怎麼樣呢？

英國大史家惠爾斯說，『中國文化雖然是屬於蒙古利亞的，但是他的策源地未必祇有北方一部。……中國南部的人種和有史以前的事實，歐洲人知者甚少。其地中國人與土人。如今日的暹羅人和緬甸人混居，似與達羅毗荼族和馬來人亦有關係。據中國歷史所記，中國文化顯然有南北兩源，皆紀元前二千年的中國文化。蓋有史以來，南北兩種文化衝突混合交換，凡數千百年的結果，而南方的文明在古代或較北方更爲發達。』

惠爾斯說遠古時中國南支文化或比北支更爲發達，這話很有見地。作者覺得南支文化的最大淵源就是蜀山文化，他的時期比中原文化實早得多，而且中原文化也曾大量的吸收蜀山文化。此點前面一章已經說及，以後各章還有分論，茲不多說。現在我們所要知道的就是『青出於藍而勝於藍，冰生於水而清於水。』中原文化雖有一個很大的部分脫胎於蜀山文化，而他的生存和感化力量，却遠出蜀山文化之上。吳楚越文化承着蜀山的餘緒，更無論矣。

中原文化的優越有四個最大的原因。第一個原因是地理的。讀者不妨展開地圖一看，就可以知道四川是一個大盆地，四面高山環繞着一個很膏腴肥沃的低原。像這樣的地方，當然宜於偉大文化的孕育，但却不宜於文化的發展和擴張，因爲文化的發展和擴張以交通便利爲最大條件之一。在這一點，中原就大大的勝過西蜀了。中原非但交通便利而且土地也與四川同樣的膏腴肥沃。

第二個原因是政治的。中原是各部落目光集中的地點，彼此都希望在中原爭個地位。試看中國從來的戰爭，都以爭奪中原爲最後的目標。所謂逐鹿中原，就是這個意義。有這政治作用，各部落各區域文化的介紹和混合，必定非常廣汎。這事對於文化的發長和傳播，當然很有幫助。

第三個原因是民性的。北方天氣嚴肅，雨量少而寒暑烈，同時北界又有玁狁獯鬻等類遊牧民族，（北蒙古種。）所以漢人久居中原迤北的地方，也養成了一種剛強刻苦的民性。在相對方面，南方人民久習農作，居於青山綠水之間，爲和煦的天氣所薰淘，爲豐富的產物所供養，性情未免柔和一些。孔子所謂『寬柔以敎，不報無道，南方之強也，君子居之。衽金革，死而不厭，北方之強也，而強者居之。』以北方的兵威，去臨南方，自然無往不利。炎黃一戰之後，中原文化便挾着這優越的武力而成爲中國的正統文化了。

第四個原因是個人的。說到這一點，我們實在不能不推尊和欽仰黃帝。在中國許多古帝王當中，黃帝眞是一個特出的人才。他的政治建樹和文化建樹之多，也可以算是古帝當中破天荒的。例如正官秩，明醫藥，舉賢能，廣耕稼，定氏族，分嫡庶，增宮室，厚衣食，興蠶桑，講祭祀，立禮制，會諸侯，鑄鐘鼎，肇田制等，那一件不是對於中國文化很有貢獻的呢？

我們知道人類文化的開展，有兩個最基本的條件，就是火的使用和文字的幫助。燧人氏發現用火之道，所以列爲三皇之首。黃帝創始（或完成）文字的使用，所以列爲五帝的第一位。這都是很配的啊。大多數史家都說黃帝史臣倉頡製造文字。有些人說倉頡乃是黃帝以前的古帝，首先發明文字。又有人說伏羲首創龍書，跟着又有神農創立穗書。三墳乃是三皇的書籍。但後二說都是傳聞而無可考證。黃帝時代使用文字，却是絕端可信的事。中原文化之所以優越，不能不多多歸功於黃帝的廣用文字。

二　南人北嚮（嚮即向義）

汲冢周書王會說，「自古之政，南人致來者，皆北嚮。」這是事實；這是一個很有趣味的事實。

先說舜吧。杜預說，「虞乃舜之先，世數未聞；五帝之中，獨不出於黃帝。」史稱舜乃黃帝所出。金仁山曾攻辯說，「史稱黃帝之曾孫嚳，嚳之子堯，則堯黃帝之玄孫也。又稱黃帝生昌意，昌意生顓頊歷窮蟬敬康句望嶠牛瞽叟以生舜則舜黃帝八世孫也若堯舜俱出黃帝則二女之妻（指堯以娥皇女英二女妻舜）不亦亡宗瀆姓亂度無別乎？」

堯讓位於舜之說，早已有人疑問。韓非子外儲說淮南子齊俗訓等，都疑堯舜禹的傳授未免有爭奪之嫌。呂思勉說『孟子，尚書大傳與史記均說堯使九男事舜，而呂氏春秋則說堯有十子，莊子盜跖篇又說堯殺長子，據俞正燮所考證，則堯被殺的長子名朕就是論語憲問篇所謂盪舟而不得其死者，亦即書經皋陶謨所謂朋淫於家用殄厥世者。又書堯典說舜定四罪而天下咸服。據宋翔鳳所考證，則共工驩兜和鯀在堯時皆居四岳要職，舜誅削之，豈不可駭。』

作者又按帝王世紀謂共工驩兜三苗和鯀既然被舜流放竄殛之後，堯遂納舜於大麓，而烈風大雨不迷。大麓二字的意義，孔安國曲解爲大錄萬機。桓譚新論從而和之，說麓乃領錄天下的事。路史著者則謂麓乃山野，乃堯將遜位舜帝，先置於林野以試煉之。據作者觀察，則堯嫌其專横，驅之下野亦未可定。

總而言之，舜不與黃帝同宗。他名爲烈山氏，頗有燒山氏的意義，好像今日苗徭燒葦，刀耕火耨一樣。他的弟弟叫做象，象乃南方之物。他居於雷澤，在濟陰，那裏古代是邛地，與四川古僚族的邛都同用一字。漢時其地有都陽，有城武。他所經商的地方叫做傅虛。他的二妻叫做娥皇女英。他南巡而死於蒼梧，葬於零陵。看這些古代夷人地名，這些倒裝名稱，和這『虛』字的使用，我們實在不能不聯想到南人的部落。

莊子說，『卷婁者舜也。』文子說，『堯瘦臞，舜黴黑。』大荒東經說，『帝俊生黑齒，姜姓。』注謂俊卽舜。又說『有困民國，勾姓。……帝舜生戲，戲生搖。』注謂疑卽今之徭民。又說『帝俊妻娥皇，生三身之國，姚姓。』像這樣的記述，自難完全憑信。然亦足以表示舜有出於東夷或南蠻的可能。（孟子離婁章句下明說舜是東夷人文王是西夷人）

舜以與黃帝不同部落的南支漢人，而進握中原的政權。他對於中原文化抱着怎樣的態度呢？他的態度就是完全承認中原文化爲正統的，所以中原政權也是正統的。史謂舜『祖顓頊而宗堯，』又謂『方其攝也，受終於文祖。』你看滑稽不滑稽，自己的祖宗不認而認顓頊和堯並堯之太祖爲自己的祖宗。可見自從黃帝作成中國文化和政權的正統思想之後，南人致衆者，確皆北奉中原文化爲正統。

大禹也是一樣。禹的祖先出於高陽汶山。他起於龍冢，（卽江源岷山，）生於石紐，長於西羌，

（見青城記）（蜀王本紀說禹本汶山郡廣柔縣人）。所以帝王世紀說他是西夷之人然而禹所宗奉的也是中原的正統。

據近人衞聚賢氏考證，商湯的殷族發源於今日江蘇浙江。他指明周泰伯封於西吳，（今陝西隴縣，）而非封於東吳。可見湯也接受黃帝所立的正統思想作者按殷人信鬼信卜甲骨文字充分表示此點。自古以來，南方人氏莫不如此。又殷人重干支，帝王皆以天干立名。今日的苗傜人仍然只以干支紀歲紀日和表示墟會日期。殷是南方部落，十分可信。

楚吳越之爲南方部落，更不消說。相傳楚的王室乃顓頊的後代，有名熊繹的，受周成王封於漢水流域中部的丹陽。到了熊達，僭稱爲楚。後來遷都於郢，再後爲吳所敗而遷都於鄀。（丹陽今江枝縣，郢今江陵縣地，鄀今宜城縣東。）春秋時他掩有今之川東全鄂豫南蘇皖南部湘贛北部的地方，曾經敗宋而與晉爭霸中原，又曾爲吳所敗。迨越滅吳，不久而越又爲楚所滅。

吳的君主相傳是泰伯之後。周太王想立幼子季歷，季歷的哥哥泰伯仲雍遂相攜而奔荊蠻，荊蠻義太伯而立之爲君。越的君主相傳是禹的後人無余之裔。國於會稽，以奉禹祀。傳到允常，然後強大。允常卒，句踐立。淮南子說吳人語音不正，言吳而加以勾，勾乃夷俗的發聲。顏師古說，"吳與越聲音多同，太伯自號曰勾吳，故越亦曰勾越。』

這樣看來楚吳越的君長似乎是黃帝大禹和周室的後裔。但上文曾說禹乃羌人，而周之先世是否黃裔仍屬疑問。何況有如上文所說，秦伯非封東吳，而楚世家引熊渠語亦自稱爲蠻夷呢？吳語注且說，『勾踐祝熊之後，允常之子，羋姓。』這顯然說越君不是禹王的子孫了。至於吳楚越一般人民之爲南支漢族，閱者大概都知道的。我們所須注意的一點，就是吳楚越三國都一樣的崇奉中原文化。

燧人都陽行，伏羲都陳，神農都陳，黃帝敗炎帝後亦都於陳。這樣經了幾位有名領袖的經營，中國文化的正統思想遂完全確立。這正統文化的根據地雖在中原，然而他以蜀山文化爲基礎，且是南北部落偉大領袖共同努力的結精，我們絕對不能說中原文化是北支漢族所獨自建立的。更絕對不能說接受中原文化就是屈服於北支漢族。換一句說，南人致政者皆北嚮，絕對不是北支征服南支。中國最大的聯合文化發生於中原，中原只是中國古代文化的首都罷。

我們研究粵江流域古代史地，應當首先明白這最初三章的意義。

第四章　苗蠻總察

中原文化成爲中國正統文化之後，才有華蠻的界限。附屬於中原文化的人自稱爲華，不附屬於中原文化的人總稱爲蠻。

一　蠻字是否一個不好的名稱

讀者須知蠻字的音並非一個不好的名稱。古代南方中國人原本一律稱自己做䜌。䜌乃蠻的古字，本來不是從蟲的。古時南方只有語音而無文字，䜌字也不過是中原的人把這些南方部落的語言譯音而已。從言，表示南人都有言語，從糸表示南方發明蠶織之術。然而因爲是譯音，所以有䜌蟁蒙閩苗麻曼慢蔓滿𬞟瞞孟猛毛等種種的互譯。怎樣知道古代南方人本來自稱爲䜌呢？有下列幾個證據。

第一，王制『南方曰蠻。』通志氏族略，『蠻氏芈姓，荊楚之後，因氏焉。』風俗通謂瞞氏荊蠻之後，本來姓蠻，音訛變而爲瞞。通志又謂蠻氏都麻解，蠻麻聲近，訛而爲麻。又風俗通說東蒙主以蒙山爲氏。據路史所記夏世侯伯，蒙山就是岷山，蒙山氏就是岷山氏。岷蟁民古代本來相通，所以通志又說羌人有不蒙氏，扶蒙氏，攜蒙氏等，路史且謂顚首有蠻氏戎，亦爲神農之後，所以姓姜。同時路史註謂曼㒼蠻同音，故說文音蠻爲㒼。這樣看來，㒼乃古代南方部落的姓氏，且有『偉大』的意思。（其實漢字茫茫蒙蒙漫漫等音也是表示廣大。）南詔蒙樂山的蒙字就是這個意義。這一個㒼字絕對沒有不好的意思存在裏頭，倘若具有不好的意思，古代南方的部落怎肯自己採他爲姓氏呢？至於閩與蠻通，更不必說。華陽國志指西南蠻濮爲閩濮，蠻閩當然同義。

第二，現在西南苗人仍然自稱爲 mun。日人鳥居龍藏在他所著苗族調查報告說，貴州安順附近花苗以 mun 自稱。彌勒附近花苗也自稱爲 mun 青巖附近青苗自稱爲 mun。青巖附近白苗也是一樣。武定附近花苗則自稱爲 amon。青岩花苗則以 mu 自稱。至於安南東京北部苗族的自稱則爲 murg 和 Hmung 兩音。可見都是珉，（粵音 mun），蒙一類。（今烏蠻山亦名烏蒙山。）

第三，廣西修仁十錦鄉土人稱大峒人爲勒民，（勒子也，民音 mun。）雲南白夷自稱爲民家子。賓陽土人稱客家人爲新民，表示與舊人有別。廣東新興居民婦女稱爲 mun 蠻。粵人稱小孩子爲細文（mun）仔。凡此種種，均爲古代南音㒼的遺跡無疑。南方文化肇於蜀山。西蜀岷山就是蒙山㒼山民山。㒼即是民。古時所謂黎民，所謂黔黎，所謂黎首，所謂黎蒙，均指百姓。誰知黎即九黎，黔即黔中，蒙即蒙山，這些字都是南方的產品呢！

第四現在廣西廣東雲南暹羅的傜人仍然以蠻字曼字晚字慢字或孟字猛字板字等代表人羣的集體。晚張即是張村曼李即是李村，蠻怕（在廣西南丹）麻倫（亦在南丹）的蠻字麻字，據南丹莫樹風先生解釋，均是村寨之義。至於孟字猛字在雲南如孟丁孟臘等，均是鄉區或縣區的意思，都是人類集體的自稱。根據以上所述，可見黎字並非一個不好的稱謂。

最可惜的就是黎字加上了鄙視的意思。自從周秦崛起中原文化和中原政治引起了華蠻界限之後，所謂荊蠻南蠻蠻閩等名稱，都存着一種鄙視的意義，而且因一蟲字而稱南人為蛇種了。黃帝以前南支漢族在江漢淮水一帶，勢力甚盛，當時黎字本是一個榮耀的名稱。炎黃一戰之後黃帝大勝，北人較為輕視南方部落，然仍不敢稱為蛇種。禹貢三百里為蠻。馬註謂『蠻慢也，禮簡怠慢，來不距，去不禁也。』不意後來說文一書竟說蠻閩從蟲，乃是蛇種，正如狄為犬種，貉為豸種，羌為羊種一樣，可憐可憐。時代轉變，黎字的意義也轉變了。現在讓我們恢復黎字蒙字慢字等本來所具『偉大』二字的意義罷。

二　苗黎勢力的今昔

苗蠻在古代的勢力很廣。遂人伏羲風姓，古代山東江蘇安徽江西等地的風夷大約是他們的嫡系。神農姜姓，蚩尤姜姓，三苗姜姓，史冊均如此說。而且大戴禮記只有皇帝和炎帝戰於阪泉的記載，並無黃帝與蚩尤戰於涿鹿的紀述，所以有人疑蚩尤炎帝即是一人。當日南方苗蠻勢力之盛，可以想見。

直至夏商時代，中央政府的直接支配力仍然未能堅立於蚩尤舊地。請看通志所載夏商諸侯，除防風氏建都於今日浙江武康縣外，沒有一個是在長江南面的，甚至在淮河之南的也只有一個六國和一個蓼國而在今日河南的，也只有一個飂或廖國而已。然而防風是防避風夷，而六蓼和飂國等也不過只受夏商封號，至於人民方面，都是南蠻部落。

周朝勢力比較南展，在長江之南至少有楚吳越三個受封的大諸侯。但這也不過是給周朝個宗法標，其實楚吳越都是當日所謂荊蠻揚蠻的部落。請看那時山東江蘇安徽等地的徐戎何嘗不受周的封爵，然而當徐偃王鼎盛的時候，執着淮河流域許多部落的牛耳，周朝王室竟不能制，而要楚國出來幫忙解決。又看昭王南征而被荊蠻設計，以膠舟沉王於江，像這情形，都是南民勢力宏偉的明證。

史書所載周朝南蠻都邑，在江漢淮泗和中原的很多，(1)百濮蠻的國都在今湘鄂交界石首縣的東南。(2)舒蠻的國都在今安徽舒城。(3)允姓之戎在今河南伊陽縣南，附近又有伊柜泉溝伊洛之戎。(4)蠻國都於麻解在今洛陽縣南。(5)庸蠻的都城在上庸，即今湖北竹山縣東(6)盧戎所都在今湖北襄陽縣西南。(7)巴蠻都於江州，即今日四川的江津縣。你看當時蠻夷的領域何等廣闊！

路史記述當時的情形說，「吳越楚蜀徧爲蠻境。（今荊湖川廣松茂姚保横賓邕梧等處皆是，其類甚多。通渠涪渝逄壁充畢等皆巴人之城。）秦隴晉魏悉成戎地，河南爲蠻，（河南陸渾新城故蠻子國，惠帝四年置蠻中郡。）河西爲狄。淮有羣舒，魏有諸魏，在在充滿。洛陽一工城，而楊柜泉臯陸渾伊洛之戎，亦且雜然分處。其中爲冠族者，蓋無幾也。」蠻人之多，冠族之少，並非以前冠族多被殺戮，亦並非成羣逐隊的蠻人從天而降；實乃羣蠻久居此等地方。周室盛則歸附冠族，周室弱則自組政權。他們在江漢淮泗一帶的並非野蠻，實乃因爲另守南方文化，和另組獨立的部落政權，所以被稱爲蠻罷了。

讀者須知古代南蠻的部落很多，文化高低的等級不少。有些蠻落或因文化很低，或因所住的地方偏而且遠，所以傳聞耳食，杜撰虛談，往往引起許多荒誕不經的記述。山海經說驩朱國人人面鳥喙。神異經謂驩兜子民鳥足翼行。述異記稍後出來，也說南海盤古墓長三百里。這都不能盡信。

但是朝代連續過去，中原文化日漸擴張，長江南北的許多蠻落終歸化而成了華黃冠族。到了今日，仍然保持着相當的原始部落色彩的，只有苗傜獞黎等部族罷。苗以貴州為最多，湖南雲南較少，廣東廣西更少，安南暹羅也有。傜以廣西廣東為較多，湖南雲南也有，浙江福建只有畬民一種。至於獞人（包括一般獠黎族，）則最多乃是兩廣，雲南貴州次之，湖南又次之，印度支那亦衆。（黎可納於獞族之內。獠儂狑侗狆徉等亦可稱為廣義的獞。）這些部族，古代住在甚麼地方呢？怎樣來到嶺南呢？這都是本章所要研究的問題。讓我們分苗傜獞三部來論述罷。

三　苗人的部族

我們只可以稱苗傜獞為部族，而不可以稱他們為種族或民族；因為在人類學上，他們都應當隸屬於黃種及南蒙古利亞種的漢族裏頭。

戰國策魏武侯條，吳起說，『河山之險，信不足保也。霸王之業不從也。昔者三苗之居，左彭蠡之波，右洞庭之水，汶山在其南，而衡山在其北。特此險也，其政不善，而禹放逐之。』史記五帝本紀，『三苗在江淮荊州數爲亂。』通志『越傳曰，禹至大越，上苗山，大會計，爵有德，封有功，遂更苗山曰會稽，言會計也。』周官引揚州記，說太湖一名震澤，一名笠澤，一名洞庭。荊州記則謂宮亭湖卽彭蠡澤，一名洞庭湖。古三苗國顯然包括今日江蘇浙江皖南江西湖南湖北川南豫南等地。（三苗之國北向，所以以古彭蠡卽今洞庭爲左，以古洞庭今太湖爲右，以四川汶山爲南，以湖南衡山爲北。）

這領域乃昔日神農的領域，也似乎是遂人伏羲女媧的領域。像這樣廣大的地方，當時必定不是一個或區區幾個部落所居住的。然則到底當時的住民是怎樣的呢？其說不一。有人說三苗乃九黎的君。有人說三苗亦稱三邦。高誘注淮南子，說三苗乃帝鴻氏的裔子渾敦，少昊氏的裔子窮奇，和縉雲氏的裔子饕餮三族的苗裔。又有人說今之苗民實非古之三苗。古今圖書集成邊裔典說『臣按經史所謂蠻則多指南方之夷也。夷狄之見於經者，始於三苗……今自巴蜀以東，歷湖南北，桂嶺雲貴，數千里溪峒山菁之中，有曰犵曰狑曰獠曰猺曰獞之類，凡數十種，皆所謂蠻也。其間最輕捷者曰猫。說者謂此卽三苗之後也。然今之猫，以山依居，性習不常，無有倫紀。又觀禹誓辭數苗之罪，謂其君子在野，小人在位，則是時之苗蓋有國都官屬，但其用舍顛倒耳。非若今世之猫，若猿猱然，無定居，無常業，不相統屬也。』

考苗字初見於書經和戰國策史記以後便寂然無聞。南方部落只稱之爲南蠻。唐朝樊綽蠻書才有『黔涇巴夏四邑苗衆』之語。元史記世祖至元二十九年事也有『諸峒苗蠻』之句。後來到了明清苗字之用頓盛。此點實堪注意。

據作者的考證，今之苗民必非古代三苗的中堅部落。但古三苗國的部落很多，今之苗民在古代居於三苗之地亦無疑義。怎見得呢？（1）今日苗人多說遠代來自江西方面，由江西移到湖南，再由湖南移到黔桂滇粵等地。作者在廣西龍勝縣張家村得苗民傳世系統一本，內有『渡船渡過洞庭湖，船到洞庭大也小，客到南京有也無』句。又一本有『落在蘇州……落在長沙寶慶府，……武岡州頭打一看，得見城步好風光』句。顯然有自東遷來的痕跡。作者在貴州都勻所遇之苗人，亦說是由江西泰和縣遷來。（2）苗語在大體上與傜語較爲接近。傜人是古時住在東方沿海的先來漢族。既然苗語和傜語較爲接近，則苗人在古時的住地必與傜地錯雜或連接，正合吳起洞庭彭蠡之語。（3）苗語傜語同樣複雜，不若僮語之較有系統。傜人與本族部落的言語有相差霄壤之遠的。苗人部落與苗人部落之間也是如此。在語音語詞和文法的裝置上，以苗襲傜，以傜襲苗，或以苗傜襲僮的痕跡甚多。（下文另有論列。）這事一方面證明苗傜較爲接近，一方面表示苗傜兩族必定經過較多壓迫衝盪和混雜。洞庭彭蠡之間，正是這樣的地域。(4)僮人甚易開化，且極喜歡與冠族文化接近。苗傜兩個部族則不然。他們具有入山惟恐不深，入林惟恐不密的態度，與僮人喜在平地耕種截然不同。這也表明他們必曾受過長期慘逼，所以至今仍是閉塞的部族。(5)傜人推尊盤古。續雲南通志說苗人亦相傳爲盤古之種。唐樊綽蠻書亦說苗有宗盤古者。嘗雨編廣西西隆苗沖紀聞也說苗傜均以盤古爲宗。這或者是苗人採襲傜人風俗。但我們知道傜是古代東方的部落，僮則向以西南爲大本營。苗人古代所居地方，不難推想而得。（相傳貴州有一部分苗人如宋家蔡家等本係中原漢族，楚滅宋蔡把擄來的宗室放於南徼，遂成苗夷。）

四　從神話證明苗人的故居

苗人故居在中國的東部，從苗人流傳的神話可以證明。貴州花苗有一個很普通的神話說，遠古時代，天上有十個太陽，（也有說六個的）本來是輪流出現的。後來不知何故，他們同時並出，所以天氣變爲非常嚴熱，雨水不降，五穀蔬果全都枯死。國王十分憂愁，就召集許多聰明的人，商量怎樣辦理。經過一番討論，他們決定請一個有名的弓箭手，將天上的太陽射去。他來了，他成功了，他把九個太陽都射落了。可是在他第十次正彎弓搭箭的時候，那第十個太陽竟飄然逃去，躲在山後。這最後的和僅存的一個太陽被嚇到心膽俱碎，從那天起，不肯再走出來。以後就滿天黑暗，一日兩日，一月兩月，一年兩年之久，太陽都不露面。弄到世人走路要點着火把，耕田要點着火把。一切都感着萬分愁苦。於是國王又召集聰明的人互相協議，決定恭請一個聲音最大的動物去叫太陽回來。當選去負這責任的就是一個獅子。獅子大吼一聲說『太陽快些回來吧』太陽聽見了，便自己說，這聲音太兇惡了，我不回去。國王和衆人看見獅子沒有成功，便請黃牛到來去代替他。黃牛大叫的聲音達到了太陽的耳朵，太陽仍然拒絕回來，因爲照他看來這聲音還是粗魯。於是第三個被請出來呼喚太陽的乃是公雞。太陽公公聽見公雞的啼聲，又溫柔又淸悅，便自言自語說，『讓我看看誰發出這樣美麗的聲音。』他正從東方山頭向大地窺探，全世界都重覩了光明，人人都拍掌歡笑，表示歡迎的意思。太陽公公看見世人已改變了心腸，也定意不再永遠逃避。他就吩咐公雞說，『以後我每天休息之後，你呼叫我，我必立刻回來。』因他很愛這個公雞，所以又把自己鮮紅的衣裳剪了一塊，做成一副很美麗的冠冕，送給了他。故此直到今日世上的公雞總是冠冕鮮明，而每逢公雞叫道『公公來啊，』太陽就起程回來了。

這神話與淮南子呂氏春秋和山海經等所載十日之說，很有關係。山海經說，『湯谷上有扶桑，十日所浴，在黑齒北，居水中，有大木，九日居下枝，一日居上枝。』又說，『東南海之水，甘泉之間，有羲和國，有女子曰羲和，爲帝俊之妻，是生十日，常浴於甘泉。』帝王世紀說，『大荒之中，暘谷之上，有扶桑，九日居下枝，一日居上枝，皆載烏。』呂氏春秋說，『堯朝許由於沛澤之中，十日出而焦火不息。』淵鑑引淮南子說，『堯時十日並出，草木焦枯，堯命羿仰射十日，其九烏皆死，墮羽翼。』楚辭天問說，『羿焉彃日，烏焉解羽。』又招魂說，『十日並出，流金鑠石。』晉郭璞十日贊說，『十日並出，草木焦枯，羿乃控弦，仰落陽烏。』以上所說，都是同一故事。路史卷十四，且注謂昔江寧城北五十里有射烏神廟，祀羿。

考史乘所載有兩個名羿的人。一個在帝堯時，善射。一個在夏朝，名叫后羿，乃有窮國的君主。山堂肆考謂夷羿取名，是仰慕堯時的羿，可見兩羿都是善射的人。夏時后羿奪太康和帝相位，專恃自己善射，不修民事，後爲寒浞所殺。汲冢書也謂徹甲居於河西，天有妖孽，十日並出，但射十日的，似非夏時的羿。

然而無論如何，這十日乃指十個君主，而不是指十個太陽，此點可無疑義。說文，『日者君象也。』禮記，『天無二日，士無二王。』從山海經所指十日所在的地點，和羿廟所在的地方，可知九日必定是指九夷的君。加上嵎夷或羲和或中原王室，便是十個日了。杜氏通典說東夷有九種即畎夷方夷於夷黃夷白夷赤夷元夷風夷陽夷率皆土著喜飲酒歌舞昔堯命羲和宅嵎夷曰陽谷乃日之所出夏后氏太康失德夷人始叛。指十日皆羲和之子，甚有意義。

路史卷十一記陶唐氏說，『於是澤兵稱旅，屠長蛇於洞庭，射十日，繳大風於靑丘，殺猰貐，擒封豕於桑林，乃誅鑿齒於疇華之野，戮九嬰於凶水之上，而後萬民復生。』原註謂射十日不是有窮的后羿，歸藏楚辭所說羿彈十日也，必不是指天上的太陽。此註可謂十分切當。苗人神話中的九日被射，一日逃走，顯然是指九個夷王屈服，而一個夷王遠逃。或指九個夷王屈服，而中原王室復盛。楚辭招魂篇說，『東方不可以託些，長人千仞，惟魂是索些。十日代出，流金鑠石些。彼皆習之。』這裏明明說十日是在東方。如今全國裏頭惟獨苗人有這樣活潑生動的十日神話，苗人遠祖必居東方，而且對於當日十王代爭，九王衰落，必定身歷其境，這是作者敢斷言的。王應麟通鑑地理通釋『李斯曰惠王用張儀之計南取漢中包九夷制鄢郢』這判楚的九夷是否遠古東方九夷的苗裔尚無定論從上文屠長蛇於洞庭句似乎確是東夷遺民

五　徭人遠古的住地

傜這一個部族，古時沒有明晰的記載。他們祖述盤古，而盤古或盤瓠的記述，都極荒渺無稽。有人說盤古即是槃古或盤瓠。有人說盤古和盤瓠並非一人，有人說盤古是開天闢地首出御世之主。有人說盤古乃古代傜人首領的通稱。有人說盤古或盤護是神而不是人。更有人說盤古即是盤固，並非指人指神，乃取盤基穩固之義。此外還有一說，指盤瓠為高辛氏的一個蓄犬。晉干寶搜神記所記載的盤瓠，出於稗官小說，姑且不說。南朝范曄作後漢書也說：『昔高辛氏有犬戎之寇，帝患其侵暴，而征伐不克。乃訪募天下有能得犬戎之將吳將軍首者，賜黃金千鎰，邑萬家，又妻以少女。帝有蓄犬，其毛五采，名曰盤瓠，遂銜人頭造闕下。羣臣怪而診之，則吳將軍頭也。帝乃以女配盤瓠。盤瓠負女入南山石室中，所處絕險，三年生子十二人，六男六女。盤瓠死，因自相夫妻，其後滋蔓，號曰蠻夷。』此種傳說，不近情理，路史曾論其妄，指他所根據的必為古史卞明生白犬是為蠻人之祖一語。不知史謂卞明乃黃帝曾孫，白犬乃人名而非眞犬，應劭不察，遂指高辛氏的蓄犬名為盤瓠，干寶范曄竟枝葉其說，而成為無稽的神話，眞是可惜。（按應劭後漢人，字仲遠，篤學博覽，拜泰山太守，黃巾亂後，曾助袁紹，為獻帝所重，史傳謂當時舊章湮沒，書罕存，劭乃綴集所聞，著為風俗通及種種故事，可見其言非全可靠）

世紀謂帝嚳高辛氏都亳，即今河南偃師。犬戎乃古代西方部族，時常侵略隴地。遠古所謂南山卽陝西的終南山。因此所以許多人根據干寶范曄之語，而指傜人遠祖世居中原地方。後來被逼，然後漸漸的遷到荆湖之地。唐杜氏通典記述盤瓠種說『盤瓠種號曰蠻夷，長沙黔中五溪蠻皆是。』作者按秦昭王使白起伐楚，略取蠻夷，始置黔中郡，漢興改做武陵郡。至於五溪，乃是辰溪酉溪巫溪武溪沅溪，包括着前湖南辰沅永靖四府州和永綏鳳凰乾州等廳，並貴州之思州思南鎭遠銅仁黎平五府，以及松桃廳地。（水經注則指雄樠酉潕辰爲武陵五溪。）隋書地理志也說，『長沙郡有夷蜑名莫傜，自言其祖先有功，常免征役，故以爲名。』

以上引起了關於古代傜人居地的第一說，大意乃傜人先世自中原或陝南漸漸移至荆湖。作者覺得魏晉或五代以後，傜人足跡實已屆及長沙五溪。但謂五溪最初土著原是傜人，則頗有可議之處。爲甚麼呢？第一因爲崇奉盤古的並不限於傜人，苗人也有奉盤古的。唐樊綽蠻書記黔涇巴夏四邑苗衆，卽謂苗亦自稱先祖乃盤瓠之後。第二因爲王應麟通鑑地理通釋謂五溪之蠻，古老相傳，指爲楚子滅巴，巴子兄弟五人流入黔中，各爲一溪之長。可見五溪遠古土人是否傜族，尚屬疑問。至於傜人最初居於陝南和中原之說，則全然不能憑信。

關於傜人古代住地的第二說，清代屈大均已啓其端。史謂漢初閩越王郢殺其兄餘善以降，漢因無諸孫繇君丑不與謀，乃使中郎將立丑為越繇王，奉閩越祀。注謂繇音搖。漢書江都易王傳亦有繇王閩侯之語。屈大均廣東新語遂斷定說『猺或作繇，漢書江都王建遣人通越繇王是也。』倘若屈氏之言果確，則遠古時代浙閩和贛東都是傜人的居地。

作者考大荒東經說舜生戲，戲生搖民，注謂疑即今之傜族。經中又謂中容附近有招搖山，其地有困民國，勾姓。作者按勾越勾吳勾餘勾亶均用勾字，必與搖民很有關係。勾越亦稱於越，而於陵於菟於潛等都在東方，並且古代九夷之中明明有一個部族叫做於夷。這勾字和於字的部落與搖民的關係，可以推想而見。越絕書說『搖城者吳王子居焉，後越搖王居之，稻田三百頃。』又說『通江南陵搖越所鑿，以伐上舍君。』古時吳越都有搖民，這些搖民與今日的傜族是否同一血統，實在值得我們研究。（按路史謂五帝時已有繇余國）

字彙說傜與徭通，姚與遙通，姚與繇通，（說苑止武美哉德乎姚姚者乎）愮與搖通，繇與搖通，（史記蘇秦傳二日而莫不盡繇）繇又與傜通。（詩民勞箋繇役煩多）可見姚搖傜繇是通用的。『猺』自唐以後始見。以前不輕視傜民，所以只用傜搖傜繇等字。

這樣看來，似乎遠古時代傜人的住地，確是江浙贛閩等省。有一部份是與苗民雜處，說不定苗傜原是同一大部族的分支或異名。如果古代傜民確然居於江浙贛閩，則我們可以下斷語說傜人乃最先到來的漢族，所以居於極東。隨着興起的便是以大湖區域爲根據的苗族，和以西南爲大本營的僮人。

六　傜人西南移的遺跡

顧絳天下郡國利病書說傜產於湖廣溪洞間，其後蕃衍，南接二廣，右引巴蜀，緜亙數千里。如今雲南和印度支那都已有了傜人的足跡。無論傜是發源於陝南和中州，或發祥於江浙和贛閩，我們總應考查他們遷移的遺痕，以爲辨別的根據。很希奇的一件事，就是傜人由東方向西南移的遺跡很多，而在陝南中州倒無傜人向南遷徙之可考的遺跡。傜人遠古住地之在於東方，似乎甚難否認。茲將各種痕跡分列於下。

(1)漢揚雄著方言一書，就當時言語的不同，常常題及幾個很大的區域。『江淮南楚之間』就是他所提出五六個大區域之一。這與上述的苗傜區域正合。

(2)漢書地理志謂楚地火耕水耨，民食魚稻，以漁獵山伐爲業，信巫鬼，重淫祀，吳粵與楚民俗略同。隋書地理志則統謂江南之俗，水耕火耨，食魚與稻，信鬼神而好淫祀。可見這些地方在風俗上同屬一體。

（3）閩浙贛均有畬民，而且均奉盤古，與畬人顯然有非常密切的血統關係。

（4）僮人本呼野市爲浪或閬（四川的閬中即其一例），或吠。近代畬人蔓衍的地方則墟字非常通用。這墟字是否與古代所謂殷墟桃墟同一意義，尚待研究。似乎古代的殷墟桃墟，不是墟市的意思。史謂舜帝微時債於傳虛，這虛字稍爲近似。但很希奇的事，就是今日江西省南昌之南和福建省的西南部並湖南省的中部與南都，一律用這『墟』字。更可異的，就是今日南昌附近地方，墟字漸漸改爲市字街字鎮字，或漸漸的於墟字之下加上一個市字或街字。可見墟的名稱是由東部傳向西南。畬人未大批到達兩廣之先，墟字似已傳到。兩粵古代所吸收的中原文化，多經洞庭和鄱陽兩大流域。墟字隨商業制度而由湘贛傳入兩廣，當係意中的事。（況且楚滅越後越王子孫多逃嶺南）

（5）盤古地名，自江蘇江西湖南以至兩廣，所見不少。宋羅長源謂淮安有盤古廟，廣陵即揚州有盤古冢和盤古祠，江西會昌有盤古山，雩都有盤古祠，湖南湘鄉有盤古保。作者按其他如湖南的衡陽常寧，和江西的尋鄔等地，都有盤古的名稱。至於兩廣方面，則盤古地名之多，更難悉舉。例如花縣的盤古皇，高要的盤古墟，平樂的盤古嶺，和武宣一縣的三個盤古，這盤古地名與兩粵的緣分眞是不淺。至於羅長源氏所舉的成都盤古廟，其神稱爲盤古三郎，則似與夜郎國竹三郎的故事混合，顯然不是純粹的傜人制作。傜人由蘇浙而徙於西南，這是一個很好的證據。盤古三郎似即白公三郎之音轉舊湖南通志記王阮亭詩『竹公溪口竹茫茫溪上人家賽竹王銅鼓蠻歌爭上日竹林深處拜三郎』按竹王廟在乾州亦稱白公或白帝天王。

（6）廣西平南板傜，自稱古代自會稽渡海而至樂昌。亦有自稱先世來自南京十寶殿的。桂西盤傜和兩粵板傜又有古時渡海被溺，蒙盤王施恩拯救，得免於難的傳說。按此處會稽二字當指會稽郡而非指會稽山會稽郡秦置包括今日江蘇的東部和浙江的西部治吳即今江蘇吳縣後漢時移治山陰即今浙江紹興又古樂昌城在今安徽太和縣東漢高后封張[illegible]爲樂昌侯即此南京十寶殿已無可考。渡海或指眞海，或指長江，或指太湖。現在粵人稱渡河仍用過海二字。

（7）作者在廣西北部某紅傜家得歌辭一首，據說，『差點點，慢點點，且唱小生生出身。小生出身身出處，小生出世有根源。原是江西屋內子，原是江西屋內人。小生無爺又無娘，天台娘度上武岡。……』又龍勝三百坤傜人張姓某長老也告訴作者，說其先人初自江西泰和縣遷到湖南靖州飛山寨，再後遷到廣西桂林府。又三百坤傜人侯長橋墓碑也說祖上是湖南靖州太和縣的人氏，元朝方纔移到廣西。又作者在貴州都勻縣問苗族某師範學生，亦謂其先來自江西泰和縣的爛垉街。查湖南靖州從來無太和縣。宋宣和後在安徽立有太和。江西泰和曾用太字。上述傳說，顯然略有錯誤但苗徭多自江西遷來似乎確然可信江西泰和縣乃三國吳之西昌隋朝改爲泰和，唐朝則稱太和。明叫泰和，屬吉安府。可見這一部分徭人自江西出來，約在隋唐時候。因爲自隋朝起，才有泰和縣的名稱。（廣西徊人亦有自稱來自江西和湖南的這乃遠古自湖北沔陽江夏並安徽西南部退下來的猺類他們的路綫又當別論）

（8）廣西白褲徭則謂遠祖來自福建。據白褲徭韋永才君告報，相傳從前福建有漢人欲佔徭人祖墳，爭論不決。相約能叫得墳中先人答應的，卽爲此地之主。不意漢人預伏一人於墓穴內，徭人三呼不應，而漢人則一呼便有回答。於是徭人遂被逼而徙至廣東，後來再從廣東徙到廣西。傳說詳情，當然不能盡信。但此事確能證明徭人東源之說。

（9）還有一個很好的證據，就是幾個代名辭的使用。字書說儂我也。隋書五行志謂『煬帝宮中喜倣吳音，多有儂語。』田汝成炎徼紀聞說楚人叫『我』爲儂。又字書說渠儂他也。六書故則謂吳人稱『他』爲人儂，甌人則呼儂若能。最奇異的，就是廣西東南部從前徭人呼我爲儂，呼我們爲儂隊，廣東四會昔爲徭人麕集之地，如今土音仍呼他人爲渠伲 nà。古代吳音與今日徭音確有關係。（我們每說『吳儂軟語』今日徭話也很柔軟）又吳越人呼魚爲 ngoo。（五字的粵音。）客家人呼魚亦爲粵音之五。兩粵徭人也多半呼魚爲 ngao。（牛字的粵音。）數音實在相近。大均新語記徭人歌，『牛大陷到石頭邊，』卽此」（陷即是不）這不是說客家族乃是傜人，也不是說今日的吳越人乃是傜族。客家人曾經久住古代山越之地乃是事實。本段不過表明古音的遺傳而已。作者研究愈久，愈相信吳越閩贛的古代部族乃是傜民。說不定眞像山海經所載，舜帝（姚姓）乃是傜民之祖。傜民見官不肯下跪，每說先有傜後有朝，這話頗堪尋味。

七　傜人遠古的文化

傜人的文化，淵源很古。相傳傜人所宗的盤古，乃首出御世之君。在古代史冊上，傜人屬於東夷。說文，夷平也，從大從弓，東方之人也。風俗通說東方人好生，萬物觝地而出，夷者觝也。古代傜族確是非常仁厚的人。試看春秋時吳越的風土民情，便可知其大概。吳越雖然以中原傳來之姬漢族文化為他們的骨幹，但吳越文化的土著光輝也很值得我們稱頌。孔子有南強之讚，當然是兼指吳越。可惜姬漢族的人民漸漸的把土著的傜人逼去，看他們如同化外，遂使他們退入西南的深山窮谷之中，生活艱難，文化落後。他們的遭遇，實在太可憐了。

傜人社會組織至今還保存着周朝以前的遺風。他們不納賦稅，而只供地方傜役。湖南通志引容齋肆筆說，「靖州風俗夐與中國異。蠻酋自稱曰官，謂其所部之長曰都幪，邦人稱之曰土官酋官。……男丁受田於酋長，不輸租而服其役。……荊湖南北路如武岡桂陽之屬，猺民大略如此，『日出而作，日入而息。鑿井而飲，耕田而食。帝力何有於我哉！』這乃是他們的理想。『寧食粥稀，不見官司。』這乃是他們的口號。猺族絕對不是未開化的人。他們是最先來的姜漢族。他們的文化是漢族文化最先的原素。我們若指他們爲未開化的蠻族，就是自己羞辱自己了。

（猺人風俗且有許多與日本非常相同龐新民著兩廣猺山調查說板猺洗身用木桶高及腹直經約二尺許盛水盈桶闔家男女大小悉洗濯於桶中洗時由大及小公媳男女之嫌在所不忌按此俗亦爲日本所流通的大約遠古時代東夷各部與島民甚有關係）

總而言之，猺人乃最先來的漢族，與遂人伏羲虞舜商湯的部落最有關係，根據地乃在極東。苗人在漢族部落中到達中國亦早，神農和這些苗人部落關係較爲密切，大湖區域乃是他們古代的住域。至於獞人部落，則到達中國亦並不遲，惟多滯留於中國的西南部，蜀山氏乃其文化的直接淵源。洎黃河綫的漢族移民崛起中原的正統勢力造成，炎帝失敗於前，吳越楚覆亡於後，苗猺部落遂一蹶而不振。稍爲開通的部屬，都向中原屈膝而同化爲正統漢人。較爲閉塞頑硬的部族，便相率向着西南奔逃，而造成今日的現象。至於獞族則住地遠在西南，東有巴峽五嶺之阻，北有嶓冢岷山之險，南有印度支那之廣，西有三大峽谷之固。退則有守，進則有爲。故巴蜀夜郎邛筰滇池南越南詔大理等國，先後興起。在南支漢族之各部族中，僮族的實力最為宏厚。以前此族對於中國向多貢獻。其蜀山文化且為中國立國的基礎。將來對於國家之繼續貢獻，無限量也。

第五章　苗傜僮的關係

我國西南幾省特殊部落很多。爲着便利起見，我們可以總稱爲苗傜僮，或總稱之爲苗傜夷。不過僮人最多，而獠爨僰人猓玀等實際上都是僮的同類，所以稱爲苗傜僮似較妥當。苗的種類甚多。苗防備覽和黔苗圖說所舉的有數十種。但純粹的苗人只有白苗青苗花苗黑苗紅苗五種而已。其餘都是僮人部落或僮苗的混合部落，也有些部落是北支漢人和苗僮的混合體。

傜人部落亦衆，有侯傜、金秀傜、紅傜、均傜、狗頭傜、蠻傜、藍靛傜、背籮傜、光頭傜、馬頭傜、白袴傜、三花傜、榜傜、尖頭傜、董籠傜、盤傜、良傜、板傜、過山傜、畬傜、白衣山子等種。

僮人則僮儂獠侗狆很猀徉黎岐蠻爨僰猓玀等，莫不包括在內。他的部落名稱在雲南和貴州兩方面異常龐雜，雲南通志所舉亦有數十種之多。至在廣西境內，則名稱較少，而部落亦較爲統一。

一　僮之來源和意義

范成大桂海虞衡志說獞是南丹慶遠溪峒的人民。顧炎武天下郡國利病書說獞是舊越人。桂通志謂他們性喜撞突，所以稱之爲『獞』。范說雖對，而範圍太小；因爲古代兩粵大河流域的土著都是獞人。只有粵省極東部分，今日潮汕地方，少有獞人罷了。顧說指獞爲舊越人，甚對甚對。但桂通志謂性好衝突，所以得名，就不對了。

按獞人在有周以前，早已佈滿西南各省。他們的大本營乃是今日的隴南陝南四川和滇黔北部等地。當時遊牧或半獵半牧或半耕半牧（半耕指刀耕火耨的畬田制），於兩粵境內的，卽後來所謂烏滸俚僚甌駱百粵等族。雲南南部獞人到來更早，遠在帝堯撫綏南交之前卽已到來。不過當時沒有用這獞字爲族名罷。比獞族南移還早的，乃吉蔑族安南族和蒙 Mon 族。獞族最初移入印度支那的，乃撣族猓族的祖宗。越裳氏就是撣族最古的文化。後來留在雲南的又析爲哀牢僰人等大部族。而暹羅小秦族之自雲南遷去，乃是最近的事。

獞人散佈兩粵雖然很早，但他們在兩粵的繁殖却很遲緩，而文化的發長也是遲滯得很。爲甚麼緣故呢？最大的原因就是地理環境過於惡劣。我們知道毒蛇猛獸最多的地方，乃介於峩峩高山和茫茫原野之間的丘陵地帶。這些丘陵地帶，倘若氣候熱炎，樹林深密，毒蛇猛獸的孳乳更盛。古代兩粵正是這樣的地。（一面是西藏雲南高山，一面是六畜衆多的江湘原野。）我們又知道兩粵古時瘴氣非常利害。瘴癘發生的原因很多。除毒草毒樹毒蟲毒獸種種毒氣的鬱積蒸發外，還有一個很大的原因，就是鉛氣。雲南貴州兩粵湘南等地，鉛鑛甚富。在貴州和湘南，天氣較凍，鉛氣蒸發比較的少。兩廣半入熱帶，所以蒸發特甚。鉛氣停留於未經開闢的荒林內，非常有害人畜。舊學人文化之所以遲開，環境惡劣，確有關係。

然而這些舊學人爲甚麼要稱爲僮呢？除桂通志的解釋外，有人說是由獞字訛來。獞字古時與種字通用。從前中原漢族稱一般夷狄爲種人，指他們爲蛇種犬種。後漢書光武帝紀『南郡蠻叛，遣武威將軍劉尙討破之，徙其種人於江夏。』（種人之說或有圖騰之義亦未可知。猺人有拜蛇之習，見海陽縣志。）但這釋義也非正確。僮字眞義，待後再論。

二　苗猺僮相同之點

苗猺僮同是南支漢族，他們相同之點很多。第一他們的語言同屬一個系統。（1）他們的名詞多是倒裝。廣西南丹白袴猺呼牛尾爲多雨扶。多雨尾也，扶牛也。他們所謂尾牛，即是我們所謂牛尾。廣西修仁過山猺呼小村爲朗當，朗就是村，當就是小。廣西宜北板猺呼小山爲檢端，檢乃山義，端乃小義。桂省北部僮人呼小檯為中內，即是檯小二字。廣西西部僮人呼牛肉為糯懷猪肉為糯母。貴州安順苗人呼大水為皆勞，小水為皆尤。暹羅人民呼舍利塔為伯舍利。諸如此類，都是倒裝語法。甚至現代名稱，一到他們手裏，也往往倒轉來用。廣西左右江僮人有稱印花票為花印者，便是一例。

(2)他們比較富有原始的複音詞。例如前段所述白袴猺呼尾為多雨，又如白袴猺呼田為刀烏，苗人呼袴為打惡，狗猺呼飯為拏偃，僮人呼虎為古他浪等是。

(3)這些部族有許多不同的公用冠辭。甚麼叫做冠辭，讀者大概都知道的。在國音上『隻』『個』『顆』『條』『株』等都是冠辭之類。像這樣的冠辭，苗猺僮語非常之多。僮語冠辭更為繁博而有系統。例如廣西同正僮語，凡成個的都呼為恩，所以呼山為恩巴，呼村為恩蔓。凡成張的都呼為帕，所以呼帳為帕色，呼被為帕獨。凡成條的都呼為刁，所以呼路為刁綸，呼江為刁汰。凡成塊的都呼為密，所以呼石板為密呑，呼木板為密變。凡動物總稱為獨或都，所以呼牛為都懷，呼鴨為都畢。凡植物總稱為果或過，所以呼李為果駡，呼樹為果迷。此外果的總稱為罨，花的總稱為互。冠辭之多，不能盡舉。苗人稱馬為大美，羊為大容，這大字便是僮語中的都字。最希奇的就是他們的冠辭往往單獨與物名並稱，譯爲國語，便成『隻鷄』『條繩』『塊石』『株桃』等等，這是國語所沒有的；因爲國語只在上面用數目字的時候，下面才用這些冠辭。

（4）鼻音重唇音和語尾的破裂音，亦三大部族的普通音素，現在自江蘇無錫以至浙江福建兩廣，鼻音重唇音破裂音非常之多，就是三族音素的遺跡。

第二，他們的風俗是相類的。他們喜歡唱歌，他們的男女撮合，多在春秋佳日聚衆歡歌的時候。他們向有椎髻徒跣之習。他們一般的賤老尊少，所以老者多拔髭鬚。他們迷信甚深，重巫覡，奉淫祀，而信雞卜。他們以前多用火葬，他們喜用米粉醃製酢品。他們喜食犬肉。他們喜帶多量的銀飾，所以劉禹錫詩有『銀釧金釵來負水，長刀短笠去燒畬』句。此外他們衣食住行相類之點尙多，上面所舉的不過是比較顯著的幾點罷。

第三，他們的體格是相類的。此等人民多爲身材矮小而唇厚目深，眉穠髮密。據 Paul H. Stevenson 研究華人所得之結果，華北男子平均高度爲一六九·二公分，華中男子平均高度爲一六五·一公分，華南男子平均高度爲一六三·〇公分。又在華南人中，福建男子平均高度爲一六七·六公分，廣東男子平均高度爲一六四·六公分。據作者調查，則桂西僮人男子平均高度爲一六〇・〇公分，桂北傜人男子平均爲一五六・六公分。至於苗人男子方面，則日人鳥居龍藏在其所著苗族調查報告中提出兩個結果；一爲一五四・〇公分，一爲一五五・〇公分。苗傜獞三部族與華南人均爲短小形格。同時在這裏，作者要題醒列位讀者，萬不要以苗傜獞身裁短小，與華北漢族不同，便說他們不類漢人。其實華北漢人已經雜有兇奴突厥蒙古鮮卑契丹遼金的血統，純粹的漢人體格，還當求之於苗傜獞族。這是苗傜獞三個部族很榮耀的一件事。

三　苗傜獞相異之點

苗傜獞有相同之點，也有相異之點。相異之點最大的有下列幾個。（1）苗傜祭盤古而獞祀六烏聖母白馬令公等神。北獞也有兼拜盤古的，乃因曾在湖南居住，襲了苗傜之俗。（2）傜人著姓爲盤侯藍胡，苗人著姓爲王楊龍李，獞人著姓爲韋莫農覃黃李廖梁。（3）傜人踏傜郎在祭盤古之時，歌舞以定婚姻。苗人跳月多在春秋佳日，歌舞以定婚媾。獞人則每年有定期放浪數次，藉歌唱以會男女，地點時間各有不同。（4）傜苗多種山嶺，故梯田獾地最多。作者在廣西北部湖南西部貴州南部，曾見苗傜梯田有高至五十餘級的。桂北越城嶺之最高峯，亦有梯田。獞人多住平原坡地，故多陂池田畝。（5）傜人部落，名目繁多，苗人部落亦衆，獞人除在貴州雲南混種頗多外，最大部分之僮民只有徭僮侗仲大良五個名目。(6)徭苗極富排外與自守性。徭民所存榜文且有條例列明『漢民不許取徭女爲妻。盤王之女嫁國漢爲妻者，……(此處字跡不明。)倘若不遵律令，須備蚊子作酢三甕，開通銅錢三百貫，六節竹三百枝，狗出角作梳三百付，老糠紡索三百丈，枯木船一隻寬八尺厚十二寸深長十二丈。若有百姓成親者無此六件，定然入官究治。』僮人就絕對不是這樣。他們與其他漢族自由婚姻，沒有甚麽界限。粤商在桂西者多無家眷，所以娶僮女爲妻的，隨處皆有。甚至有諺語說，『廣西有個留人峒，(在邕寧縣)廣東有個望夫山。(在肇慶羚羊峽)』此外對於文化方面，僮人也是開通得很。

(7)還有一個很大的分別，就是苗徭言語隨地摹倣，音聲沒有一定，往往彼此不能相通。僮人則各處聲音只有小異。甚至暹羅言語也與廣西僮語相近。對於這一點，頗有加以詳細考察的必要。按徭語中有苗僮語的成分不少，苗語中也有許多是徭僮語的成分。有時苗徭語把別人言語的整個名詞搬過來用。例如安順苗人稱山爲巴，其實這巴字純然是僮人言語。又廣西羅城縣志說徭人呼牛爲懷，這又顯然是以徭襲僮。又廣西茶山徭呼小孩爲儂，呼男孩爲儂嘅，呼女孩爲儂交，這儂字也是全出僮音。查茶山徭與僮人語音最近。在這一點，作者有一個很大的發現，就是苗傜採襲僮人語音很多，僮人採襲苗傜語音甚少。苗傜採襲僮人語音，往往濫用而兼誤用。例如僮人稱一般禽獸之冠辭為都，稱人之冠辭為播，稱無生物之冠辭為古或為過。貴州安順苗人不加深察，竟然稱溝為都砬，稱差人為都差，稱豆為都斐，稱羊為都養。人畜生死之物，並用一個都字，眞是誤之又誤。又苗防備覽謂紅苗稱馬為大美，稱黃牛為大躍，稱水牛為大業，稱箱子為果補，稱鎖子為果索。這大字和果字，實卽僮語都字過字的轉音。然而襲用起來，何等雜亂，眞是滑稽得很。

從以上的論述，我們可以知道僮人語言的地位比苗傜語言的地位優越而鞏固得多。苗傜文化缺乏獨立發揚的個性，亦可概見。傜人每每自稱他們的語言為五色語，謂有苗僮粵客家國音五種質素。益足以證明苗傜曾由江淮經湘贛而至兩粵，無怪傜語能夠五色都吸收了。

（8）卽在心理方面，僮人也開朗得多，絕端不像苗傜的沉鬱。這大約是二三千年以來，部族經歷的結果。而苗傜所處深山大澤，長林荒草的自然環境，影響他們的心理也必不少。然而無論他們的異點如何衆多，他們與僮族終是共同隸屬於南支漢族之內。一切後天的異點慢慢的終須泯滅，苗傜在今後國家生活上所處的地位，也正是同樣的偉大呢。

第六章　苗傜僮與中原漢族

一　外人的論斷

法國學者多以苗族爲白人的高加索種，英國學者也有附和這一說的。A. de Quatrefages 和 M. R. Verneau 卽其中最著名的。Verneau 說『泰族（卽暹羅人）和蠻族確似來自中央亞細亞；而自人類學的立場觀察，這些人種確然與漢人和安南人所代表的蒙古利亞人種不同。蠻族和雅利安族的相類，尤爲顯著。』

但西人也有指苗人爲屬於先漢族的。Fr. Muller 著 Allgemeine Ethnographic 一書，在世界人種分類中，列有單音語系。其中又分爲（1）西藏語（2）Burmanische 緬語（3）泰語（4）安南語（5）中國漢語（6）後印度語等六個支派，苗族則列在泰語裏頭。他說『據古來所傳，這人種優秀的民族（指漢族）自西方移來，佔有黃河長江的廣大流域。漢族未來之先，這些地方曾爲他族所有，所謂苗子，卽可認爲這些民族的孑遺。由最近的研究，方才知道此等民族不屬於另一人種，而爲與漢族同種的另一民族，與後印度的民族尤其是泰族最有關係。所以在遠古漢族移入中國之前，必有與漢族同種的民族先來居住。』

O. Pescher 在 Volkerkunde 一書分蒙古人為亞細亞南北兩部，南部更根據着語言的關係而別為(1)芬蘭突厥族，(2)東北蒙古族，(3)東南蒙古族。他把苗族列在東南蒙古族所附屬的泰族裏頭。Fr. Ratzel 在同書亦謂這些民族散居各地，自西至東，舉其最主要的有 Assam 東北部的 Aka 族、Daphla 族、Miri 族、Bor-Abor 族、Midschi 族、Mischmi 族。在緬甸則有多種的撣族，撣族從前曾經建立九國於雲南，特膺九龍族的名稱。雲南又有猓玀、苗子、擺夷、民家等小民族。……貴州四川的苗子，和中國南部其他各省的小民族，也隸屬於這南蒙古族裏頭。海南島的黎人，或者亦為同類。

近有日人鳥居龍藏氏，對於貴州苗族很有研究。他從語言體質心理等方面加以考察，也切實證明苗族是蒙古利亞種，而非白人雅利安族。據鳥居氏的意見，苗人且有南蒙古利亞種的特徵。他的論斷可稱公允。

以上所舉各說，法人指苗族為白色高加索種，顯然離去事實太遠。若然苗族可以稱為白種人，就全亞洲都是白種人了。Muller 稱苗傜獞等為先來漢族，甚有見地。Pescher 和 Ratzel

的分類亦極得體。近來廣西桂林辦有一個特種師資訓練所，由吾友劉錫蕃君主持。裏面有苗傜猓玀不少。這些青年一律着上廣西通行的學生服裝，精神煥發，器度軒昂。當他們與其他學校學生一同聚集的時候，若非預先宣佈，絕對沒有人知道他們是苗傜猓玀的青年子弟。至於獞人更不必說。讀者若有機會到廣西左右江一帶旅行，就必覺得獞人是和我們一樣的十足漢人。

二 苗傜獞語屬漢語系

傜人有語言而沒有文字。獞人有爨字一種，乃納垢酋的後人名阿呵的馬龍州人，棄職隱居山谷，倣漢字而作爨文，字如蝌蚪，兩年方才告成。擺夷字乃倣效爨字而造。猓玀字亦係爨字的一種，形狀頗似隸書。他與漢字的關係，一看而見。苗人也有文字，亦與隸書相倣。他是襲爨抑或直接襲漢，尚未考查明白。最可異的，即史謂納垢族乃是苗人。苗人以苗人而為爨人造字，則苗字爨字的關係可以一想而見。苗獞文字屬於漢系，絕無可疑之處。

現在讓我們再看語言方面。我們可以先看漢語到底有些甚麼特質。作者覺得漢語最大的特質有下列四點，(1)他是單音語，(2)他是最富鼻音語尾的語言，(3)他是具有特別冠詞，而冠詞又最衆多的言語，(4)他是文法上最富暗示性的。在這幾點，苗傜獞語都和中原漢語一樣。

苗傜僮語是單音語，人人都已知道，無須加以考證。苗傜僮語富有鼻音語尾，則看下列幾個例子可以知道。白褲傜呼株為宗 Tsung，過山傜呼村為郎 Liang，苗人呼羊為容 Yung，僮人呼弟弟為儂 Nung。這 ng 的結尾，就是鼻音的結尾。然而鼻音 ng 結尾之多，却是中原漢語的一個特點。請看張揚王龍林淩青燈工江等許許多多的字，那一個不是以 ng 鼻音為結尾呢？

外國語很少這樣的音。英文只有 Sing Song 等少數的字，是以 ng 鼻音為結尾的。walking taking 等雖以 ng 鼻音結尾，但乃文法上的一種變化，不能算為文字的本音。又如日語之字 Yokohama Herojima 等，其音更為短促。ng 鼻音的結尾字，可謂絕無僅有。如今苗傜僮語與中原語或國語同樣富有這結尾 ng 音，豈非證明他們是屬於同一的漢語系統麼？

讀者不妨打開一本英文世界地理圖一看。在歐洲美洲非洲澳洲和北亞洲西亞洲西南亞洲，很難尋着一個以 ng 鼻音結尾的地名。除中國外，一到緬甸的西鄰部落，這樣的地名就發現了。自那裏一直向東看過來，有 Lumding, Chittagong, Chieng-hung, Unung 等名。暹羅則有 Chieng-mai, Mcping, Rahang, Salang。安南則有 Prabang, Khong。柬埔寨則有 Udong。馬來半島則有 Penang。蘇門答臘則有 Palembang, Padong, Gunung。爪哇則有

Samarang, Sindang-barang。婆羅州則有 Sambiliong, Dumaring。西里伯則有 Peling。這不過略舉數例，其實還不止此。但自這裏以東，ng 鼻音結尾的地名又沒有了。根據這一個舉例，暹羅緬甸等族與漢族的關係，可知而馬來人與中國的關係也可窺見。苗徭獞族的語言屬於漢語系統，還有甚麼可疑？

至於冠辭的使用，在漢族國語是很特別的。我們的冠辭非常衆多。我們無論說及那一個物名，都必定把一個適用的冠辭加上去。例如一張檯子，一枝鉛筆，一座山，一條魚，一個人，一盞燈等；在言談上，這張枝座條個盞等冠辭，是絕對不能省去的。例如一盞燈，英文只說 a lamp，不會說 a jaan of lamp 的因爲英文這樣的冠辭很少而且往往不用這樣的冠辭。但苗徭獞三個部族的語言，就正和國語一樣的多用這類的冠辭。

此外漢語在文法構造上，乃是最富於提示性的。他沒有像西文那樣的陰陽雙單既往現在未來等項字體的變化。所以漢語的文法構造，有許多地方只能從上下文而會意。有人說漢語沒有文法，其實這正是漢語文法的特殊。現在我們可以舉幾個例子以表明苗徭獞語是和國語一樣。國語『要不要』，獞語乃『歐咪歐』。國語『有沒有，』獞語乃『梅咪梅』。國語『一個人，』

獞語乃『伊翁漢。』國語『一粒豆，』獞語乃『伊密杜。』文法本無二致。獞人做作絕句『守囊教省要斑該債喲諷紅淸佗來。象派楓須海漢羅荀鎖支背籮又該。』譯爲國音乃『同妹交情住村遠，注望方向水眼流。想託封書怕人識，親自想去路又悠。』兩方面的佈置也很容易匯通，只有眼水二字用着倒裝罷了。在文法上漢語是很茂密的。漢語有指字負字挑字拏字抱字，英文只有 carry 一字表示着這許多字的意義。苗傜獞語有些地方比國語更爲茂密。修仁獞語慢慢跌下之跌字音倫，急劇跌下之跌字音篤。修仁過山傜語在近處叫喚之叫字音嘵，在遠處叫喚之叫字音喊。倮儸語則方形物中央之中字，與圓形物中央之中字，音不同，形亦不同。聽音看字，便知道他所指的是方是圓。苗傜獞語實在不是簡陋的言語。

同時在文法上，我們的國語喜將兩同義字連用。例如經歷生產觀看之類。（觀就是看看就是觀譯爲 look see 便成笑話）據作者所知，至少獞族的語言也有這樣的用法。

三　國語中的苗傜獞語

國語中有許多是苗傜獞音。例如獞人呼一切器具爲 ming，國語卽有一個皿字。又如獞人呼淵爲 dum。楚辭『汎江潭兮，』註謂楚人名淵爲潭。可見當時非北方語。現在潭字卻全國都通用了。又如苗人自稱為mun，一變而為南音的民字。如今民字倒已全國通用，又如猺語呼天為gung-lung，呼洞為ku-lung；穹窿、𥦗窿等字都見於國語之中。或者有人思疑這是苗猺獞襲用古代的國音，細閱本書下文自然知道此說不是。曲禮「庶人之摯匹，」注謂匹就是鶩，而勉强解他為匹夫之義，實則這是獞音，獞人呼鴨為匹。

又伯勞二字，爾雅說鵙伯勞也。古籍亦有稱為博勞的，可見乃是譯音。陳思王惡鳥論說世人相傳尹吉甫信後妻讒，殺了孝子伯奇。某日吉甫出遊，伯奇化而為鳥，飛翔於吉甫轎子旁邊。吉甫認明是自己的兒子，便說伯奇勞乎。後來遂射殺後妻以謝伯奇。人惡伯勞鳴聲，因為以為伯勞所鳴之家，將有凶事。陳思王力言此說為妄。然而為甚麼叫伯勞或博勞呢？誰知這乃獞人的稱呼。現在廣西東南部有鳥叫做吧勞，據說出於獞音，吧就是口，勞就是大，吧勞就是口大。獞語倒裝，實即大口鳥的意義。史謂「苻堅之分氐戶於諸鎮也，趙整因侍援琴而歌曰：阿得脂，阿得脂，博勞舊父是仇綏，尾長翼短不能飛。」這裏雜用夷語作詩，伯勞之為獞音，更為顯然。尹吉甫周宣王時賢臣，陶雲汀蜀輶日記指為蜀南人，蜀南古乃獞地。又「阿得脂」乃怪嘆聲，古漢中多氐人，今陝西臨潼縣，還說「阿跌多」，為土俗的怪歎聲。

又字書：犩音魏wei，（與犪同音同解）。爾雅釋畜，犩牛條註謂：「如牛而大，肉數千觔，出蜀中。」四川灩澦堆遠望如牛臥水，夔峽兩旁亦黑石林立，有如水牛，相傳夔州即因此而得名。可知犂卽水牛。如今廣西獞人仍然呼牛爲 wei 呢。

又禹貢岷山導江，東別爲沱。一千餘年以來，學者雜說紛紛，有人說沱江應在四川，有人說沱江應在湖北，有人說沱江應在湖南。指沱江應在四川的，又分數說。一指沱水自四川灌縣分岷江而出，一指四川郫江才是沱水，一指沱水乃是四川鄙江。指沱江應在湖南北的又分數派，一派以爲華容夏水乃是沱江，一派以爲枝江縣的北江才是眞沱。此外又有些人說荆梁二州的沱原是一水。書正義，淸一統志，漢書地理志，孔安國傳，郭璞爾雅音義，禹貢錐指等書，立說互異，弄得一般地理學者完全無所適從。同時又有些人以爲入江谿谷的水都可以稱之爲沱。項平甫吳幼淸皆主此說。吳幼淸說江水支流皆可名沱，不拘一處。項平甫則更指明這恐怕是古時方言，並非專指一水。兩人立說本來很對，可是沒有證據，所以被人斥爲虛妄。其實他們寃枉極了。誰知稱河爲沱爲汰爲馱，原是獞人的方言，今日仍然如是。項氏不知其所以然而含寃莫訴，眞是可惜。現在鄂西和四川以沱字爲名的水灣尙多。水經注謂四川又有開明所鑿的沱，（卽今理蕃的孟董溝。）又湖南鳳凰縣的沲水亦稱沱水。沱的名稱在這些地方非常衆多。原來這些地域乃是古代獞人的淵藪。國語沱字之出於獞，讀者恐怕都瞭然了。

中華大字典所列視字同義的字有下列五十餘個䀏眡盼眑看眈眣眝睨眡眹眪睧䀣眷眺睇眪䀹䁖睼睃䀸睎眭䀫䁝䁍瞜䁕睹瞨瞥䁔䁘瞞䁪瞜䁈䁶瞵䁐瞕瞯瞰䁯𥌑瞷䁬䁰䁯瞸矘矖等這些字或採於方言，或採於集韻，或採於類篇，或採於廣雅，所集合的乃是許多地方許多部落的言語。苗傜僮的語音當然也有許多存在於國語字典裏頭。現在苗傜僮仍然不斷的創造新字。例如𦒳音芒，指年長有德的人。𠀚音勤，指高。𠀛音喇，指低。這都是僮人所造的字體。將來採入了字典，恐怕世人只知道他們是國語漢字，而不知道他們的僮源了。

漢人二字最正確的解釋，是指出於東西漢水流域的人，即古代荊梁二洲的部族。倘若這樣嚴格的辨別，僮族才是不折不扣的十足漢人。苗傜是南支漢族，也比北支較為切合『漢』字的意義。所以最低限度，我們要承認苗傜僮與中原人士一樣的同是漢人。

第七章 漢語溯源

漢人屬於蒙古利亞種。蒙古利亞種又分南蒙古利亞和北蒙古利亞二支。漢人藏人暹人緬人安南人等都屬於南蒙古利亞種。在語言學上南蒙古利亞人的語言乃單音語 Monosyllabic，北蒙古利亞人的語言乃添著或聯綴語 Aggrutinative。如蒙古語突厥語等，均屬於添著語系。在較大的範圍內，漢暹藏緬安南吉蔑等族的語言，本屬一家之親。但因地方分隔，年代久遠，各族言語已經漸漸的另標異幟，所以在單音語中又有漢語這一個稱號發現。

可是在漢語內，因爲各部屬的隔膜，又有許多彼此不同的方言。不過就大體而論，現時中國南部的方言如吳越語閩越語和兩廣土白等，實與漢語的原始音聲和原始形式較爲接近。但與這些原始聲音形式更爲接近的，當推苗傜獞暹等族的言語。暹羅語和獞語所保存的漢語原始聲音和原始形式，更爲豐富。並非中原國語由閩粵苗傜獞暹等方言蛻化而來。乃因時代遷移，和部落混合，中國語音和中原語式，與廣義漢族原始語離得較遠罷了。請看下表，便知道各單音語和南北支漢語的源流和關係。

單音語
- (1)漢語
  - (1)北支——國語
  - (2)南支——苗猺語、獞猓語
- (2)藏語緬語
- (3)吉蔑語蒙語(mon)(蒙或作猛)及安南語

國語粵語　撣語　後印度小部族語

一　漢語的南北分流

漢人可分南北二支，上文曾說，為着便利起見，南支可以稱為姜漢族，北支可以稱為姬漢族。本章略述他們語音的關係和變化。

讀者一定要問，為甚麼苗猺獞猓等語與中國國語相離這麼遠呢？最大的原因有下列兩種。

第一，北支漢族住地與非單音語的兇奴鐵勒蒙古等族接壤，所以在數千年來受着他們的影響，語音變遷了許多。兇奴鐵勒部族是不講四聲的，所以國語自有記錄直至今日，四聲最不完全。這就是一個極好的證據。

第二，自然環境與語音大有關係。深山大澤的地方，居民語音多較沉重，雨水充足空氣溼潤的地方，居民聲帶較寬，空氣壓力較大，所以鼻音喉音重唇音等亦較豐富。在那相對方面，人民住在平原廣野空氣乾燥的區域，語音亦較清朗而高揚。非但鼻音喉音重唇音較少，就是四聲當中的入聲也因而受着淘汰。在遠古人類語音多受自然環境支配的時代，這乃必然的結果。

二　中原漢語的勝利

中原漢語從來居在勝利的地位，原因也有下列數項。

(1)南方部落古代有語言而沒有文字，這是最大的不利。文字發明始於何人，姑不必論。而漢族文字起首用於中原，和軒轅黃帝起首大量利用文字，却是不能否認的事實。南風不競，這是最大的原因。

(2)炎黃一戰之後，南方部落的勢力日退。以後雖有南人致政，但因正統觀念已經養成，非但建都要在北方，而且語言文化也奉中原爲正統。南音不能爭勝，這是第二個最大關鍵。不要單說苗傜僮音，就是蒙古契丹遼金滿洲人，當他們主政中國的時候，勢力何嘗不大。然而他們到底要奉中原語言文化爲正統。這事對於國家的團結和統一當然很有幫助，絕對不可厚非。但是從這裏也可以恍然覺悟南音不振的原因何在。

(3)讀書人和官吏採用雅言，更加幫助中原漢語的勝利。古代漢族千千萬萬的部落，語言互有出入。春秋時長江流域還是用着南音。左傳成公九年，晉侯觀於軍府，見鍾儀而問他說，『南冠而繫者誰也。」有司答說這是鄭人所獻的楚囚。晉侯使與之琴，他操南音而唱。文子說「楚囚君子也，樂操土風，不忘舊也。」又當時四川也是用着南音。呂氏春秋說大禹行水，塗山氏女作歌說「候人兮猗，」為中國書籍上最初紀錄的南音歌辭。當日南音並且用在湖北。史謂鄂君子晳汎於新波之中，越人擁楫而歌說「濫兮抃草濫予昌擅澤予昌州州䬴州焉乎秦胥胥縵予乎昭澶秦踰滲惿隨何湖。」譯文就是「今夕何夕兮搴舟中流，今日何日兮得與王子同舟。蒙羞被好兮不訾詬恥，心幾煩而不絕兮得知王子。山有木兮木有枝，心悅君兮君不知。」甚至春秋時代的屈原楚辭也帶着相當的土音。可見土音雖然存在，雖然在江漢流域普遍使用，而周朝却定有一種雅言，猶之現在所謂國音或正音或正字或官話。章炳麟論語言文字之學說「古稱雅言，即論語所謂詩書執禮皆雅言也。雅言者正言也。……田夫野老或用方言，而士大夫則無有不知雅言者。故十五國風不同，而其韻部皆同。」說文敍說「孔子沒後，諸侯力征，不統於王，惡禮樂之害己，而皆去其籍。分為七國，言語異聲，文字異形。」所謂皆去其籍，就是皆去標準語音標準字形的雅言書籍。

然而結果怎麼樣呢？七國學者著書立說仍用雅言。儒家仍是奉着雅言為正宗，所以自周以降，雅言繼續的佔着勢力。在周秦兩漢，政府行文用着雅言，先生教書用着雅言，社會稍有地位的人用着雅言。國語就慢慢的普及全國，而南音也漸漸的沉下去了。

漢揚雄著『方言』，劉熙著『釋名』，所舉各地方音甚多。據揚雄說漢時湖南湖北的人叫大袴為倒頓，叫小袴為䘼衧。叫雞為避祇。試問這些語音現在兩湖還沿用麼？老早便消滅了。又『方言』說漢時河南南部、湖北、湖南、江西西部、和兩廣地方，叫看為『睇』。試問睇字在江漢地方還使用麼？現在只有兩廣說粵語的人還使用罷。從前粵語的區域甚廣，觀此可見。

古時南方土音採入雅言的很少。後來到了南北朝的時候，南方帶着中原氣味的土音逐漸抬頭，頗有南方政府另有正音的現象。因此所以梁沈約得發展他的天才，依南音而釐為四聲等。到『廣韻』一出，竟把許多南方的元音素如重鼻音重喉音重唇音破裂音等（即 Ng. N. M. K. T. D. P. 等元音素）都納入標準韻書裏頭，以維持南人的面子，和符合當時的通例。廣韻裏頭有許多吳音越音廣東音客家音福建音的音素。苗傜僮音的音素乃南方閩粵吳越等音的重要基礎，當然也多多的存於廣韻之內。

在這南方半中原化土音（非純粹苗傜僮音）逐漸抬頭的時候，北方語音也起了很大的變化。兇奴突厥五胡契丹遼金西夏蒙古非但與漢人接壤；而且相繼侵入相繼與漢人混化到了現在，北音已經不是昔日的雅言，而主要南音也不是原始的苗徭僮語了。

三　現存最原始的漢音

現存最原始的漢音當推苗徭僮暹等語。其次就是廣東福建客家和吳越音。為甚麼指苗徭僮暹言語為最原始的漢音呢？有下列的幾個重要證據。

（1）上文曾謂漢語特別富於 ng 鼻音收音的。可是苗徭僮語就非但富於 ng 鼻音收聲，而且富於 ng 鼻音發語。鼻音收聲的字例如楊黃紅姜等 yang wong hung chiang。鼻音發語則例如粵音牛銀我蛾等字 ngao ngun ngo ngai。發音收聲均富於 ng 鼻音的語言當然是最原始的漢語。吳稱勾吳，越稱勾越，淮南子說吳人語言不正，故有特殊的發聲。吳越兩字古代南人往往加以 ng 鼻音。廣東語呼吳為 ngu，江蘇東南部和浙江的人也呼吳為 ngu，這就是以 ng 鼻音發聲的證例。至於越字的鼻音發聲，則江浙已經沒有了。廣東的中山縣還保存着，因為中山人每呼越為 ngeut。如今江浙地方以鼻音發聲的字比北方為多。福建廣東則比江浙更多。在苗徭僮語，則這一音素更為明顯。僮人叫飯為崖（粵音）ngai，呼碗為勾（粵音）ngao，就是兩個例子。

以 ng 鼻音發聲而兼收音的字，廣東音和北音都有。好像一個昂字，廣東音叫做 ngong，北音叫做 ngang。但欲推求變化痕跡，則牛字最為有趣。廣西修仁過山徭呼牛為 ngung（毅紅切），發聲為 ng 鼻音，收韻亦為 ng 鼻音。一變為粵音，便成為 ngao。ng 鼻音只在發聲方面用着。再變而為北音的 niu，就首尾都沒有 ng 音了。所以作者敢斷定說苗徭僮暹語言最為接近原始漢音。

(2)漢語是單音語，當然以衍聲為主。四聲使用確為漢語特長之一。高元國音學說廣東有九聲；浙江有八聲；江蘇有七聲；西南國語有五聲；北方國語有四聲，入聲是沒有的。英人衛廉氏在他所著 Middle Kingdom 一書，則謂廣州有八聲七〇二音，平上去入均分陰陽。汕頭有七聲六七四音。廈門有九〇〇音。福州有九二八音。上海有六六〇音。南京有五聲。北平沒有入聲，只有陰陽平和上去，而不同的音也只有五三三個。據作者研究所得，則廣東和廣西兩省的南部有十二聲，而苗徭僮音也同樣的複雜。（苗徭音受國語影響較深，與僮音略有不同。）可見苗徭僮暹語實係最原始的現存漢語。

（3）漢語有一種奇異的變化，就是每將兩音的辭語變爲一音者焉。二字變而爲旃者歟或之於二字變而爲諸，（置諸桌上卽置之於桌上。）不可二字變而爲叵，（人心叵測卽人心不可測。）蒺藜二字變而爲茨，（見爾雅釋草。）邾婁二字合而爲鄒，（見公羊傳。）奈何二字變而爲那，（見左傳棄甲則那句。）沒有二字變而爲冇，（廣東語。）那樣二字變而爲赧 naan（桂林語。）諸如此類，一看而知變化的痕跡。湖南通志謂蠻女織帶束髮，名不闌帶，不闌就是漢語的斑字。又謂湖南土人所謂突欒就是國語的團字，所謂窟窿就是國語的孔字。作者按徭人所謂窮龍（穹窿）亦卽國語的空字。嶺表錄異也說蠻人製不乃羹，不乃擺洗牛羊腸汁而成，不乃卽是擺字。在事實上，國語只用一音而苗徭僮語用雙音的名詞很多。有時其音還滯留於半雙半單似雙似單之間。桂北白袴徭呼雞爲祇哀 Ge-ai，象縣僮人呼山爲比阿 Be-ah 便是兩個例子。或者有人說苗徭僮的雙音是學效國音的單音還未成熟。然而（甲）由複雜變爲簡單似係普通趨勢，（乙）比阿之變爲巴，二者都是僮語。像這樣的變化作用，實在奈人尋味。粤語乜野二字之變爲 mâ，先生二字之變爲生，如今還在變化着而還未完全成功。根據這一種變化現象，作者堅信苗徭僮語在漢語的大家庭中實在較爲原始。

（4）顏氏家訓說，『夫九州之人語言不同，生民以來固常然矣。』我們萬不能說皇古時代的北音與今日的苗傜僮語完全相同。不過自有記錄以來，北方的語音簡，南方的語音繁，看廣韻和陸法言切韻可見北方的音素南方都有，而南方的音素却有許多是北音所沒有的。方毅『國音沿革』說『北音簡南音繁，繁可以包簡，而簡不能該繁。』又說『或謂古音本繁複，後漸變爲簡略，惟粵中尙能保存唐時的音，故與廣韻及等韻相合。』方氏所作之說很對。不過所謂古音本來繁複絕對不能指爲周秦以降的雅言和正音。廣西右江僮人讀『書』字爲 Rthü（須的震舌音，）讀『自』字爲 Rtho（曹的震舌音。）象縣僮人讀『笑』字爲 Hngeu（笑的縮舌音，）呼鳥爲 Hngork（樂的縮舌音。）像這樣的特殊音素，除在兩廣白話的某某支派中可尋獲外，絕對不能從北音找出。苗傜僮暹語這樣繁複，指他們爲最原始的現存漢語，大約是不錯的。

第八章　嶺南的獞族

作者研究嶺南古代史地愈深，愈覺得獞人文化悠久，歷史綿遠，民性優良，力量宏厚，而以前對於國家的貢獻也極偉大。我不期然而自然的，對獞族的同胞發生了一種愛慕的心。

獞族有廣義狹義之分。狹義方面只指兩廣的獞人。廣義方面就包括仲侗俍僕爨僰儂僚黎蜑岐倖等，苗徭以外的西南部族。本書所指的乃是廣義方面。

一　獞人既往對國家的貢獻

在炎黃一戰之前，獞人是很活躍的。他們遠古的大本營乃是甘肅四川。蜀山文化即遠古獞人的創製。中原文化雖然不能指爲蜀山文化的後身，而中原文化之一個很大的部分，確是蜀山文化。蜀字從蟲與蠻閩大禹蚩尤和更遠之風姓的遂人伏羲，是很有關係的。秦漢以前，獞人在江漢流域的勢力仍然很大。楚國文化就是苗徭獞和中原冠族的共同產品。三代王室步着五帝的足跡，對南方不奉中原文化爲正統的部族施以壓抑。周朝奮翮，秦代開疆，更使這些南方部族漸漸向着西南加速發展。於是川南和滇黔等地建立了獞族之無數的雛形國家。苗徭部族之不肯歸附中原文化的，也只得向着西南投入僮人卵翼之下，以求苟延殘喘。所以到了今日，傜人的數量最少，而僮人的數量最多。傜人與中原權威漢族的界限最深，而僮人與中原華族的界限最淺。傜人的生活最苦，而僮人的生活最優。傜人的情緒最爲抑鬱，而僮人的情緒最爲暢達。苗人則居於二者的當中。這就是因爲古代傜人的根據地在東，苗人的根據地在中，僮人的根據地在西南，苗傜受逼較甚的緣故。

歷代僮族領袖之具有雄才大略的，每思抗拒中原政府的勢力。以前乃君主和酋長專制時代，種種爭奪和衝突多半發生於帝王和酋豪之間，並非中原人民對苗傜僮有何種惡感但在必要的時候，他們始終以握有宗法權的中央爲前題，通力幫忙政府，和竭誠擁護民族的正義。請看武王伐紂時，僮人出師很多。尚書牧誓說『時甲子昧爽，王朝至於商郊牧野，乃誓。王左杖黃鉞，右秉白旄，以麾曰，逖矣西土之人。王曰，嗟我友邦冢君、御史司徒、司馬、司空、亞旅、師氏、千夫長、百夫長、及庸蜀羌髳微盧彭濮人。稱爾戈，比爾干，立爾矛……。』這些僮族的人自川滇黔湘鄂到來會師，非常賣力。所以尚書『武成』稱讚他們說『其旅若林，指人多而屹立有如林木會於牧野。罔有敵於我師。前徒倒戈，攻於後。敵人自潰以北，血流漂杵。』他們有一部份是騎兵，所以有武王歸馬於華山之陽的記錄。

杜氏通典也說『漢高帝爲漢王，發夷人還伐三秦。秦地旣定，乃遣還巴中，復其渠帥羅樸督鄂度夕龔七姓，不輸賦稅。』又說『其人多居水左右，天性勁勇，初爲漢前鋒，數陷陣。』在作戰上，前鋒地位最爲重要。老實說，若然不是這些僮卒登先陷陣，高祖焉能得有天下，暴秦淫威焉能得而制止。漢代學術文化武功在中國數千年來各朝代中，居於第一的地位，這乃中國絕大的榮耀。飲水思源，怎可以忘記僮族的功勞。

僮人非但能爲正義而戰，而且爲中央政府驅除外患，亦很有功。史書說『漢安帝永初中，羌入漢川，郡縣破壞，得板楯救之，羌死敗迨盡，疑爲神兵。桓帝建和二年，羌復大入，又賴板楯連推破之。』從神兵二字，我們可以看見僮人的實力。又說『前車騎將軍馮緄南征武陵，亦倚板楯以成其功。近益州郡縣亂，太守李顒之亦以板楯討而平之。功忠如此，本無惡心。』可見他們除了攘外之功，又有安內之績，眞堪佩服。程苞對漢靈帝論及夷變原因說『長吏鄉亭更賦至重，僕役箠楚，過於奴隸，含怨呼天，叩心窮谷，以致叛戾，未有主謀僭號以圖不軌也。』一語道破數千年來苗傜僮倔強部落不肯歸附中央的原因，並非他們不愛中國，乃是中央官吏不愛他們，遂使界限愈弄愈深罷了。

再後如南詔之款附唐室，兩敗吐蕃，亦有很大意義。最近則洪楊起義於廣西桂平金田，僮族將帥不少。而劉永福馮子材之安南一役，軍中亦多僮人。民國成立以來，廣西以僮人而當名將的更難悉舉。僮民實在是漢人中的一個優秀部族。有人說僮人懶怠不能稱為優秀僮人比較懶怠確係事實不過此種現象發生之原因乃從前土司貪豪剝削太甚僮民稍有積蓄即被橫徵故僮民以能維持生活便算了事這乃後天的習俗而非先天的稟性何足為病現在已經大大的改良了

二　僮人與兩粵的關係

關於兩粵僮人的來歷，傳說紛紜，議論各異。

一說僮乃舊越人，為兩粵土著。顧絳天下郡國利病書即主是說。顧氏說，『廣東有傜僮二種，傜乃荊蠻，僮則舊越人也。』

一說在元朝至正年間僮人始由湖北竄入廣西的古田義寧等縣，後來蔓延全省。詳見明史。粵西叢載也說『僮自至元間方入省地，近日編於版圖者謂之熟獞，性略馴，其遠者謂之生獞，梗化不可制。』廣西通志亦說，『獞初出於湖南谿峒間，後稍入廣西義寧古田等縣，佃種荒田，聚落稍多，因逼脅田主，佔據鄉村，遂延蔓於廣東。』

一說謂廣東本來沒有僮人。廣東的僮乃明朝由廣西移入。嶺南雜記，『獞種與傜異類，產自

湖南谿峒，先入廣西，蔓延至廣東。初亦聽役輸租，與猺爲仇，有司田主頗藉以捍猺。及後勢衆，與猺無二。其人不薙髮，服俱黑色，廣西最多。』

一說謂徭獞俍黎岐蜑俱是舊越人。屈大均廣東新語說，『自秦始皇發諸嘗逋亡人贅壻賈人略取揚越，以謫徙民與越雜處。又適治獄吏不直者，築南方越地。又以一軍處番禺之都，一軍戍臺山之塞，而任囂尉佗所將率樓船士十餘萬，其後皆家於越，生長子孫。故囂謂佗曰，頗有中國人相輔。今粤人大抵皆中國種，自秦漢以來，日滋月盛，不失中州清淑之氣。其眞鄺髮文身之越人，則今之猺獞平鬃狼黎岐蜑諸族是也。』

一說謂唐宋以前廣東已有徭獞。信宜縣志說唐貞觀時竇州獠反，即是其類。電白縣志也說，『本邑唐宋以前，獞猺雜處。』化州志也說境內徭獞雜處於唐宋以前。

三　獞族乃舊粤人

照作者研究所得的結果，獞人確是兩粤古代的土著。春秋時楚人在廣州作楚庭。秦始皇出兵開闢嶺南，分置三郡。漢初趙佗佔據三郡，自立爲南越王。在這些時候，兩廣的土著就是獞人。然則上面所列各說中，有指獞人爲元朝至正和至元年間才入廣西，後來到了明代才入廣東。這些論斷都錯了麼？其實上列各說都對。因為僮人到兩粵來分為前後兩期。第一期僮族到來在於有史以前，至遲在周朝初年僮人已經佈滿了兩粵區域，所謂百越，所謂甌駱，所謂路人，（其實路人駱人就是獠人的同音異寫，）所謂俚獠，所謂烏滸，所謂土人，都是僮類。漢代稱亂的徵側徵貳也是僮族。不過這些僮人漸漸的與那些自北方到來的漢族同化。（例如谷永招降烏滸蠻十餘萬。）久而久之，全部變為齊民。除了姓氏或很特別以外，差不多沒有甚麼惹人注目的僮人痕跡。唐宋以後，世人很少知道僮族是舊粵民，而甚至兩粵早已歸化的僮人也絕對不知自己的祖先是僮種了。（例如練氏揭氏閉氏等，兩粵很多，都不是中原族氏。）然而稍僻的縣份，尤其是廣西的西方，在唐宋時界限鮮明的僮類仍然不少。唐時中國不得志於雲南，（南詔割據。）宋朝太祖以玉斧自劃川南長江為限，雲南又為大理所霸。因為南詔大理都是僮種，同氣相求，同聲相應，廣西遂有唐代的黃峒蠻變和宋代的農氏稱兵。黃峒蠻和農智高都是僮類，不過當時稱蠻而少稱僮。到了元朝，中央以大軍鎮治兩湖雲南貴州，這些地方的僮人遂大批侵入廣西，僮族之名遂震。不久且從廣西徙入廣東。這就是第二期的僮族。上文所列各說，或兼指第一期僮人，或不知兩廣舊粵人乃係僮族，故只就第二期僮人立論，所以各說都不能指為不對。但就事實而論，兩粵最初的土著確係僮族。因此所以

作者以爲顧炎武氏的論斷最爲適當

廣西賀縣志引申金志之說『世謂獞猺皆來自五溪，又謂元至元間萬國麒麟圖納款，上命爲慶遠等處軍民安撫使獞乃漸入省境，均未盡善。大抵初皆溪峒野民，其後族齒日盛，遂散佈村峒。……周禮南方曰蠻……八蠻無猺獞之名。猺者傜也。以其族土著，編其戶口，以供傜役，故曰猺。獞者撞也。其人性悍好鬥，善攻突撞擊，故曰獞……然通謂之蠻。三代以前，惟以德服。漢唐以後，或順或叛，羈縻而已。明代以威力相臨，三江峒蠻，遂桀驁不可制矣。』這寥寥數行，可謂瑜瑕互見。

中國人專制時代和封建時代所傳下來的正統觀念太深，人人都喜歡說本姓本族是出於中原，而且必須抬個黃帝出來，說自己是黃帝的嫡系。他們以爲承認是南方土著部族，乃一極失面子的事。因此所以有些縣志不肯承認本邑有獞人的氏族。有些獞人把自己的家譜勉強牽連到一個中原的祖宗。趙姓的獞人每說自己是出於宋朝王室，隨駕踰嶺而卜居南方，不知狄靑平儂智高亂，儂氏歸順者均賜趙氏國姓。韋姓的獞人說是出於韓信。自稱韓信被害，蕭何把他的幼子託趙佗匿於南方去了韓字的一邊，遂成韋氏。有些無法牽附的，也喜歡說自己不是獞人，乃是宋朝隨狄靑到來征伐獞人之兵士的後裔。又廣西某縣最近調查全縣一百五十二姓，都說是明末或清朝自別省或別縣遷徙而來，沒有一姓承認是土著的。其中例如閉姓覃姓，都說是明末清初來自廣東南海。然則明末以前，這一縣完全沒有人麼？這種情形，使我們採集研究材料增加了不少的困難。而材料的正確性，尤非深加考慮不能明白。各縣志和各書籍對於獞人古史的論斷參差，亦意中事，殊無足怪。

第九章　獞乃嶺南土著的明證

一　志書不能盡信

廣西鬱林州志說，『鬱林向無苗徭狼獞之戶。』然而鬱林境內爲何有許多獞族的地名呢？『六』字是獞族地名中最特殊的一個。凡是用六字而不能作數目的六字解釋的，都是獞名。羅字都字思字古字墰字良字布字字隘字等也是獞地的普通名稱。惟獨獞語可以解釋他們的意義。鬱林有六旺六指六深羅望羅擎良坡良村隘垌古長冲等地說他從前沒有獞戶，作者絕對不能相信。（又盤古乃徭人地名，鬱林也有盤古，從前必定也有徭戶）

又廣西容縣志說境內本無獞狼之族，明正統四年兩粵徭叛，然後有狼兵到來。然而爲何縣志說在明朝之前，唐朝的元和間，經略使韋丹設立屯田二十四所，其中竟有六諜六居六九六雲六奎六高六槐古利都泊羅㔶羅權思蓋等獞義的名稱呢？

又就廣西全省而論，今日西林縣漢朝稱爲鐔封縣，今日西林南境漢朝稱爲談稾縣，今日柳江縣漢朝稱爲潭中縣，今日鬱林境漢朝有布山縣。水經注謂灕水（卽桂江）南經都利山。鎮安府志說唐朝在田州開蠻峒置都救縣，又在櫰州置都象歌良（卽古良）等縣。昭平縣志說唐朝武德四年曾析龍平置博勞縣，唐天寶間又置思勤縣。陸川縣志說唐朝禺州溫水郡領縣四個，其中有羅辯縣，本來是蠻人羅辯峒地。鬱林州志說唐朝永淳元年開古黨峒，立古黨州。州下設有八縣，其一名叫古符。上思縣志說唐肅宗時開山峒置思陵封陵二縣。桂林縣志說唐朝在境內置羅秀縣。宜山縣志說唐朝在境內置古桂縣。漢唐時代這一大堆的地名都是僮人的名稱，說僮族於元朝始入廣西，顯然不符事實。

桂平縣志敍僮人居止條說，『本邑十羅九古之名，皆獞村也。』按所謂十羅乃羅旺羅歐羅坪羅行羅交羅塘羅活羅山羅宜羅壁。所謂九古乃古宜古冬古帶古程古楞古到古林古望古重。古羅等字的僮義本書下文還有解釋。

論到廣東方面情形也是一樣。新興縣志說本邑『並無黎獞等類，惟有猺人一種，宋元不甚安靖，明初設有猺官四人。』但是邑內有思來村思藍坑思本村黎壁村和黎峒都斛扶桂那康古倫汝良良峒良下羅社羅陳六阬六湖等許許多多的僮名村落。倘若從前沒有僮人，這些地名從何而來？

又如信宜縣南有羅竇峒，舊唐書地理志說竇州因羅竇峒而得名，新唐書馮盎傳說羅竇諸峒獠叛，詔盎討平之。當日的獠就是今日的獞。焉能說廣東古代沒有獞人？

按獞人地名佈滿廣東各地。南海有古灶，番禺有古樓場古壩都那，順德有古鑑古朗古粉堡都寧都粘堡，新會有古兜山古猛古路古井古茶那伏，中山有古鎮古鶴那州。這不過略舉幾個例子。我們看了，已可瞭然於古代獞人在廣東分佈的大略情形。

二　猺人到兩廣乃在獞人之後

兩廣各府州縣志多謂猺人叛變，有司招引獞兵狼兵，然後各縣有狼獞之屬。不知猺人未到兩廣之先，獞人早已遍佈各地了。猺人古代居於中國東邊，所以向西南逃避的時候，到廣東比到廣西為早。現在先就廣東而論。郝氏廣東通志所列高要的猺山有九，其中有六湖欖坑二名。四會的猺山五十八個，其中有蒙坑那禾椒蒲雲巢六才六難古村大果那園等個名稱。新興猺山五十四座，其中有雲齊山雲無思雲下欖小那欖埽雲扶雲簡雲斂雲魁下禮等名號。陽春猺山共九十四，其中有雲廉那性那刁那到那位那驢那陳那畧那象那寧都面淡蕩吉岡雲霧麻僕古竊埽蒙村寧水上欖下欖大葫雲峒大澁畢田等稱呼。陽江猺山十三，其中也有那湖秀爐秀石之名。這些地名在僮語上有意義，而在猺語上絕無意義。請看以猺人而居於僮人立名的地方，僮人必為先來部族，可以不言而喻。

論到廣西，我們可以先拿容縣志所列的猺山做個比方。該志所記猺村的名稱如下。六便山屬——三山沙田佛子六票石城龍墳山屬——六肥肚村黃坭月田深埒六嗟周村雞籠山屬——都盤六王山麻六唔六啼六哦六吟六青山屬——河頂鴨谷河口六思東葉山屬——潭螺塘垌石田東瓜山屬——三山山心馮村大埽思頡羊石山屬——慶垌河木六伍平石六震六奎黃稍燈盞大河塘橫山屬——山塘攏把插峒。在這些猺村裏頭，僮名也佔着一大部分。

岑溪縣志也列有猺山不少，其中六字古字的地名也多。更可奇的，就是現在廣西僮人仍然呼溪為希，而岑溪縣民都叫岑溪為岑希縣。縣名的稱謂尚係僮音，其他不必問了。

以上所舉兩廣猺山猺村，乃以前的，現在都已歸化或已早為中原漢族所有。如今再舉廣西現存的猺山為例。這大猺山在桂平平南蒙山修仁象縣武宣六縣交界。裏面村名用古字羅字六字的，汗牛充棟。作者親至修仁猺山問猺人長者，以『六』字『羅』字『古』字的意義，無人能夠回答。而且他們呼六奈六香的『六』字如同國音 Lu，而呼六段的『六』字如同僮音 Louk。

稱呼極不盡一，可見他們到來實在僮人之後。

在僮人語言『六』Louk乃山野山埇之義。修仁盧君玉書告訴作者，謂僮人的『六』非但是泛指山埇山野，而且具有向無人烟的意思。可見遠古時代僮人住於山下平原或山麓，而稱呼山上無人烟之地爲六某某六某某。迨後傜人到來，仍舊沿用其名而不改。直至僮人完全歸化或僮人徙到別的地方，世人竟以爲那裏向爲傜地，而傜人也居然以土著自居了。

三　僮人先來的其他證據

(1)廣西龍勝傜人稱僮人爲本地人，而稱說國語的漢人爲客人。武宣傜人趙有才君對作者謂傜人稱僮人爲土佬，乃因他們先來。修仁象縣的傜人多能使用僮話，而僮人則少有識傜話的。長毛傜的言語並且雜有僮人的語音很多。凡此種種，均堪注意。

(2)赤雅謂僮人聚而成村曰峝。姚子通先生謂峝字僮音近鄧，乃指一條溝水灌域的地方，有時包括數村在內。這峝字或都字乃僮人的稱謂，兩廣湖南江西貴州四川雲南均有。他與埇字或冲字異解，因爲埇字乃係山谷的意義。現時安徽江西湖南，坤字仍然普通，兩廣尤爲通用。都字地名並諸峒溪峒等字在嶺南史錄上發現甚早，而涌字亦早已見於晉時。沈約宋書五行志謂晉武帝時，南安新興縣山崩，涌水出。又墟字本荊蠻所創，乃指野市。桂西僮人稱浪而不稱墟。這墟字在嶺南史錄則最初見於南北朝時。謝靈運傳說靈運坐罪，於南宋元嘉中徙付廣州。有府將在桃墟村見有七人私議，說受靈運鼓吹謀亂。最奇異的，就是嶺南這閩坤墟三個久用和常用字上面所附的地名，都是僮音僮義遠遠多過徭音徭義。僮先於徭，這也是一個很大的明證。

（3）僮人地名有許多特點。第一，他們最喜歡用兩字的地名，不像苗徭喜歡用三字的地名。現時僮人的三字地名多半是後來漢族多加一字上去。例如僮名板慕，板指村，慕指新，原指新村。後至漢人竟稱之為板慕村，列於地理圖上。一名而有兩個村字，疊床架屋，畫蛇添足，頗堪發笑。第二，他們的地名極富於指事性。或稱為那，或稱為播，或稱為六，或稱為弄，或稱為馱，或稱為渠，或稱為巴，或稱為覓，或稱為唏，或稱為博，或稱為叫，或稱為法，或稱為浪，或稱為吠，或稱為東，或稱為都，或稱為蘭，或稱為板。（這些字的意義，看完本書自然完全明白。）每一稱謂之下，又喜歡加以特別記事的語辭。例如牧馬的田則稱為那馬，父親的田則稱為那塿，多水的田則稱為那欖，多沙的田則稱為那梭，水壩附近的田則稱為那塊，水車附近的田則稱為那洛，水凍的田則稱為那吉，低下的田則稱為那墰，爛坭的田則稱為那苗，生草的田則稱為那荷。他們就拿這些地名做村莊的名稱，所以他們的村名和地名雖多雷同的弊病却少。不像北方漢人稱爲張家村李家宅黃家鎮盧家集等千篇一律，弄到一縣而有許許多多雷同的名稱。像這樣富於指事性的僮人地名，實在是一本很好的歷史書。作者將來有暇，還希望能够藉着這些地名的研究，尋出從前嶺南僮人在政治宗教婚姻經濟等方面的種種歷史。第三僮人地名不像徭人那樣多用國語化的名稱。徭人地名最普通的有兩種。一種是僮義的地名，顯然是僮人所先立的。一種是國語漢義的名稱，這或者是漢人代立，或者是他們自己採用漢義。我們研究嶺南僮義的地名，一方面羨慕僮人的聰明巧妙，一方面覺得這些地名之普遍存在於兩廣，使兩粤地名在中國地理的名稱上另存一種風格，我們實在不能不承認僮人是最先居住嶺南的部族。

（4）僮人風俗影響兩粤人民最深而且最大。第一，僮人喜食檳榔及蔞葉，現在兩粤此風仍盛。第二，僮人好歌，正月元宵的春歌，三月的秧歌，和八月十五的中秋歌，尤爲普遍各地。這好歌的風氣，兩粤人民都保存着。第三，僮人有多妻俗。唐樊綽蠻書說雲南夷會有娶妻多至數十人的。這多妻娶妾之風，也曾盛行於兩粤境內。（暹羅也是僮族。現在的王朝已歷八世，一世王有子女四十人，二世王有子女七十三人，三世王有子女五十一人，四世王有子女八十二人，五世王有子女一百五十二人正式后妃，不知多少。）第四，僮人有死人葬後檢骨再葬之風。粵西紀俗說僮人喪葬五六年後，必以瓦罐將骨殖檢貯，再行埋葬。此風現在兩粵仍普遍的流行着。第五，僮人飲食喜歡醃炒，很少用多量的水烹煮，而且喜歡半生半熟。樊綽蠻書說夷人食物有猪羊貓犬驢騾豹兎鵝鴨等，但食法與中土略異，因爲他們不待烹熟，皆半生而吃。此種風俗也與今日兩粵的人士相類。兩粵食物，醃炒甚多，貓犬蛇肉稱爲佳品。魚生和生菜的生食已不待論，就是一般蔬菜和雞鴨牛肉等烹煮亦以略生爲主。第六，男逸女勞亦係僮俗。太平寰宇記說惠州龍川縣獠人婦女爲市，男子坐家。黃釗石窟一徵也說鄉間男子多逸，婦女則井臼耕織，樵採畜牧，灌溉縫紉，無所不爲。屈大均廣東新語說興寧長樂婦女工作甚勤，她們的丈夫却往往留在室中哺養孩子。風俗通說惠州風俗也是女勞男逸。桂省僮人男逸女勞，更不待說。凡到左右江旅行過的，都有這種印象。雲南貴州暹羅的僮人風俗也是一樣，看謝彬雲南遊記和鳥居龍藏苗人調查報告等書可見。這風氣之存於兩粵，無人可以諱言。不過後來漢族已把這俗尚大大的改良了。然而女子勤勞却是僮人遺傳下來嶺南美俗之一。此外兩粵人民之多禁忌，（如牛舌必稱牛利，猪肝必稱猪潤，因舌與蝕本的蝕，肝與乾涸的乾同音，）和多械鬥，並有些地方女子每不落家，何一不是僮族的遺風。所以在風俗方面，我們也可以尋着證據，表明僮族是嶺外最先居住的漢人。

淵鑑類函說南越稱野市爲虛吳賢良青箱雜記說市之所在有人則滿無人則虛嶺南村市滿時少虛時多故謂之虛屈大均且謂虛卽古代市中的廛因爲周禮注說廛乃市中空地葉石洞則謂聖人日中爲市聚則盈散則虛北方名集是從聚南方名虛則從散其實這些都是曲解南方的虛是市不類北方的殷墟嬀墟與大舜微時債於傳虛的虛字頗近吳越春秋亦謂「斐門外雞陂墟者吳王牧雞處」這虛字顯然是荆蠻的稱呼寰宇記謂容州夷多民少不習文字呼市爲墟可見本無聚散盈虛之義桂西僮人呼墟爲浪思練墟卽浪思練右江僮人亦呼墟爲吠吠壟卽是山墟

石窟一徵謂粵人食狗肉原是古例按禮「士無故不殺犬豕」可見士以上皆食狗肉「以犬嘗麻先薦寢廟」可見人子食狗而且用來薦祖左傳「叔孫婼館於箕有吠犬殺而與館人共食之」可見請客用狗淮南子「楚人有烹猴而召其鄰人者以爲犬羹而甘之後聞其猴也據地而吐」又史秦本紀說秦人以狗禦蠱俗謂夏至宜食狗肉卽取此義今又有人證明狗肉可以愈瘧狗肉的功用眞是偉大漢書禮儀「明帝永和二年上率羣臣養老於辟雍行大射禮郡縣道行鄉飲酒禮於學校皆祀聖師周公孔子牲以犬」可見祭先師也用狗肉宋徽宗時范致虛爲諫官說天子爲壬戌生於生肖屬犬人間不宜殺狗徽宗遂下令禁止屠犬。

第十章　獞在史籍上的別名

獞在古代近代的別名很多，現在所舉的只限於嶺南方面。

一　古代的別名

在古代嶺南史籍，獞或稱爲『越人。』漢書秦『使尉屠睢擊越，又使監祿鑿渠通道，越人逃入深山林叢，不可得攻。』越或作粵。

獞或稱爲『蠻夷。』漢書南粵傳趙陀自稱爲蠻夷大長。

獞或稱爲『西甌』『駱越。』漢書南粵傳，『粵桂林監居翁諭告甌駱四十餘萬口降爲湘成侯。』

獞或稱爲『種人。』後漢明帝紀『永平十七年二月，哀牢儋耳諸種前後慕義貢獻。』

古時又每稱爲『賊。』漢安帝紀『三年正月蒼梧鬱林合浦蠻夷反，三月赦蒼梧鬱林合浦南吏人爲賊所逼者。』

『烏滸蠻』也是古代獞的別名。漢書靈帝紀『光和元年，合浦交阯烏滸蠻反，招引九眞日南，攻沒郡縣。』

以上乃自漢以前的稱謂。

自南朝以迄於宋或者稱爲『俚人』（或作里人）梁書蘭欽傳，『梁大通元年，蘭欽平廣州俚帥陳文徹兄弟並擒之。』

又或稱爲『獠人』。陳書歐陽頠傳，『蘭欽征夷獠，擒陳文澈，所獲不可勝計，獻大銅鼓，累代所無。』

又或稱爲『土民』。南史蕭勱傳，『梁大同七年，交州土民李賁攻刺史蕭諮。』

唐時『西原蠻』亦係僮族。唐書『穆宗長慶三年七月，邕州奏黃峒蠻破欽州千金鎮。』又新唐書西原傳說邕州刺史崔結擊破西原蠻來。

自宋以後，傜亂黎亂漸生。傜亂最著的只有『廣源蠻』儂智高的叛亂。宋史說皇祐四年，廣源州蠻儂智高反，佔據邕州，乘勝攻略九郡，而且出兵圍擊廣州。狄青余靖把他們完全討平。

我們知道自唐以前，兩廣遍地都是僮族。隋書何稠傳『開皇末桂州俚爲亂。』通鑑『隋仁壽元年，潮成等五州獠反。』又『唐武德七年六月，瀧州扶州獠作亂。』新唐書馮盎傳『貞觀五年，羅寶諸峒獠叛。』同書高宗紀『乾封二年，嶺南峒獠陷瓊州。』又通鑑『唐穆宗長慶三年，安南奏陸州獠攻略州縣。』聊舉上面數則以表明當時僮人散佈區域之廣。

二　烏滸蠻考證

古代的南越人西甌人雒越人俚人獠人土民蠻賊烏滸蠻都指僮族，上面已經說明了。但有甚麼證據呢？最大的證據，就是當時這些人所立的地名都有僮義，與今日僮人的語音吻合。這點上面兩章已有例證，茲不復贅。現在只將烏滸蠻作個更加詳細的證明，讀者就可以舉一而明十了。

按赤雅說明朝廣西的烏蠻就是古時的烏滸蠻。他說『烏蠻古指子產里國也，即烏滸蠻也。中有灘，即今之烏蠻灘也。漢建武中國除蠻，遂散居山谷，其風不改。』我們若能查明今日的烏蠻是甚麼人，則古代的烏滸蠻是何部族可以明白。近人謝彬著雲南遊記，說烏蠻乃土獠或土老之類。曹樹翹滇南雜志論述東爨烏蠻，也說是與廣夷儂人同一部族。吾友劉錫蕃君著嶺表紀蠻，說『僮人散播在廣西全省，有獞獠猀狑狼土人……種種不同之名稱。』這樣看來，指烏滸蠻為僮人乃是絕對無庸疑惑的了。烏滸蠻古代亦稱獠俚甌雒。由此類推，則僮族為舊越人豈非萬分眞確的事？

今番禺有烏埇墟，廣寧有烏山大烏水，順德有烏州，乳源有烏坑，河源有烏峒，新興有烏圍，陽春有那烏水，合浦有烏家墟，陽山有大烏山，長樂有烏坡，信宜有烏村，羅城有烏大，平南有大烏，宜山有烏崗，天河有烏山，昭平有烏水埠，都是烏滸僮人留下的名稱。如今兩粵烏姓的人也不少呢。

更可奇的就是兩粵羅字地名最多的區域，乃是古代烏滸蠻最集中的地方。史謂雲南羅次縣乃漢益州郡地，唐時爲烏蠻羅部所居，元置羅次，因而取名。可見羅字地名與烏滸蠻甚有關係。兩粵羅字地名星羅棋布於舊肇慶高雷羅定梧潯平樂鬱林等州府，烏蠻大灘卽在這個區域裏頭，都合文化亦發現於這個區域。烏滸人似係古代嶺南土著最中堅的部族。（兩粵土著僮人亦稱顯濮，顯字卽是烏字，與暹羅的暹字同一語音，同一意義，所以暹羅部族與兩粵僮族同一系統。下文還有一章論及此點。）

三　近代的別名

自經唐宋元三代征討離析之後，或與他族混雜，或因內部化分，到了明朝，僮族部落的名稱突然增多。貴州雲南變亂最甚，所以化分的部落最衆。廣西比較平靖，所以化分的部落較少。例如侗狣狆㳚狠儂徉狑等，在滇黔桂等地都是僮的別名，我們不能亦不必一一討論。只將赤雅所列的數種略述如次。

赤雅說獠『俗略與獞同，而嗜殺猶甚。居無酋長，深山窮谷，積木以居，名曰干欄，射生為活。』猍『亦獠屬，嗜殺過於獠。』狪『亦獠類，不喜殺，善音樂，彈胡琴，吹六管，長歌閉目，頓首搖足，為混沌舞。獠之有狪，猶獞之有大良也。』大良一種乃赤雅所記最有趣的僮人，赤雅說『大良與獞同類而性稍異，有戶口版籍，較民更淳，喜輸租稅，人至其家，不問識否，輒具牲醴飲啖，久敬不衰。同類有無相資，一無所吝。多為僮人占殺，散處城郭，為人灌園。』按兩粵地名用大良二字的不少。廣東順德即有大良。赤雅作者乃明朝南海人，他不知順德大良之異，到了廣西才知大良之奇。可見大良僮人在廣東方面必在明朝以前早已歸化，從較民更淳一語，可以推知這大良部族與一般齊民交往融合的歷史亦必較長。所以至少在唐朝以前，這大良人已經遍佈於兩廣了。大良僮與傜族中的良傜不同。良傜乃指納粮的傜部，用良字時必與傜字相連，閱者慎勿誤認。

在兩粵地名中，大良或良村或良峝或良口田良田等字，屢見不少，當係古代良僮的遺跡。南齊在廣西陸川置良國縣，陳在廣東茂名置良德縣。以後良字的地名一天多過一天。如今南海有良村和良賓、番禺有良垌夏良、順德有良村大良、從化有良口墟。化縣有良光墟。新會有良溪墟。廉江有良峒墟。恩平有良塘墟。廣寧有大良水。信宜有良峒村。中山有良都。新興有良峒。始興有良下。柳城有良坤良村。融縣有大良墟板良。東蘭有弄良。來賓有大良。賓陽有良村。容縣有良村墟。岑溪有良人峒。此外良字地名尚多，不勝枚舉。又有上良下良大良小良之別。（昭平縣志謂三月三日具牲醴烏飯延巫師行祭祀的，叫做大獞。四月八日才舉行的，叫做小獞。大良或亦同此取義。）這些大良人有許多於歸化之後改爲梁姓。（下文還有一章列有種種證據。）兩粵梁姓人沒有可靠族譜指明來源的，大都是大良族。明代廣西西部良獞應募爲兵，稱爲狠兵。於是狠人又再次散佈於兩廣。因其文化較低，且曾變亂，所以稱之爲狠。所謂良田也有一部分是明清很田的改稱。所以良字地名在兩廣有因古代大良人而置，有因近代很人而立，內容頗形複雜。

雲南安南良字地名亦多，富良江即是其一。富字獞音伏，與法字扶字通，有『那邊』二字之意。富良即那邊良人的地方。唐柳宗元詩已有『趁墟狠女健』語。

獠人有一種叫做飛頭獠，博物志說南方有落頭民，其頭能飛，用耳做翼，夜晚飛去，破曉復還。酉陽雜俎說嶺南溪峒中往往有飛頭的人，所以有飛頭獠子之號。志怪說從前朱垣地方有一婢子，他的頭顱能夠夜飛。王子年拾遺記也說漢武時因墀國南方有解形的民，能夠使頭先行飛到南海，然後再使左手飛到東海，右手飛到西海。有一次到了晚上，頭已飛還肩上，而兩手遇着疾風飄於海外，竟不得返。宋范成大曾到廣西，著桂海虞衡志，也說舊傳獠有飛頭鑿齒鼻飲白衫花面赤裩之屬二十一種。可見上面所述都是出於稗官小說之言，無中生有，以訛傳訛。所以桂海虞衡志只採用舊傳二字。不意明朝赤雅作者鄺氏，爲要自炫廣博，聳動聽聞，竟說在粵西時曾經親自看見。他說『飛頭獠頭將飛去，先一日頸有痕，帀如紅縷，及夜狀如病，頭忽飛去，須臾飛還，其腹自實，其覺如夢，雖獠不知也。予嘗入石袍山澗中，偶見二頭，一食蟹，一食蚓，見人驚起，食蚓者尙銜蚓而飛，蚓長尺許，雙耳習習，如飛鳥之使翼也。』赤雅吹牛，有聲有色，遂使後來許多讀者信以爲實。全書因一僞而喪百眞，殊爲可惜。作者遍歷全桂，未見有此人類。劉錫蕃君說這實係獠人的一種，披髮如飛而已。此言最爲近理。

兩粵人民喜歡稱人爲佬。例如廣東佬、廣西佬、廣佬、白話佬、客家佬、外江佬之類。又尊稱別人爲大佬，自己謙稱爲細佬。稱有錢人爲財主佬，稱有學問人爲讀書佬。這佬字卽是獠字的異寫。元史肖乃台傳『廣東盜起，寇肇慶，其魁鄧大獠居前寨，劉大獠居後寨，相依爲固。』

這㑦字在兩廣的通用亦證明古時獠獞是兩粵土著而所謂獠原是土人的意思，獠人即是『路』人或『駱』人或『六』人或『陸粱』人或『陸量』人。獠路駱六陸黎乃是一音異譯。

第十一章　獞牯考

獞人亦叫獞牯人。廣西通志指獞爲撞突的意義。他說這些人行爲撞突，所以稱爲獞人，(原獞作獞) 其實這解釋絕對不確。據作者考證所得，獞人乃獞牯人或獞牯佬的簡稱。而獞牯佬三字，乃是牂柯獠三字的轉譯罷了。字書說『牂』音藏(與西藏的藏字同音)或音狀 Tsang，『牁』或『柯』音歌 Ko，『獠』音佬 Lao。獞牯佬之爲牂牁獠，昭然可見。那末這牂牁古族的歷史和住地，就很値得我們研究了。(獞語古哥二字同音) 獞牯之爲牂柯，二千年來無人道破，可歎得很。

一　牂牁兩字的意義

牂牁或作牂柯。說文，牂牝羊也。廣韻，牁所以繫舟也。說文，柯斧柄也。詩湛露，箋疏柯枝也。廣雅，柯莖也。這是兩字個別的表面解釋。至於牂柯二字的聯合釋義，就大別之可得兩說。第一說指他爲繫船杙。華陽國志『南中在昔蓋夷越之地，滇濮句町夜郎葉榆桐師嶲唐侯王國以十數，編髮左衽，隨畜遷徙，莫能相雄長。周之季世，楚威王遣將軍莊蹻泝沅水，出且蘭以伐夜郎，植牂柯繫船。於是且蘭既克，夜郎又降，而秦奪楚黔中地，無路得返，遂留王滇池。蹻楚莊王苗裔也，以牂柯繫船，因名且蘭爲牂柯國，分侯支黨傳數百年，秦併蜀通五尺道，置吏主之』漢書地理志註和水經注顏師古解均因襲而作此說。

第二說指牂柯爲江中山名。太平寰宇記和太平御覽都是這樣主張。太約也以水經注爲根據。因水經注原文兼提此義。異物志說『牂柯者繫船杙物也。其山在海中，小而高，可以繫船，俗人謂之越王牂柯。遠望甚小，石高不似山，望之似爲一株樹在水中也。』這又是第一第二兩說的糅雜論了。

二 牂柯郡和牂柯江

按漢代置牂柯郡，又有牂柯江。牂柯郡脫胎於牂柯國。牂柯國得名於周末戰國時候，上文經已述及。漢武帝遣唐蒙諭夜郎侯歸順，立犍爲郡。後來不久，且蘭反，（莊蹻所置牂柯國即且蘭地。）漢發巴蜀兵平定了他，遂於元鼎六年，分犍爲而立牂柯郡。（元封二年且分牂柯置益州郡）元鼎六年的牂柯郡，實包括後來牂柯益州兩郡的地方。讓我們看看當時這兩郡的屬縣。

元封二年牂柯郡屬縣。

(1)且蘭縣：今貴州平越縣地。

(2)鐔封縣：今自貴州興義縣南至廣西西林淩雲等縣地。

(3)鼈縣：今貴州遵義縣地。

(4)漏臥縣：今雲南羅平縣地。

(5)平夷縣：今貴州仁懷縣地。

(6)同竝縣：今雲南徵江縣地。

(7)談指縣：今貴州安南郎岱諸縣地。

(8)宛温縣：今貴州盤縣地。

(9)毋斂縣：今自貴州獨山縣以至廣西三江縣北界。桂境天峨南丹北部亦包括在內。

(10)夜郎縣：今貴州桐梓縣地。

（11）毋單縣：今自雲南華寧縣至廣西西隆縣地。
（12）漏江縣：今雲南通海縣地。
（13）西隨縣：今雲南元江縣地。
（14）都夢縣：今雲南文山縣地。
（15）談稾縣：今自雲南陸良縣至廣西西林縣南部地。
（16）進桑縣：今雲南元江縣地。
（17）句町縣：今自雲南通海縣至廣西天保及附近各縣地。舊蒙自道大半在內。本係句町王國。
元封二年益州郡屬縣。
（1）滇池縣：今雲南晉寧縣地。
（2）雙柏縣：今雲南昆陽縣地。
（3）同勞縣：今雲南境。
（4）銅瀨縣：今雲南曲靖縣地。

(5)連然縣：今雲南安寧縣地。

(6)俞元縣：今雲南徵江縣地。

(7)牧靡縣：今雲南尋甸縣地。

(8)穀昌縣：今雲南昆明縣地。

(9)秦臧縣：今雲南富民縣地。

(10)邪龍縣：今雲南蒙化縣地。

(11)味縣：今雲南曲靖縣地。

(12)昆澤縣：今雲南宜良縣地。

(13)葉榆縣：今雲南大理縣地。

(14)律高縣：今雲南陸良縣地。

(15)不韋縣：今雲南保山縣地。

(16)雲南縣：今雲南祥雲縣地。

(17)嶲唐縣：今西康鹽源縣地。

(18)弄棟縣：今雲南姚安縣地。

(19)比蘇縣：今雲南雲龍縣地。

(20)賁古縣：今雲南建水縣地。

(21)毋棳縣：今雲南華寧縣地。

(22)勝休縣：今雲南建水縣地。

(23)健伶縣：今雲南雙柏縣地。

(24)來唯縣：今雲南文山縣地。

以上共四十一縣，所包括的地域在漢武帝元鼎六年，均隸屬於牂柯郡。(華陽國志也明說沅洲郡是從牂柯郡分立的) 可見當時牂柯郡範圍的廣闊了。今日貴州省和雲南省的大部分，並廣西省的西端，都曾在牂柯郡領域裏頭。古代牂柯人或獞牯人的散布，可以想見。(南齊又置東牂柯郡於今湖北境。)

我們現在再論牂柯江吧。漢書西南夷傳『建元六年，大行王恢擊東粵，因兵威使番陽令唐蒙風曉南粵。南粵食蒙蜀枸醬，問所從來，曰道西北牂柯江，江廣數里，出番禺城下。……夜郎臨牂柯江，江廣百餘步，足以行船。南越以財物役屬夜郎，西至桐師。』讀史方輿紀要說，『盤江有二源。

其出四川境內者曰北盤江。（貴州未立省前北部屬四川省）其出雲南境者曰南盤江。二源合流，而入廣西境，謂之左江。（今稱為紅水河）東合於右江。（今稱柳江）志云左江一名南江，以在廣西南境也。一名鬱江，以流經鬱林郡也。一名牂柯江，以昔通牂柯郡也。經廣東以入於海。』漢武帝元鼎五年伐南越，史謂發夜郎精兵下牂柯江，會於番禺，即指此江。異物志論牂柯義，有『山在海中』及『越王牂柯』二語。晉左思吳都賦有『吐浪牂柯』之句。（三國時兩粵地方乃交州屬於孫吳所以奉吳都為京城）上面曾說牂柯江闊數里，且出番禺城下，可見牂柯江即今日所謂粵江。既然獞牯佬就是牂柯人，照樣牂柯江何嘗不可以稱為獞牯江。今日地理學家以滇黔兩廣為粵江流域，其實就是獞牯江流域。這流域在遠古時代是獞族同胞的根據地，可以不言而喻。（廣韻指濮鉛為南極之夷爾雅疏謂濮鉛即濮梁書唐書均說及盤盤國作者按盤江的盤字即濮鉛叶）

三　獞人和禹貢黑水

書禹貢說『華陽黑水惟梁州。……黑水西河惟雍州。……導黑水至於三危，入於南海。』黑水和三危到底在甚麼地方，向來議論不一。一說三危是西裔的山，不能指定所在，馬融尚書注便採這說。一說三危在今甘肅敦煌縣。水經注和括地志都是這樣主張。一說三危在甘肅鳥鼠山西。書正義鄭玄引地記書和漢書司馬相如傳注都持此論。一說三危在今雲南境。樊綽蠻書，『麗水源自邏些城三危山下，南流過麗水城西。禹貢導黑水至於三危，蓋此是也。』一說三危在甘肅天水縣。一說在甘肅古疊州西。一說在四川境。一說三危即是西藏。此外金履祥尙書注且說在中國西南部，但凡山有三峯的，都是三危，因爲這是戎人的言語。

關於黑水的議論也是一樣繁雜。一說黑水出雍，歷梁而入南海。採是說的多指黑水即甘肅的張掖河，說張掖河有伏流在地下，經磧石以西羣山而入南海。此說強辭奪理，可以置而不論。一說雍州有一黑水，與梁州並導河的黑水不同。主是說的或以甘肅大通河爲雍州的黑水，或以甘肅黨河即雍州黑水的別名。或以麗水及瀘水爲梁州和導河的黑水。（樊綽謂麗水便是黑水入於南海，不知麗水即金沙江並非入於南海。）或以梁州及導河的黑水應是雲南的西洱河。此外以瀾滄江或怒江爲黑水的也不乏人。主怒江的，且謂怒江上源叫哈喇烏蘇，藏語哈喇指黑，藏語烏蘇指水。

鄙意三危黑水，西南各地都有。（例如廣東始興縣西即有墨江。）但禹貢導黑水至於三危，入於南海的黑水，就顯然是指粵江或牂柯江。（1）粵江正流的北源乃北盤江。他經過的地方苗人最多。雖然今日的苗人未必得名於古代三苗，但我們有許多理由相信他們是古三苗遺民之一部。竄三苗於三危，和導黑水至於三危，入於南海，都表明稱貴州爲古三危異常適當。（2）粵江上游的都江盤江（指貴州平舟和大塘縣境的盤江，都發源於周末楚秦代領的黔中地方。黔字乃是黑字的意義，秦人因稱平人為黔首。(3)粵江上游亦名鬱水。鬱指林木蒼鬱陰黑。世界地理說黑海得名因為岸旁樹林茂密，黑尼羅河得名因為上流兩岸樹木衆多，落葉滿江。以此類推，可見鬱有黑義。(4)古代粵江上游是爨部的大本營。爨乃大火焚林，表示爨民刀耕火耨山野經火之後，當然是黑色的。何況東爨古時原稱黑蠻。(5)粵江流域古代乃烏浦或烏滸人和黎人所居。烏即是黑，浦即水濱，黎也是黑。(6)禹貢，『華陽黑水惟梁州』即指梁州北以華山，南以黑水為界。滇桂昔日叫做梁州徼外，可見牂柯江確是導河的黑水。(7)漢書地理志說益州滇池有黑水祠。滇池附近乃南北盤江的發祥地。指黑水祠為奉祀粵江水神，十分可信。(8)東爨黑蠻與暹羅族同屬一部。暹人自粵江上游遷入印度支那，種名仍取黑色的意義，因為暹就是黑。(9)元史至元八年，大理勸農官張立道使交趾，幷黑水，跨雲南，以至其國。當時自中原經雲南入交趾，須渡粵江上游的盤江，而不須渡西洱河或瀾滄江或潞江，此點我們都知道的。(10)古代所謂南海乃指廣東沿海一帶。禹貢『淮海惟揚州』，即指揚州北界淮水，南界南海。詩：『王命召公，虎平淮南，於疆於理，至於南海。』史書又謂周惠王時，楚地千里，南海臣服。秦始皇平百粵，且在嶺外立南海郡。這都可以證明夏禹導黑水至於三危，入於南海，絕對不是指麗江瀾滄江潞江西洱河，而是指今日所謂粵江了。雖然瀘水的瀘字麗水的麗字，（盧和驪都是黑）和黑惠江的黑字，都可為其他黑水的旁證。可是南海二字卻不能指為印度洋或暹羅灣或長江所入的東海呢。我們很有理由相信在夏禹王時，這以黑衣族見稱的僮人，（古代西羌人稱青衣族明一統志說蜀王蠶叢祠稱青衣神大禹亦西羌人，）早已散佈於粵江流域了。

四　僮人和姜漢族

照字書解釋，牂牂䍧都是牴羊，都是大種羊。羊鳴聲為芈為咩。牧羊的人叫做羌。牧羊女的簡稱便是一個姜字。姜與荊同聲。羊與揚楊陽䍧養等字同韻。伏羲及羲和的羲字都在羊部。甚至戎字也是從羊字脫嬗而來，因為直至現在，西南許多部族仍然呼羊為戎。詩經有『自彼氐（即羝）羌』之句。地名有揚州荊州戎州羊城羊苴咩。姓氏有羊養陽楊姜。這一切都表明古代整個黃河以南原是羊人部族的地方。僮人當然也在這羊人族即姜族或羋族之內。

這樣一來，僮人的血統或種系問題，就簡單而明顯了。羲姜羊羋羝牂等是一個不可割裂的系統。只要證明姜族人是漢人，就可知道這整個系統都是漢族。這系統在地理上和歷史上都表示絕對的一貫。何況他們的語言體格風俗都是一貫的呢。我們知道神農姓姜。我們知道三苗姓姜。我們知道神農亦稱炎帝，南方屬火，炎帝顯然是興起於南方部族的君主。同時我們又知道商朝已有羋國，即後來的楚國羋地名稱已經見於甲骨文字。參看陳晉著龜甲文字概論。（後來史家謂羋姓起於周朝，且指爲姬姓之後，甚不可靠。）倘若我們承認神農是漢人，就絕對不能不承認牂牁人是血統最純粹的漢族。

或者有人說牂人或僮人不是漢族，因爲他們的語言與漢人的語言不同。這批評完全錯了。因爲(1)苗徭僮的言語都是單音語，與我們的國語同一系統。而且照作者的考證，僮人的言語倒是最近原始漢音的語言。(2)我們須知在春秋戰國的時候，甚至中原附近的各國，仍是文字異形，語言異音。參看說文序論再降而至漢代，北部和中部各地語言不同，還如異國一樣。若有人不相信這話，請看揚雄所著『方言』和劉熙所著『釋名』，便要承認。且舉兩例如下。『凡物之大，東齊海岱之間曰㚘，或曰幠。宋魯陳衞之間謂之嘏，或曰戎。秦晉之間，凡物壯大謂之嘏，或曰夏。秦晉之間，凡人之大謂之奘。燕之北鄙，齊楚之郊，或曰京，或曰將。……初別國不相往來之言也。今或同。而舊書雅記，故俗語不失其方。』『雞，陳楚宋魏之間謂之鸊鷉。』均錄自揚雄方言。爲何我們不因戰國時七國異音異文，和劉漢時各地方言不同，而肯定這七國和這許多地方的人都不是漢族呢？(3)禹會諸侯於塗山，執玉帛者萬國。（當時巴蜀羌族的部落亦曾與會。）成湯受命，存者三千有餘。武王觀兵，有國一千八百。（武王伐紂會師牧野時，羌份西部庸蜀微盧巴賨彭濮八國都參加。）東遷初期，一千二百尚存。見於春秋經傳的，百有餘國。再後互相兼併，成爲七雄。到秦漢時，然後中國正式統一。這樣一來，各地方的語言文字方纔漸漸的鎔成一家。然而直至今日，各省各縣的方言和土字仍未完全泯滅呢。例如江西萍鄉俗語呼你爲『悻』，呼我爲『慽』，呼你們爲『悻裏』，呼我們爲『慽裏』。又如陝西臨潼縣俗語呼父爲『達』，呼醜爲『駭』，呼可愛爲『哥憎』，呼那處爲『兀搭』。（見臨潼縣志。）難道我們可以因此而指他們爲非漢族的地方麼？（4）今日苗傜獞的言語與國語不同，只因苗傜獞的部族與中原漢族長久隔離，所以他們的語言與國語不同的成分較多罷了。華陽國志『蜀之爲國，……有周之世，限於秦巴，雖奉王職，不得與春秋盟會，君長莫同書軌。』少與盟會，所以語言遲遲統一。這一句說話道破了獞人與中原異語的原因。然而他們今日的語言，何嘗不是十足道地的漢語？不過不是多數公認的國語罷了。

或者又有人說，牂佬不是漢族，因爲他們是夷是蠻。這論斷更加幼稚可鄙。（1）本書上文曾說蠻字的音是許多南方部族的自稱。其中所含輕視的意義，全是中原冠族所加上的。（2）其實

姜漢族故壤之粵江或獞江圖

獞江即牂牁江乃禹貢導入南海之黑水

蠻字加上一個虫字，也算不得是必然的侮辱。請看閩字從虫蜀字從虫。伏犧和女媧姓風，風字也是從蟲。大禹王是中國古代的聖人，他的名字『禹』也屬於字典的虫部。其實虫者動也，乃指一切能生動能屈伸的物類。禮記儒行，『鷙蟲攫搏，』疏謂『蟲是鳥獸通名。』大戴記列有羽蟲毛蟲甲蟲鱗蟲倮蟲等名。可見蟲實非單指蟲豸，也非單單兼指鳥獸，就是人類也包括在內。家語說，『倮蟲三百有六十，而人爲之長。』人既然是倮蟲之長，所以禹字無損於聖人，而蠻字又何損於我們南方的漢裔？(3)漢書地理志，『鄭桓公問於史伯曰，王室多故，何所可以逃死？史伯曰四方之國非王（指周朝姬姓王）母弟甥舅則夷狄，不可入也。…

…姜嬴荊芈，實與諸姬代相干也。（顏師古曰干乃犯也）』我們從這問答，可知周朝所謂夷狄，乃指姬姓王室分封親屬以外的國家。姜姓（齊）嬴姓（秦）芈姓（楚），世世干犯姬姓，所以都是夷狄。周代只以王室的親族爲正宗，可以概見。舜典『帝曰，皐陶蠻夷猾夏。』這蠻夷也不外指中原正統勢力以外的國家罷。從前指僮人爲夷，與周朝指秦國齊國楚國爲夷又有何別？秦齊楚到底是漢人，照樣僮佬也的確是千眞萬實的漢族。作者覺得南方姜漢族可以稱爲炎帝神農的子孫，北方姬漢族可以稱爲黃帝軒轅的子孫，大家都是漢族。從今以後，我們當說漢族是炎黃的後裔，不應只題黃帝二字。

第十二章　從名稱認識僮族的優秀

一　僮在粵江流域的屹立

僮人或僮佬，自文化展開之後，歷周秦漢以至今日，繼續屹立於粵江流域。凡自稱爲佬（即獠）的，都屬於廣義的僮族。兩粵古代以俚獠爲土著。至今兩粵人士仍然以『佬』字自稱，而稱非兩廣人爲外江佬。至於外省人的自稱，滇黔土佬除外則並不用佬字。舊粵人，即第一期廣義僮人，在粵江中下游之勢力綿遠，眞足令人驚歎。

上面一章已經切實證明僮牸人即牂牁人。我們須知牂牁乃漢代在西南所立的郡名，也是粵江在古代的稱謂。僮人自秦漢以降，繼續屹峙於粵江流域，『僮』字的名稱確是一個很好的明證。

非特『僮』字是這樣，就是僮族各支派的名稱也大半是根據着漢代粵江上游和他附近區域的地名。的狼人或野狼人乃是僮族的一個重要支派，這野狼二字也不外夜郎的轉音罷了。漢前已有夜郎侯，漢武帝滅苴蘭立牂牁郡，夜郎侯懼而入朝，仍受封爲夜郎王。當時的夜郎國，即牂牁郡的西北境。所以在事實上，夜郎人確是牂牁人的一部分。後代記載謂『狼』或『大良』乃『獞』的一派，來自桂省的西北方，正與夜郎國境相合。

又廣西獞人的一個支派名為『狙』人。赤雅說『四姓狑外曰狙，其風罔聞，意莊生所謂狙公云。』實則這『狙』人的『狙』，並非狙公的狙，乃是且蘭人的『且』字加上一個犬旁罷了。且蘭原是秦漢時代的地名。

又桂北及滇東黔南有一種獞人，名為木佬或毋佬，多黎王莫金文等姓。在桂省則以柳慶屬為最多。這毋佬二字怎樣出處呢？就是漢代毋斂縣（今貴州都勻獨山荔波丙妹等地以至廣西南丹三江等縣的邊境）毋棳縣（今雲南華寧縣境內）和毋單縣（今雲南華寧縣東境）的遺民。這與覃姓和譚姓的獞人得姓於漢潭中鐔封談藁等縣的名稱頗似。（漢書地理志鐔封縣下舊註顏曰鐔音尋又音淫。）

再則今日桂省西北一帶，稱貴州獨山和附近的獞族土佬為猫狸人。作者曾問當地長老以猫狸二字的命意，均瞠目不能回答。後來有一長老說大約是『猺黎』二字的誤寫。過後作者深加研究，始知猫狸並非取義於猺黎，實乃取音於『有斂』。因西漢末王莽曾改毋斂縣為有斂縣。王莽雖然在位不久，但西漢滅亡之後，直至宋代末年，中央政府的勢力少達此地，所以王莽所改的縣名，僮人仍然繼續援用爲部族的名稱。可是至今僮族自己也不知道他的出處了。

儂人或稱龍人，也是僮佬的一大支族，他們向來以雲南極東和廣西的西南角爲大本營。按晉朝在今廣西的西南境立農城縣，其地居民必定早有農姓。他們的歷史當然也很悠久。龍亦牂牁大姓

二　「狪」「犵」兩族與僮的關係

侗佬仡佬都是廣義僮人。他們的古代居地，本來不隸屬於牂牁郡或牂牁江流域。他們在漢唐時，住於武陵郡境，卽資水沅水的上游。侗佬乃峒獠義，仡佬乃溪獠義，都是廣義的僮族。峒谿纖志說，『峒人以苗爲姓，好爭喜殺，在石阡朗溪司者，多類漢人。粤西有峒人，彈胡琴，吹六管，女善漢音楚歌。』可知峒人向與黃漢族甚爲接近，因爲他們久居湘楚的邊鄙。然而侗人這個名稱，古時在粤東也曾使用。唐書馮盎傳謂『羅竇諸峒獠叛，』卽是其例。

仡佬卽古代所謂溪峒的人。溪人指五溪蠻。後漢書謂五溪乃雄溪樠溪酉溪潕溪辰溪。這五溪本巴子的後裔所居。後來又有傜人侵入，所以人種頗形複雜。炎徼紀聞說犵狫一名犵獠，其種有五，蓬頭赤脚，輕命死黨。五種卽花仡佬紅仡佬打牙仡佬剪頭仡佬和猪屎仡佬。老學庵筆記所說的犵獠犵獵犵獽，顯然是一名異譯。溪蠻叢笑說溪蠻出入坐臥，必定以刀自隨。小刀尤爲銛利，

名為犵黨犵之為溪黨之為刀瞭然可見現在貴州且有水仡佬鍋圈仡佬披袍仡佬和仡僮等名稱，廣西也有仡佬的踪跡。

仡佬現時雖然已非純粹的僮，但侗人仡人與僮族的淵源，也足以表明秦漢至今僮族在西南各省，尤其是粵江流域勢力的鞏固和廣泛。

三 與滇族和苗傜比較

純僮只有俍僮㑇毋佬等很少的重要部族名稱，且多脫胎於古政區地名。滇省各士族和西南各省的苗傜族就不像純僮族這樣。

唐朝樊綽蠻書列有下列的滇省土族名稱。即西爨白蠻、東爨烏蠻、南蠻、獨錦蠻、弄棟蠻（弄城也弄棟縣乃棟城縣）、青蛉蠻、裳人，長裈蠻、河蠻、施蠻、順蠻、磨蠻、磨些蠻、撲子蠻、尋傳蠻、裸形蠻、望苴子蠻、望蠻、黑齒蠻、金齒蠻、銀齒蠻、繡脚蠻、繡面蠻、穿鼻蠻、長鬃蠻、棟峯蠻、茫蠻、栗粟兩姓蠻、雷蠻、夢蠻、豊巴蠻、崇魔蠻、桃花人等。上列各族，有因衣色而得名的，有因地名而得名的，有因風俗而得名的，（此類最多）有因地域而得名的，有因酋豪姓氏而得名的，有不明其意義的。取名零碎而又博雜，且少政治氣味而多土俗質素，表明其文化大半低於純粹僮族。蓋當時滇境文化最高的乃係東西兩爨及六詔人。

實則統一六詔爲南詔國的蒙歸義，原來出於牂牁郡境的爨族，應當列爲純粹僮人或狹義僮佬。

元朝以後，雲南土族的名稱一天多過一天。目前有名可舉的，最少有一百種。他們的名稱幾乎全與唐時的名稱不同。例如怒人，車蘇、山蘇、古宗、喇魯、苦蔥、羅緬、憂喇、猓人、披夷等，許許多多的名號，眞是光怪陸離。這情形至少表示（1）漢時中央政權在雲南的西南部，並不若在粵江流域的鞏固。（2）雲南西南部土族古時文化多是極低。（3）秦漢時雲南土族的古國必定少有強大的統治權力。沒有像夜郎南越這樣的國家。南越趙佗雖非僮人但當日南越子民十之八九是已經歸化的俚僚僮類而且南越又廣用土人爲將帥官吏。（4）唐宋的南詔大理，對於零星部族僅有極低度的懷柔羈縻。（5）在元明淸三代，黃漢族或姬漢族人挾着兵威文化大量流入滇省，現在已經完全反客爲主。不像粵江流域自秦漢至今，仍以僮族血統爲最大的基礎。凡此數點，我們絕對不能否認。

再看黔省的苗族。苗人種類甚多，但大多數是混種部落，他們的名稱也很不像僮族。苗防備覽和黔苗圖說所列的八十餘種苗人，其中如宋家苗蔡家苗等，乃春秋時楚子所俘宋人蔡人的後裔。如九服苗紫薑苗洞崽苗樓居苗等，都是取名於風俗習尙，洪州苗西溪苗等，都是取名於移居之地。又如侗家苗仲家苗等，都不是純粹苗人。純粹苗人只有紅青白黑花五種，完全以服色爲取名的根據，這與主要僮族支派的取名截然不同。可見苗人也與滇西土族一樣，比不上僮人文化的齊整歷史的一貫，和族類的團結。

最後則前文曾說傜人支派的名稱有侯傜、金秀傜、紅傜、坳傜、剃頭傜、蠻傜、藍靛傜、背簍傜、光頭傜、馬頭傜、白袴傜、三花傜、榜傜、尖頭傜、董籠傜、盤傜、良傜、板傜、過山傜、畬人、白衣山子等，其名號亦多以衣服風尚和姓氏為根據，與僮族取名也迥然有異。

四　一個總察

綜觀以上所述，可見（1）僮族和支派的名稱最富於歷史和政治的記念性。（2）僮族支派的名稱不像苗傜和雲南西部南部土族的支離破碎。這情形解答了我們所有許多關於『西南部族辨別』的問題。為甚麼僮人亢爽而苗傜沉鬱呢？為甚麼歷來僮人富進取心而苗傜多退守性呢？為甚麼僮人言語最整齊，而苗傜言語最複雜呢？為甚麼僮人各族制度多半相同，而苗傜各部制度多半岐異呢？為甚麼在語言和風俗上，以苗傜襲僮多，而以僮襲苗傜少呢？為甚麼以前僮人喜當兵納稅，參加國家和社會的政治運動，而苗傜則否呢？為甚麼僮人的自立力較強，吸收力較富，而苗傜則不然呢？原來僮是粵江流域的地主，且有悠久宏偉之一貫的文化。僮人部族名稱的研究已經啓示我們了。

漢陸賈見趙佗，趙佗問說『我與皇帝孰賢。』漢唐蒙使夜郎，夜郎侯問說『夜郎與漢孰大』。後人遂有南越自高夜郎自大的譏誚，其實這正是牂牁流域民族雄風的表示。南海尉趙佗以北人而據有南海桂林象郡，稱南越王，斷絕與北方的關係。娶粵妻，守粵俗，任粵官，委粵將，箕倨椎髻，自號蠻夷大長。使南越不失爲牂牁式的國家。當時牂牁土著勢力的偉大可以想見。又當時夜郎也極強盛。漢武帝時唐蒙上書說『竊聞夜郎精兵可得十餘萬，浮船牂牁江，出其不意，此制南越之奇兵也。』僮族夜郎人的氣勢，倒也不弱。後來南越王相呂嘉反，漢兵定南越，也多多得力於粵籍將士和僮族夜郎的兵卒。如戈船將軍粵侯嚴統兵出零陵下灕水；下瀨將軍粵人甲率兵下蒼梧；馳義粵侯別領巴蜀罪人，發夜郎兵下牂牁江，咸會番禺城下。漢書所載，可以復按。

自從南越國推行王室娶納粵妻，人民保守粵俗，多以南越人治理南越境地的政策以後，大約一百年間南海桂林象郡的僮系土著，大半化爲齊民。遂奠定了兩廣特殊血統，特殊方言，和特殊風尙的基礎。至於廣西極西和雲南極東並貴州極南部分，則僮族居民自東漢以至宋末，中央鞭長莫及，蜀漢與南詔大理亦不以大兵相臨，千餘年來處在政治勢力的夾縫當中。僮人孕育涵養夜郎牂牁的消化不衰而人口則已日衆所以降及唐宋頗多揭竿而起狄青征儂智高事平之後，大兵留戍完全化爲僮民。再後明清兩代，兩粤當局甚且廣用僮兵狼兵，以戡內亂。僮人勇悍，早已全國共仰。非但僮人如此，就是以僮族血統爲最大基礎的兩粤民衆也以勇毅機警見稱。將來在中華民族的國防建設上，這些僮族健兒必有驚天動地的貢獻。牂牁江水滾滾東流，表示這牂牁漢族的光榮一樣的偉大綿遠。（中國人的習慣在柬帖和宅門上每每喜寫郡望名稱，僮族同胞用牂牁漢郡的稱號可以當之無愧。）

第十三章　兩粵的苗徭

一　兩粵的苗人

兩粵的苗人不多，而且歷史也比較的短。大約他們始到桂省北部，乃在元朝時候。元定黔境，置順元路，初隸四川，後隸湖廣。諸峒苗蠻的征討，見於元史。桂北龍勝縣三百坤侯長橋墓碑說祖先是靖州苗民，元代方纔來桂，這是一個明證。但苗民大批度嶺乃在明朝初頁。洪武十四年，明太祖命潁川侯傅友德為征南將軍，帥師征雲南。友德將兵十萬，會於湖廣，除分遣一部由四川永甯趨烏撒外，親率主力大兵，由湖南辰沅直趨貴州。我們知道當日湘西乃苗人淵藪，傅友德大軍壓境，苗人向南分移，自是意中的事。明定賦役黃冊，在城廂里鄉之上，還有圖的編制。今桂北苗民譜本謂庚申年（按洪武十四年乃辛酉年，庚申顯然是洪武十三年）『北京（苗民譜本又謂洪武皇帝立北京，北京當是南京之誤，）城內奏一本，朝廷陣上點兵丁。一點三千六百個，二點八萬七千兵。』『一鄉過一鄉，川船過了洞庭江。一圖過一圖，川船過了洞庭湖。』這與當日的情形正合。況桂北苗民譜本於敍述分支遷徙之前，屢題洪武二字，可見他們大部分確是明朝初年纔踰嶺而到桂省北部來的。現在居住桂省的苗民，以省境北部和西部

爲多三江懷遠宜山淩雲等地最爲繁衆但其總數終不過十萬左右罷了

廣東的苗人則在海南島中和黎人雜處，人數更少。其族乃明世宗嘉靖年間，大軍征伐海南黎人時，調廣西苗兵到來充藥弩手，事平之後，安居不去，子孫留傳直至今日。按苗民在兩廣年代淺而人數稀，所以本書不加詳論。

二 兩粵傜人來歷總察

上面第四一頁引屈大均廣東新語說，『猺或作繇，漢書江都王建遣人通越繇王是也。』倘若這話是可靠的，傜人祖先的一部分就是三國時的山越。怎樣見得呢？因爲當秦末時，越人無諸搖二人從吳芮伐秦，事後楚不給以封號，他們遂不附楚。漢興，封無諸爲閩越王，封搖爲東甌王。漢景帝時吳王濞作反，招東甌爲助，事敗，東甌殺吳王以謝罪。吳王子奔閩越求援，閩越遂出兵征東甌。漢兵未至而閩越解圍。東甌自請舉國徙江淮流域。後來閩越擅伐南越，漢興問罪之師，餘善殺兄閩越王郢，才算了事。於是漢立無諸孫繇君丑爲閩越王，另立餘善爲東越王，分領閩地。漢征南越，餘善鼠首兩端，後且作反，漢遂移師將他平定，而把東越閩越的土人也大部徙到江淮。於是自江淮經吳越而至閩越，都有繇君部族的存在了。（史謂閩越王無諸東甌王搖均吳王勾踐之後風俗通說東越王搖勾踐之後其後以傜爲姓亦作搖。）原來三國時散佈於皖南蘇南浙贛和閩海的山越，就是這些土著的遺民。

好了，倘若我們承認山越是傜人祖先的一部分，那麼他們與嶺南的傜人又有怎樣的關係呢？第一，楚滅越後越國土著貴胄逃入嶺南的頗多。第二，史記謂越人有名搖無餘的，漢初為隊將，曾經會師破秦。及漢定天下，封他做海陽侯，卒謚齊信。宋羅泌說搖無餘的封地乃今日廣東極東的一角。所以我們不能說漢時嶺南的極東沒有搖越族的子民。第三，粵省的極東部分漢初與閩越接壤，而且在地勢上，彼此密切相關。古代閩越土著的流入，當然不免。第四，贛閩畲人乃山越的後身，粵北客家人之得名乃對粵北畲族土人而言。客人名稱在廣東起於宋代。太平寰宇記載宋初粵省全境的戶口，已有主客之分。按此可見最低限度在唐朝時候廣東的東北部必定已有畲人。畲乃傜族之一。畲傜在嶺南的地位，觀此可見。下面還有一章分述畲人，本章暫不詳及。

現在我們且看通常所謂傜人，何時到達粵江流域。（指潮海嘉應區以外）作者敢斷言說，傜人不是粵江流域最初的土著。粵江流域最初的土著乃是牂人。少量傜人最初到達嶺南，或在楚滅越國之時。但傜人大批到達粵江流域，當在漢末至黃巢的時候。現在兩粵傜人歌書尚還提及黃巢作亂時走難的情形。傜人踰嶺當以此時為盛。但當時度嶺的傜人勢力仍小，因為史書裏嶺南傜亂的記述，到了宋朝纔有到了元朝纔多。宋朝以前，只有俚獠變亂罷了。

當隋唐時，嶺南土著的初期僮族差不多已完全與姬漢族同化。我們知道僮人是一個胸懷寬大，比較富於同化性的部族。他們很早便與南來的姬漢族通婚。尉佗傳謂呂嘉反時，攻殺王太后及漢使者，遣人告蒼梧秦王和各郡縣，宣佈立明王長男越人妻的兒子術陽侯建德爲王。你看漢時南越王尙和土著僮人通婚，百姓方面之無界限，可以不問而知。無怪史册所載當日土著的大官，如歸義越侯嚴和越將甲等爲數不少。所以唐末五代南漢時候，史書全無俚獠變亂的紀載。自此以降，粵江流域的中游和下游，差不多只有徭人是獨標異幟之梗化的部族罷。

嶺南徭亂最初見於宋仁宗時。宋史仁宗紀謂景祐二年，徭獠寇雷化州，詔桂廣會兵討之。又宋史楊畋傳謂仁宗慶歷三年，湖南徭人刧略州縣。賊鬭敗，至踰嶺南遁。查景祐二年乃公歷紀元後一〇三五年，慶歷三年乃紀元後一〇四三年，前後相隔不過八載。當時湖南徭賊猖獗，上述嶺南史錄兩則只用遁字寇字，而不用叛反等字。他們不是土著而是來自湖南，昭然可見。再後二百五十餘年之久，嶺南地又無顯著的徭人寇亂。可見此時嶺南徭人還是基礎未固。迨元世祖至元十八年，德慶州瀧水徭變叛。（見黃佐廣東通志。）元仁宗延祐中，廣西徭賊掠雷州。（見天下郡國利病書）自此以後，終元朝明朝之世，嶺南徭亂竟層出而不窮了。

淸初顧炎武所著天下郡國利病書，舉列廣西蒼梧藤容岑溪懷集博白等地徭山很多。在廣東方面，則清遠龍川新會從化台山曲江英德高要四會新興陽江陽春恩平德慶封川開建茂名電白信宜化縣靈山連山雲浮鬱南羅定等地，徭山名目見於郡國利病書的更爲繁衆。每縣多的有百餘處，少的有一二處。（此外嘉應州惠州潮州也有許多畬徭。）眞可謂洋洋溢溢，極一時的大觀了。廣東通志則謂廉州欽州增城樂昌乳源也有徭村。而北江連山徭人則至今還未全與外界同化。北江這一個小區域的徭人，有人說是來自廣西，最初原係廖氏家奴。又有人說他們直接來自五溪。但他們的風尙却與今日廣西的板徭相類。

三　桂徭之歷史的傳說

桂省徭人宋時范成大桂海虞衡志已有記載。現時桂徭仍有許多是與外界隔別的。據他們自己傳說，有些自江西經湖南而來。有些自福建經廣東而至。有些直接來自廣東。例如紅徭是第一種。白袴徭是第二種。板徭盤徭是第三種。其他各族不外來自湖南廣東兩綫。至於坳徭花籃徭相傳來自貴州，甚至有人說是由貴州經百色而至。作者覺此處所謂貴州，絕對不是貴州省而是貴縣。唐在廣西立貴州，元徙治貴縣而仍用舊名，明朝方纔取消這個名稱。可見猺人之到廣西多在宋元時代。（桂北紅猺則明說是元朝來的）況且貴州省通志說，『猺人黔省原無，自雍正二年有自粵西遷至貴定與平越，居無常處，有書名榜簿，皆圓印篆文，其義不解，珍為祕藏……』均猺花籃猺來自貴州省之說，不攻自破。大約桂猺各部族以直接來自廣東和湖南的為最多。來自廣東之部份，當然亦間接來自湖南。作者從大猺山採集的歌書，屢屢題及廣東廣州等字樣，可以證明他們確自廣東移來。板猺奉五顯神，有一歌兒說，『五顯原來身着紅，五顯原來在廣東。』又茶山猺說來自廣東珠璣巷。（廣東新語說吾廣故家望族其先多從南雄珠璣巷而來蓋祥符有珠璣巷宋南渡時諸朝臣從駕入嶺至止南雄不忘汾渝自所亦號其地曰珠璣巷）且有人說來自珠璣巷的人，小趾甲分為兩邊，可資憑證。按珠璣巷發源之說，在兩粵已成人云亦云的口頭禪。桂猺的某某部族是否來自珠璣巷姑不必論，但他們來自廣東和宋朝始到廣東，則可無疑義。大猺山又有一歌兒說，『上世白公葬錯祖，葬在江邊被水推。一推推到江華縣，再推推到象州來。』他們與湖南的關係，觀此亦可概見。猺山板猺且有榜文一種，自稱乃評王發給，歷代遞傳，全文約四千餘言，作者錄有一份，下面另闢一章加以研究。

又桂省紅猺說先世來自江西，經湖南武岡和靖州而入桂境。他們有歌頭說，『屋背大園種綠豆，綠豆好花滿園開。手拿綠豆不用問，綠豆便打靖州來。』（按坳徭有田類歌頭說六月種綠豆綠豆排排落嶺來手把綠豆問根由貴州綠豆有根源。）紅徭歌書很多，有一排（即指一套）叫做洞庭隔江歌，所唱的是祖先在洞庭湖的經歷。他們說先世來自江西，大致不錯。但作者頗疑紅徭原是苗徭混種，不然也必是苗化很深的部族。第一，龍勝三百坤紅徭侯長橋墓碑明說先代是靖州苗民。第二，他們的風俗與苗人很是相類。第三，他們所信創造人類的神話與苗人所傳的完全相同。

龍勝三百坤紅徭張老老所說創造人類的故事盤古開天闢地姜氏太婆生下兒女六人就是千里眼萬里耳張長手李長腳姜良姜妹（作者按或說子女七人）各人均有本領造了一間大屋用銅做門用鐵做柱天上雷公看見了就忌恨他們與雷婆商量要將房子打破事為千里眼所見又為萬里耳所聞就連夜用青苔鋪滿屋頂雷公雷婆打下一個滑腳竟然跌在屋旁長手長腳連忙將他們兩位擒住丟在房裏鎖將起來他們肚子餓了沒有力氣在房內悶悶而坐四位哥哥都已出外做工雷公雷婆看見姜良姜妹食飯求他們施捨一些他們不肯但說哥哥有令不能違背後來看見姜良姜妹餵豬又求他們給些豬糠來食不然就給豬糠他們嗅一嗅也好姜良姜妹動了慈心就給些豬糠他們一嗅雷公雷婆聞了米氣就氣力復元立刻將房子打破逃走出來給姜良姜妹白瓜子一粒說在危急之時種下這粒瓜子就會頃刻發葉開花你們跳入花裏端坐就安穩了那天晚上天就降下大雨洪水泛濫起來姜良姜妹種了瓜仁立刻開着兩朵大花各自跳入花心坐定結了兩隻大瓜把他們包在瓜裏洪水浸滿天下四個哥哥都被淹死姜良姜妹在瓜裏隨波漂流到了一個山頂水乾了他們就爬出來雷公遂令太白星君下凡對他們說天上無天星地下無人烟要你們兩人成婚繼續人種二人不從便有烏龜精出現又有竹精出現都照樣勸告他們他們都不答應星君就對二人說這裏有兩條烟柱倘若兩條烟柱自己連合起來你們就要服從天意結為夫婦言畢兩烟果然連合可是姜良仍然不允星君又令兩竹結合又令兩塊磨石向兩面輥開自然連結起來表明一切都是天意然而姜良到底不肯於是星君說不然就請你在一座山下環繞走着讓姜妹在後面追你若追得着就結為夫婦好麼姜良以為自己走得快姜妹必追不着就答應了他們走了幾個圈子總追不上星君暗令姜妹回頭而走於是在轉彎的地方二人彼此相碰就不得不結為夫婦世界人種也得而繼續了

這神話與本書末了附載苗人譜本所述的神話大致相同更可奇的就是這故事與基督教聖經裏所說的洪水故事非常相似。（閱者可參看舊約聖經創世記第六章第七章和第八章不過苗徭神話先說造屋後說天降洪水聖經却先說洪水然後於同書第十一章另述一個造塔的故事又按侗人雖是徭族但曾久住大湖區域受着苗人的濡染亦深所以他們也相傳　類是姜氏婆老和姜良姜妹的後嗣可見上述故事乃是苗人所傳而為紅徭和侗人之所採襲的）

第十四章　板徭榜牒研究

嶺南板徭有榜文一種，自謂先世所傳，內列榜令律例條劵牒文等項。上蓋離奇怪誕之篆文印信，且有唐宋元明帝王的年號不少。原文附載本書後面，讀者可以參看。此文顯然是由許多時期之多種傳說和文件集合而成。但經歷世傳抄，遂致訛僞日甚，不能完全置信。但就大體而論，這確是嶺南徭人之重要的歷史文獻。作者除在原文加以按語外，茲特略爲考證如下。

一　盤瓠和龍犬的故事

該榜文起首便敍述盤瓠王龍犬故事。倘若加以整理，可得下列的大旨。據謂東海盤護王早已娶了評王殿前的一個宮女爲妻。後來又收養劉家的龍犬。這犬日後跟隨紫王，受着優待。當日評王征伐海外，紫王新敗，在這海外地方度活，立意再戰評王。某日大張筵宴，預備興師。不意夜裏被龍犬咬死，拖頭過海，朝見評王。評王因曾有令凡取得紫王首級的，賞以宮女，於是把一宮女嫁給盤護王的龍犬。後來生下子女，便爲紅徭的祖宗。至於盤護王所生養的，則爲板徭十二姓的先祖。戰事大定之後，盤護王不願繼續在位爲君，自請去職，遂蒙評王封爲一品都尉，給以金銀弓弩，帶領十二姓板傜回到青山居住，永以山田爲業。當時評王賜以護照。到了唐朝貞觀三年，傜倚據此而立爲永遠居山不納糧稅的榜文。

現在讓我們先把榜文中這段故事與其他類似的傳說比較一下。我們首先聯想起來的，就是晉干寶搜神記的一段神話。據說高辛氏朝王室有一個老婦，忽患耳疾，取出一種大如繭子的東西，置於瓠中而蓋以大盤。這東西竟然化而爲犬。時有戎吳侵略，帝下令有取得吳將軍頭的，必定配以女兒。一日這犬卽盤瓠銜來首級一個，驗之乃吳將軍。帝遂妻以公主。盤瓠擕公主逃往南山，止於石室。三年生下六男六女，衣服褊褳，言語侏𠌯，飲食蹲踞，只愛山居。

同時我們又想起南朝宋范曄所著後漢書的蠻夷傳說，昔日高辛氏有犬戎之寇，帝募有得犬戎吳將軍頭的，賞以黃金千鎰，邑萬家，又妻以少女。帝有畜犬名盤瓠，銜吳將軍頭至，遂得與帝女結婚，逃居南山石室，生十二人，自爲夫妻，子孫號爲蠻夷。

還有一說見圖書集成，略謂南越王有犬名盤瓠。王被擄時，太后下令有能救主的，當以王女妻之。後盤瓠負王回來，遂娶王女，而爲獞傜僚猺等族之祖。

此外廣西凌雲盤傜相傳古時傜人向外拓展居地，結隊乘船渡越大洋，途中風浪大作，數舟被覆。徭人哀禱盤王，得蒙降臨拯救，護送徭人平安抵岸。徭人感恩，遂家家敬奉盤王，至今不改。

兩粵板徭也有一種相類傳說，謂古時漢人與板徭同船渡海，途中遇着風浪，求神庇護，得蒙盤王顯靈拯救，化險爲夷，衆皆感叔。事後漢人虔修七日佛事，以謝神恩。板徭因爲沒有財力，所以敬奉盤王爲家神，以誌謝意。又因與漢人有同舟共濟之誼，所以每遇漢人來到家中，莫不竭誠招待。

作者細按上述各說，而加以綜合的研究，作成下列多種結論。（1）唐杜君卿說黃金古以斤計，至秦方才稱鎰。又三代分土，漢才分人，古時安有萬家之封。再則將軍乃周末的官名，吳姓到了周朝始有。可見高辛氏盤瓠之說全屬虛妄。此乃漢初之事，作者敢爲斷定。（2）作者按公主名稱始於周朝，因王女下嫁不由君王主婚，而以公爵主之，以公主嫁盤瓠，必非周前之事。（3）都尉官漢時始有，盤護王辭職而受封都尉，當在漢時。（4）以宮女爲公主而下嫁，其制始於漢高祖。因高祖以宮人子爲公主而妻單于。上述傳說或稱宮女，或稱王女公主，可見此事發生，必定不在漢前。（5）此事必非發生於漢朝之後，因爲若然，則後漢書必定不紀。（6）紫王吳將軍或吳將軍必係一人。按吳有春秋時之吳，有漢初吳王濞所主之吳，又有漢末三國之吳。此事既非發生於漢前，又非發生於漢末，則所謂紫王，所謂吳將軍，必指漢初吳王無疑。楚平王雖曾與吳王闔廬爭戰，但所謂評王亦必非指楚平王。因其時在漢朝之前。（越絕書謂東越王弟夷烏將軍即平都王。）（7）榜文有東海地名，謂盤護王龍犬生於東海。查漢初東甌國即東海國，其王乃東海王，正爲漢初吳王的勢力範圍，而且曾助吳王作反，與征吳之事正合。（8）榜文敍盤護王及紫王並龍犬事說及東海劉家。查自古以來，劉家著名，自漢朝王室始；而吳王亦是姓劉，東海國乃劉姓吳王的附庸。（9）榜文謂盤護王子孫稱爲徭人，可見盤護王即是徭君。照漢史所載，劉氏平天下，有越人名搖的，因曾參加伐秦，有大功，被封爲東海王。即東甌王轄境乃今之浙南和閩北一帶徭人乃搖君之後明甚。（10）榜文有渡海征伐之語，按自三王五帝以來，最初由海路出兵征伐，實爲漢景帝之討東甌。（11）圖書集成謂此事發生於南越。南越國乃漢初趙佗所據，未嘗與吳王發生關係。與吳王發生密切關係者，只有東甌。東甌亦稱東越。（12）榜文說紫王計議再戰評王，此點表明紫王曾經戰敗，適合漢初吳王敗竄東甌圖謀復起之事。（13）榜文謂紫王大設筵宴，醉後被龍犬咬死。正合吳王因勞軍而被殺害。（14）榜文指紫王的首級被拖過海，在事實上，吳王被殺之後，其首級確曾被盛載起來，遣人帶他渡杭州灣而馳傳各地。（15）據榜文說戰事平息之後，『盤護王不願登佐殿爲主』，佐殿與正殿不同，因佐殿乃附庸的君主。又說『盤王願（領）十二姓（猺人）發於青山安住。』其實這就是漢平吳王亂後，東甌王自請辭去王職，舉國徙居江淮一帶。(16)榜文反復申明猺人不納賦稅，不供征役。此事又正與吳王對待其勢力支配下的東甌人民同一辦法。按東甌最初受中國政府管轄，乃秦始皇在其地立閩中郡。但當時僅係懷柔羈縻，與秦時初立之三十六郡治理不同。入了漢朝，才受吳王勢力支配。但吳王怎樣對待他們呢？史書說吳王有銅山之富，大海之利，所以鑄錢煮海，不徵賦稅而國用充足。可見不納租稅，不供徵役，猺人在吳王掌握之下原是如此。(17)今日猺人仍有古代與漢人同舟共濟另尋居地的傳說。這當然是指漢定東甌之後，漢人監護猺人，一同渡杭州灣或幷太湖而至他們在江淮的新住地。(18)兩粵板猺今有先世來自會稽的傳說。據謂自會稽渡海而至樂昌。此點更足證明龍犬故事起於漢初吳王境內。

有以上所述的十八個理由，作者堅信兩粵板猺的先世來自閩浙和江淮。而榜文中的龍犬故事，即爲漢初吳王濞的一段事實。當時吳王濞的事蹟大略如下。

漢高祖起義時，越人搖從吳芮助平三秦，而不得封。漢孝惠三年，追敍高祖時越人功勞，知道閩君搖的功績最大，所以立搖爲東海王，都東甌，故亦稱東甌王。其時豫章丹陽會稽三郡五十三城乃漢高所封兄仲子劉濞的國境，境內有銅山大海之利，富甲天下。鑄銅爲錢，煮海爲鹽，不徵租稅而國用充足。孝文帝時，吳太子入朝覲見，某日侍皇太子飲博，爭弈棋道，失敬皇太子，引棋盤殺之。濞遂怨望，稱疾不再入朝。鼂錯在天子前提議削吳封地，濞遂於景帝時，誘約膠西膠東菑川濟南楚趙共七王，舉兵作反。東甌當時在吳勢力範圍之下，也與吳王通同一氣。漢帝令周亞夫將軍擊敗他們，吳王濞走保東越，圖謀再起。東越王搖因恐失敗受罪，佯請吳王犒勞諸軍，暗令其弟夷烏將軍設法殺害了他。把他的頭馳傳內地。吳太子駒卽奔閩越，發兵圍困東甌。東甌引漢兵入，自請削去王位，由漢人率領他們渡海，徙居江淮。

讀者看了以上的論證，大概不會再有甚麼疑惑了。搜神記作者得於訛誤傳聞，而枝葉其說。後漢書作者亦拾取他人神話，而列爲正史，遂使後來愈傳愈加荒唐，可憐亦復可笑。圖書集成且謂僮亦出於犬種，而不知僮牯卽是牂柯。以前著述不講科學方法，眞是誤盡諸般讀者。

大概最易令人發生荒誕傳說的，就是徭人所述龍犬二字。不知龍犬乃是人名，正如吳王濞的兒子叫駒一樣。照字面解，駒乃是馬，然而他卻不是馬，而是吳太子呢。作者曾問板徭同胞以徭山兒童的取名。據說有契樹木爲父而稱阿木的，有契石頭爲父而稱阿石的，均取五行相補之義。

又有因恐壽命不長，而稱之爲阿牛阿狗的，以爲給以賤名，閻王便必捨而不顧。盤王龍犬，在作者看來，亦是如此罷了。嶺南白話區有許多小孩幼時帶着狗帽，帽頂有耳似狗，帽額亦綉成狗面形狀。今有狗頭兒童，昔有狗頭王，一般都是人而不是犬。盤瓠龍犬亦必是人。

今日嶺南傜人以板傜爲最多。寨山傜盤傜都說來自東方，與板傜似極相近。正傜歷史失傳，但多盤姓，故亦必與板傜存有密切關係。這些傜族同胞的遷徙路綫，諒必大致相同。至於花籃傜坳傜則顯然是湖南五溪部族的後裔。史謂武陵精夫有相單程等姓，今桂省花籃傜相姓的人仍多。五溪地方最初的土著到底是盤古種抑或是廩君種，昔日已經爭論不決。倘若最初的土著是廩君僮族，則五溪的傜部必是古時來自閩浙等東方地帶的人。倘若漢前五溪已是盤古族的居地，則花籃傜坳傜等五溪遺裔必定不是古代東甌的部族。

總而言之，今日嶺南傜人的先世，在遠古時代必定大半居於閩浙江淮地方。吳越甌越閩越南越百越山越之人種上的關係如何，不難一想而見。周禮職方氏疏，『叔熊避難於濮蠻，隨其俗，後分七種，故謂之七閩。』這裏明指七閩卽是七濮，閩省與西南濮地的關係，亦可推測而知。

二　榜文中的唐宋年號

嶺南板徭榜文列有許多唐宋元明帝王年號並有許多離奇怪異的官職我們詳加考察知道這些年號實表示着徭人的重要歷史時期，而所列官職則差不多完全是他們自封而自受的。文獻通考謂唐末及五代時，溪蠻紛紛割據自稱刺史湖湘溪峒，大率如是。可見徭人割據及坐大的局勢，實成於唐朝貞觀尤其是天寶之後。

榜文所列奉勅旨名，在貞觀後首爲宋太祖建隆乾德開寶。按建隆時湖南徭人秦再雄屢立奇功。乾德時宋太祖封秦再雄爲辰州刺史此時榜文所列徭人自封自受的官職汗牛充棟。徭人興盛，蛛絲馬跡，斑斑可考。榜文敍述各種規律及沿途優待辦法之後，卽謂宋太祖開寶二年八月十五日給照施行。給照者當然是徭酋徭官徭豪跋扈，此時爲最。

按辰州徭人秦再雄在宋初屢立戰功。汪琦編宋史紀事本末說，宋太祖乾德元年平荆湖後，因鑑於錦溪巫敍四郡在唐代末年蠻酋分據，時出寇掠，遂『思得通蠻情，習地勢，沉勇志謀者以鎭撫之。辰州徭人秦再雄武健有奇略，蠻黨畏服，帝召至汴，察其可任，擢爲刺史，使自辟吏，予以租賦。再雄感恩，誓以死報。至州日訓兵士得三千人，皆能披甲渡水歷山飛塹如猿猱。又選親校二十人，分使諸蠻，以傳朝廷懷來之意，莫不從風而靡，各得降表以聞。自是荆湖無復邊患。』宋太祖既然允准傜酋自行辟吏，又公開承認以傜人爲傜官的羈縻政策。榜文官職的繁雜離奇，自無足怪。

再後金人破汴，宋室南遷，衣冠踰嶺日盛一日。榜文所題之另一個發照日期遂爲紹興十六年五月十三日。按紹興乃宋高宗年號，在他前面的便是蒙塵北去的徽欽兩主。傜人徙粵，此時當然不少。板傜入粵是否經過辰州，此時尚未查明。但宋太祖的政策和宋高宗的措施，大大影響一般傜人，就却絕無可疑的餘地。

三　傜人與傜役

傜人不供國家租稅，乃他們在歷史上的一貫政策。秦治閩中和漢治東甌閩越，均不責以供役賦稅。嶺南板傜榜文切實聲明傜人在山內居住，准許刀耕火種，蠲免國稅夫役。隋書地理志謂長沙莫傜，征役不供。唐代傜酋割據，對於朝廷當然沒有賦役的供給。宋范成大桂海虞衡志也謂桂北傜人不供征役。甚至現在還有許多傜人部族是這樣的。然則爲甚麼要叫他們做傜人呢？以不供傜賦的人而稱之爲傜，豈不自相矛盾麼？

其實不然，因爲傜人也供傜役。從前稱他們爲傜，正因他們是只供傜役而不輸納賦稅的人。不過他們供傜，乃對傜酋供給罷了。桂通志謂『猺者傜也，以其族土著，編其戶口，以供傜役，故曰傜』此言正合事實。上面四七頁錄湖南通志引容齋肆筆，謂湘西傜人受田於酋長，不輸賦而服其役，就是這個意思。

按宋熙寧七年中書條例有廣南土丁峒丁之設。宋史元宗紀又說宋咸淳末廣東籍蠻丁。又宋時桂省立僮丁，隸屬於廣西經略司。但終宋元之世，傜丁制度從未設立。甚至明成祖永樂年間，瓊州設立黎兵，嶺南仍無傜丁傜兵之名。直至明憲宗成化時，嶺南始立撫傜，免差役而約束其衆，咸聽調遣。遂立傜兵每山每寨設一傜目，以相統轄。至於輸賦方面則明史食貨志謂肇慶傜人輸賦始於永樂時代。而澄海蠻人亦於清初稍輸官廳賦役。桂省傜民的輸賦就更遲了。（川境僮族輸送賨稅漢時已有唐開元前嶺南諸州賦以戶計上戶一斛二斗下戶六斗傜僮之族半之至於荊湖一帶的僮族則晉武帝平吳後亦定戶輸賨布一疋遠者或一丈不課田者輸義米戶三斛遠者五斗極遠者輸算錢人二十八文宋劉說沅州竹枝歌『官規雖減賨布稅縣政莫急蠻人傜』實在是指此僮族說可見傜人乃內比齊民輸賦供傜最遲的部族）

四　傜人的痛苦

漢創屯田制。文獻通考謂唐元和中開設營田。容縣志謂元和時經略使韋丹設屯田二十四所。（時全國屯田九百九十二所。）新唐書代宗紀說大歷十年時制，第四子逑封睦王，充嶺南節度度支營田五府經略處置等大使。元史食貨志亦記至元間海南海北等處的屯田營田。可知屯田和營田制，自唐到元，在嶺南創立甚多。這些屯營田制，在嶺南最大的遺跡就是官峒官田的地名隨處都有。同時自宋以後，在朝廷官田官峒之外，又有徭人山官土官酋官的官埇官嶺官山。遂使兩廣地方成爲全中國官字地名最多的區域。例如南海有官塘官山坪，番禺有官田官山官坑官坤，從化有官村，增城有官山，新會有官冲，清遠有官田，陸豐有官田，新興有官峒墟，陽春有官塘，恩平有官坡，廣寧有官塘鋪，鶴山有大官田，開建有官灘官埇，陽江有官陂，茂名有官峒村，電白有官陂村，化縣有官塘官田頭，石城有官坤村官嶺，南雄有官溪。廣西興安有冠山村，全縣有官峒塘，融縣有官塘，南丹有官村，恩隆有官村，賀縣有官埇官田，容縣有觀塘，懷集有官塘，興業有官村，陸川有官塘，桂平有官坤，平南有官村。其餘不能盡列。有一件最希奇的事，就是從前徭人最多的地方，官字的地名也特別衆多。尤其是湖南的南部，廣東的西南部，和廣西的東南部。那一個官字名稱的地方是屯官農官的遺跡，那一個官字名稱的地方是徭人酋官的舊域，不難加以辨別。

徭人對朝廷雖然不供賦役，但對酋官而作的供役却甚痛苦。至於近徭（指住近齊民村落的徭人）和熟徭（指漸化齊民的徭人）則有時兼受流官和山官的壓逼。而暴虐貪婪的流官屯官，也難免時常魚肉一般徭民。徭民苦楚，眞是一言難盡。

傜民為官田力役的勞苦可於他們的歌謠窺見傜王亞六歌段（亞六郎是第六）有到歌官前一段說。

『正月十五是新年子子孫孫不出門子子孫孫不出屋送前送拜上朝門。

二月二……官前細細向南飛手執一條草葉死官前細女幾時歸。

三月三……三朝犂破四朝田三百牛牯來使種牯牛犂破是官田。

四月四……官前眉眼細微微左手分秧右手插作笑不知秧了時。

五月五……官前帶甲下龍衣官前帶甲撐船上聖人唱歌不了時。

六月六……官前帶甲守條倉都是單身重話唆官前長看好衣裝。

七月七……官前路遠讀書歸綉衣歸報郎爺奶便急摺衣官去歸。

八月八……八朝門子豆生芽八朝門子排街立官前不望見人家。

九月九……九州門子豆生芽九州門子排街立官花不望見人鄉。

十月霜……百般蟻子入埞藏百般蟻子埞藏盡官前赤脚踏寒霜。

十一月……夜長盡半夜發風地下霜娘在深房蓋棉被郎在官前受夜寒。

十二月年……官前門外收年粮收得年粮三百石官前細女能來良』

你看三朝犁破四朝田，三百牛牯來使種，牯牛犁破是官田，百般蟻子埞藏盡，官前赤脚踏寒霜，等句記述當日情形，何等悽慘。土官屯官還這樣的欺壓羣衆，何況一般以聚斂爲念的流官。所以昭平縣志記有傜獞諺語說『寧食粥稀，不見官司。』傜人畏官可謂極甚，而官吏不愛傜族，激成種種變亂，也可以反影而知了。傜人稱『我們』爲儂隊，『你們』爲你隊，這隊字就是勞役的編制。後來粵語訛爲我地你地。

傜人一方面受官吏的欺凌，一方面受豪强的魚肉，同時又有奸民加以挑撥，遂時時引起極大的叛端。宋朝信宜六豪有傜亂。宋慶歷時湖南傜變波及韶連二州。元朝新州陽春瀧水有傜亂。明朝中頁番禺清遠河源傜亂發生。明末羅傍傜人大亂，當征剿時凌雲翼馬節劉備等名將，動兵三十萬然後盪平。又明嘉靖時仇鸞平新恩傜亂，亦用兵數萬，殺戮數千。再後四會清遠傜亂，用兵也一樣的浩大。至於廣西方面，則明末大藤傜侯大狗侯公丁等起事，王守仁蔡經韓雍等也調動數十萬大兵然後平定。又梧州傜亂，戚繼光陳鵬等用兵之多，亦可一想而知。前車之覆，後車之鑑。今後政府必不可再蹈以前的覆轍了。

第十五章　畲人黎人和蜑人

一　廣東畬人

畬詩車切，音奢，火種也，或作畬，亦有書作輋的。邕寧畬人和猺人兩個名辭互通，畬人即是猺人。

赤雅『猺名輋客，古八蠻之種，五溪之南，窮極嶺海，迤邐巴蜀，藍胡盤侯四姓，盤姓居多。』

畬徭以廣東東部爲最多。大均新語謂『澄海山中有輋戶，男女皆椎跣，持挾鎗弩，歲納皮張，而不供賦，有輋官者領其族。海豐之地，有曰羅輋，曰葫蘆輋，曰大溪輋，興寧有大信輋，歸善有窰輋，其人耕無犂鋤，率以刀治土，種五穀，曰刀耕，燔林木使灰入土，土煖而蛇蟲死，以爲肥，曰火耨。是爲畬猺之類。潮州有山輋，其種有二，曰平鬃，曰崎鬃，亦皆猺族。有莫猺，號白衣山子，散居溪谷。樂昌有僞猺，多居九峯司諸山。』

按畬徭即古代所謂山越。在廣東東部散佈甚廣，平遠蕉嶺梅縣河源惠來豐順新安等地現在還有許多輋字或畬字的名稱。大約附近福建地方，在遠古時候便有畬徭居住，所以在廣東極東部分所謂舊越人或最先來的土著，當推畬傜部族。僮族在這些地方到達雖也很早，然而人數必定較少。如今廣東極東部分古代遺下的僮義地名非常稀少，就是這個緣故。

元朝時代，廣東東端的畬人仍極活躍。元史哈剌解傳，『達春等進至潮陽，宋都統陳懿等兄弟五人，以畬兵七千人降。』又元史世祖紀『至元二十五年，循州賊萬餘人掠梅州，三月畬賊千餘人寇龍溪，討平之。』又謂『至元二十七年，廣州增城韶州樂昌以遭畬賊之亂，並免其田租。』又陳邦瞻元史紀事本末，說世祖至元十七年十二月，漳州民陳桂龍起兵，事敗逃入畬洞。

廣西亦常用畬字。陽朔有楊梅畬，鬱林有麻畬，就是例子。湖南也用畬字。新化有畬刀界，衡陽有畬田橋。福建畬字地名更衆，建甌北面且有畬山山脈，綿亙甚遠。至於浙江南部，則畬人雖有而數目極少。

張其昀中華民族發展史說『畬民實猺之一支，亦稱畬猺。在閩者以舊建寧府屬汀州府屬爲多，在浙以括蒼山脈之南舊處州府地爲多，……蓋明王守仁平猺後遷居也。』中央研究院史徒博李化民調查江浙畬民，說景寧宣平雲和龍泉遂昌松陽青田處州縉雲泰順平陽等處皆有畬族。又羅香林教授著客家研究導論說『今日括蒼一帶的畬民，據謂是從廣東福建搬去的。（

見沈維乾括蒼畬民調查記史李二君之調查亦謂其先出自廣東饒平鳳凰山）他們的語言幾乎十之七八皆和客家相同。』作者按客家語非但與括蒼畬語很相同而且與廣西猺語也有許多很相類的地方。又客語與吳越語相同的地方亦不稀少可見猺畬吳越在古代原是同一系統。客家人從前在贛住地原是山越地方，客語當然襲有很大數量的山越成分。

作者按浙江今日之畬或由福建廣東搬來而福建之畬則確然有一部分是古來土著。楊瀾臨汀彙考說『唐時初置汀州徙內地民居之而其本土之苗裔仍雜居其間，今汀人呼曰畬客。……是閩地之蠻皆稱畬也。』請看唐代最初開闢汀州時，其土著苗裔卽是畬族。然而根據三國史傳，當時這裏却是山越地方。山越就是畬人，可以不言而喻。

元史世祖本紀『至元十六年，詔諭漳泉汀邵武等處，暨四十八䕸，若能舉衆來降，官吏例加遷賞，軍民安堵如故。』江西通志南安府風俗條也說，地『當五嶺最東，爲交廣襟喉，境多瘴氣，與輋人雜居』閩贛均早有畬人。括蒼畬說是明末來自廣東，頗不足信。

但有一點讀者必須留意，就是福建的閩越土著雖是畬人，而自漢以來人數必定很少。爲甚麼呢？因爲漢初兩次把他們（卽東甌閩越兩國）的部落徙到江淮之間。在江淮之間，他們採了北方的漢姓，吸收了中原的文化，然後在東晉時代再行渡江，沿着鄱陽湖而南進，成爲三國時的山越。山越被逼南徙，再經黃巢之亂，到了嶺南，便成大部分兩廣的徭人畲人。當時恐怕有一部分從江西再入福建，其實這入福建的只是再回老家罷了。（客家人似係追蹤山越而來的人，所以語言有山越的質素，血統也難保與山越沒有混雜。）

畲人似比徭人的其他部落開通得多他們在宋末元初已有出來當兵的他們又沒有禁與漢人通婚的律例這大概因爲他們大部份在江淮和贛北經過中原文化的相當濡染就是一般徭人沾染中原漢化的時候似乎亦比傜人爲早因此所以畲人和徭人傳下來的地名沒有非常顯著的特質同時他們到達粵江流域較遲地名已經有人代爲訂定所以畲人傳下的地名最大的特點只是一個畲字或輋字徭人傳下的地名最大的特點只是一個徭字和盤古楊梅等字罷了徭字現在已有許多改爲姚瑤猺堯等字廣西桂平縣志說城外南江舊有姚墟今閘頭姚市遺風四字乃係猺字改爲姚字又北河宣里上瑤下瑤兩村名亦是猺字所改現在廣東南海有瑤邊從化有瑤田增城有瑤田曲江有上瑤山村有雷瑤山新豐有遙田墟龍川有瑤頭壆高明有瑤村湯江有瑤村南雄有瑤合峒梅縣有瑤上壆瑤尾約廣西柳城有瑤峒桂林有堯山堯山附近又立虞山以滅改猺爲堯的痕跡。

二　廣東黎人

黎人居海南島，有黎母山，高大險峻，生黎居於山中，熟黎環繞山麓。生黎女子仍尚繡面，他們繡面並非取其美觀，乃係部落標記，並使死後祖先認識而已。所以各部落有他們固定的格式。他們有別種名爲生岐的，性尤獷猂。屈大均說黎就是漢所謂俚，岐就是漢所謂㐌。俚亦叫里，就是漢書所謂九眞蠻里，和歸漢里君。黎人多符王兩姓，部落頭目亦多係兩姓的人。

廣東通志和瓊崖志書則謂生黎乃本島土著，熟黎乃閩汕亡命之徒，和南恩高化蒼梧藤縣諸地的人，先世從征到此，這些從征的人符姓王姓很多，以前世爲峒長。又有一種叫做僸的，比較最爲開通，所居多近海岸。黎人又有三差四差或大裳小裳大鬃小鬃之分，風俗大同小異。他們婚姻不避同姓，男女擇配自由，良辰佳節，喜歡聚衆踏歌放浪。島中苗用火葬，而黎岐僸則用土葬。祭後卽將祭牛頂角掛於柱頂，立於墓堂，永留紀念，懸角愈多愈爲光寵。作者按此點與廣西的白袴傜相同，似乃閩人古俗。白袴傜來自福建，而黎人裏頭亦多福建亡命之徒，語言東境多用閩汕方言，西境多操土軍僮語。自漢以來，黎人屢叛，清末馮子材平之。民國二十五年廣東省政府又設化黎專局。現在黎人已日趨於開化了。

黎人在古代散佈兩廣和安南地方。漢書南蠻傳『九眞徼外蠻里張游率種人慕化內屬，封爲歸漢里君』。又太平御覽引南州異物志『廣州南有賊曰俚，此賊在廣州之南，蒼梧鬱林合浦寧浦高梁五郡中央地方數千里，往往別村各有長帥，無君王，依山險不用城。』從往往別村一語，可見他們採用村字甚早。如今南海有黎埇，順德有黎村，中山有黎村，三水有黎坑，台山有黎村黎峝，清遠有上黎村下黎村，花縣有黎村，英德有黎峒墟，河源有黎峝，新興有黎峝黎壁，陽春有黎涌，高明有黎坑村，恩平有黎塘水犂壁灘，廣甯有黎碧坑，開平有黎村麗崗村，鶴山有黎村黎水村，德慶有麗村，開建有黎水圳，信宜有麗村墟黎崗，文昌有黎壁鋪，（海南島上黎村黎崗之名尤衆）欽州有那麗，防城有利黎村，陽朔有黎村，來賓有犂村，賓陽有黎塘墟，上林有黎村，昭平有黎村，蒼梧有黎村，藤縣有黎村下黎，容縣有黎村墟，岑溪有黎王墳，鬱林有黎崗，北流有黎村，興業有黎村黎地隘，桂平有黎村黎涌塘，平南有上黎。用里字的，則番禺有里人垌，樂昌曲江均有里田崗，陽江德慶均有里村，欽州靈山均有那里。又用禮字的，則南海有禮溪，東莞新會德慶來賓均有禮村，新興有禮崗。其他散佈各地的黎字里字禮字麗字地名，不能盡舉。我們所須知道的，就是兩廣幾乎處處都有黎村，然而黎村的居民却十九以上不是黎姓。

近來有人說黎人乃馬來族，來自南洋羣島。屈大均謂瓊州府城有黎母廟，相傳雷攝一卵於大山中，生一女子。後來有交阯人渡海採香，與這女子結婚，子孫衆多，遂奉他爲黎母。這雖然是神話，但却表明土人傳說始祖來自交阯地方。

作者按黎人原是廣義的僚獞。熟黎中的西江黎來自肇慶梧州等府，他們是獞，已不必說。就是地黎也顯然屬於獞類。這可以從他們的地名察知，因爲他們的地名完全屬於獞人的系統。廣

東新語說『自陽春至高雷廉瓊地名多曰那某羅某多某扶某過某牙某莪某陀某打某，黎岐人姓名亦多曰那某抱某扶某，黎岐人地名多曰那某楠某婆某可某曹某爹某落某番某。』其實『那』就是僮語的『田』『浦』就是僮語的『水』，『陀』就是僮語的『河』。其餘每一個字都有僮義。廣東新語知其然而不知其所以然耳。

又隋書地理志謂俚人有銅鼓的羣情推服，尊爲都老。今海南出土銅鼓頗多，而僮人區域亦多銅鼓出土。黎卽僮族部落之一，更爲可信。寰宇記說雷州地多夷徭。僮語當然是土語的一種。然而大清一統志却稱之爲黎語，說其地有黎語官語客語。一統志稱僮語爲黎語，可見黎卽是僮。今日地理學家仍多稱西部瓊語爲西江黎語。然而在事實上，這種黎語實附屬於僮語系統。所以黎人遠祖無論是來自嶺南大陸抑或來自交阯，他們確隸屬於廣義的僮族。

除上述各點外，對於黎人的種族問題，作者最近還有一個發現，就是黎人的黎字原是僮音輋字或土山的意思。寰宇記說儋州俗呼山嶺爲黎，黎人居其間，號曰山黎。廣東通志謂黎乃後漢的俚人。粵俗叫山嶺爲黎，所以稱這些山居的土著爲黎爲俚爲里。在西粵的也稱爲狸。其實這黎字在僮語並非專門指山，有時乃指山上的輋。廣西武緣縣圖經有按語，謂僮語『壨』音壘，土山低而平者也。桂省左右江僮人現在仍呼『壨』『壘』爲『黎』字音。黎字乃指土山，於此可見。（僮人呼土山爲壨爲壘而呼石山爲岜桂省西北部多石山而粵省和桂東桂南則石山甚少所以岜字地名桂省西北爲多）

又邕寧有坡利村，卽畲坡村的意義。桂省和廣東欽廉所有許多利字的地名，在僮語都是畲字或輋字的解釋。刀耕火耨的地方，粵語和國語都叫做畲，而僮語却叫做利，〔Lei上聲〕與黎壨壘同音。他和俚里禮麗黎犂等字，乃是同音異譯罷了。寧明縣志光緒癸未年重印本，改納麗村爲納利村。兩粵有那利古利六利那毕雲里六里那麗古麗那黎古黎都黎六黎黎村黎峝利康利羅等村名甚多，僮音均指輋地。此外又有上黎下黎大黎小黎上利下利大利小利等村，所含畬字的意義更為明顯。還有黎壁兩字的地名，兩粵所見不少。廣東永安有犂壁山犂壁水犂壁嶂，新興有犂壁垌，恩平有犂壁灘，廣寧有黎碧坑，文昌有黎璧舖，廣西容縣有黎壁村。今日住在這些地方的人都不知道黎壁兩字的意義。其實他在僮語乃指大輋而已。黎是輋而壁是大，僮語倒裝，故稱黎壁。（僮人呼大村為板壁）

寧明縣志記物產，有簕竹一種。此竹在廣東的中部南部和廣西的東南部，均稱黎竹。這也是利與黎通的一個明證。

考兩廣黎字地名，大部集中於惠州廣州肇慶德慶羅定高州雷州欽州廉州瓊州和廣西平樂梧州潯州鬱林等舊府州。廣東極東部分則多用輋字，廣西極西和西南部分則多用利字。畬人之為徭族，黎字地方最初土著之為第一期僮族，和利字之為第二期僮族最喜用的名稱，於此昭然可見。第一期僮人在唐朝以前多度着刀耕火耨的生活，所以『黎』字『六』字的地名較多。第二期僮人少被中原漢族侵逼，唐後仍然大量佔有平疇曠野之地，所以『那』字（那即是田）地名最盛。然而無論如何，廣東的俚人黎人都是僮族，可以無須再論。

三　兩廣的蜑人

蜑族亦當置於廣義的僮族之內。隋書南蠻傳『南蠻雜類與華人錯居，曰蜑曰獽曰俚曰獠曰㐌，俱無君長，隨山峒而居，先所謂百越也。』既係古昔百越之族，則當係嶺南土著之一種。大約古時自四川以至雲南兩廣等地，均有此族居住。所以史書說後周明帝時，蠻帥冉令賢反，攻陷白帝。武帝天和初行開府陸騰討之，斬首萬餘級，積骸水邏城側爲京觀，蠻蜑見者皆大哭。有人說蜑是范蠡西施之後，又有人說是元時留下的色目人，這二說都是臆造。

又有人根據淮南子『秦皇使尉屠睢發卒五十萬與越人戰，越人皆入叢薄中，莫肯爲秦虜』一語，而指蜑人爲當時入叢薄者的後裔。但這也未必盡然，因爲川滇也有蜑人。作者按蜑實僚僮中水上人的通稱。今兩粵仍有稱蜑人爲水上人或水戶者。川滇僮族稱河爲 Daan，唐樊綽蠻書譯爲賧字。現時廣西僮人則呼河爲 Dah 爲 Dä。蜑字蛋字賧字乃係同音異譯。古時亦有用但字的。淮南子『使但吹竽，使氏厭竅』便是。從前兩粵人民有欺凌蜑戶，不許登岸的苛例。自從雍正七年上諭革除此俗，蜑人現已等於齊民了。

嶺南蜑人沒有特殊的言語；但蜑戶對於廣東白話的傳播非常有功。廣西現有一種叫做百姓話的，只存在於西北部通舟地方附近之處，大約與蜑戶極有關係，因爲這百姓話乃白話與土話的混合體。海陽縣志謂潮州蜑人所奉神宮皆爲蛇象。廣西梧州三角嘴亦有蛇廟，蜑人信奉甚虔。這乃他們宗敎上略異之點，所以蜑戶也稱龍戶。

第十六章　今嶺南人的僮族血統

今嶺南人富有僮族血統。但僮族血統的成分究有多少，却是一個很難解決的問題。大抵以全嶺南而論，僮族血統較少的，只有粵省的潮州區客家區，和桂省國語區的極東北端罷了。至於桂省的西半部，和粵省的欽州區，並瓊州的黎岐地方，就簡直仍以僮族血統爲絕大的成分。

一　桂省今日人民的血統

桂省現有人口約一千一百萬。（一九一九年郵局統計爲一千二百二十五萬八千三百三十五人民十七民政廳報告則為一千零八十七萬二千三百人）劉錫蕃著嶺表紀蠻謂桂省向有漢四蠻六之諺。據此可見在今日桂境居民當中，先世來自嶺北的只有四百四十萬，而土著的姜漢族則爲六百六十萬人。其中徭人約二十餘萬，苗人約十餘萬。（連同姬漢化的苗徭當然不止此數）所餘下的六百二十萬人，差不多全是僮族。僮人數目之衆，實非普通人所能想及。但據作者調查所得，桂省僮人還不止這六百二十餘萬，因爲境內有許多自認爲姬漢族或黃漢族的，原是姬漢化的僮人。何況省內姬漢族的居民，也已大部分雜了僮人的血統呢。

廣西的西半部，今日仍是僮族的大本營。這一區域，可以不說。至於東部，就在明末以前，星羅棋布的也多是土著的村落。參看明鄺露所著的赤雅，可以知道作者在這東部曾隨意取大小一百數十姓，加以調查統計。所得結果先世來自廣東白話區的，佔百分之三十五。先世來自湖南的，佔百分之二十四。先世來自廣東客家區的，佔百分之一〇・五。先世來自其他省份的，佔百分之五・五。共成百分之七十五。其餘百分之二十五，乃是本省土著。但來自廣東白話區的，又大半是廣東早已歸化的土族，而非來自嶺北的姬漢人。例如其中蒲練閉覃冼貝玉揭等姓，一望而知他們的遠祖原是住在廣東的主族。甚至來自湖南的居民，也有許多是姜漢土著，而非中原的漢人。因此，所以甚至桂省的東部，也至少有百分之六十的居民屬於僮族血統。連同桂省西部的僮人而作成全省的統計，就不止百分之六十了。

桂省的東南角，有許多縣自謂已經沒有僮人的足跡。在地方上，僮語亦已不能聽見。然而僮人的姓氏仍然到處皆有。這些地方的僮人血統，當然不能否認。

二　粵省今日人民的血統

今日廣東的居民，除潮汕方面富於閩族血統，及客家方面富於嶺北血統外，其他部分亦以僮族血統爲多。按在唐宋以前，兩廣烟瘴甚大。英德且有生地獄的稱號。嶺北人民除流戍放謫外，踰嶺南來的很少。秦始皇帝以五十萬人戍五嶺，亦大部分在嶺北贛湘兩省。參看下面嶺南的開拓章，可以概見。經過唐宋的屯田，然後移入廣東的北人漸多。但文獻通考謂宋元豐三年（元豐乃宋神宗年號）廣南東路的編戶，主有三十四萬七千四百五十九，客仍不過二十一萬八千零七十五。在口的方面，主有八十一萬二千一百四十七，客也不過三十二萬二千五百一十二。可見宋時廣東還是土著多於嶺北移來的人。（太平寰宇記所載多有脫漏，元豐九域志所載廣東各州主客戶數較為詳細，下乃元豐九域志所記。）

廣州	主戶　六四七九六	客戶　七八四六五
韶州	主戶　五三五〇一	客戶　三九三七
英州	主戶　六六九〇	客戶　一三二九
循州	主戶　二五六三四	客戶　二一五五八
潮州	主戶　五六九一二	客戶　一七七七〇
端州	主戶　一一二六九	客戶　一三八三四
恩州	主戶　五七四八	客戶　二一四六六
新州	主戶　八四八〇	客戶　五一六七

封州	主戶	一七二六	客戶	一〇一三
高州	主戶	八七三七	客戶	三〇二九
化州	主戶	六〇一八	客戶	三一五五
廉州	主戶	六六〇一	客戶	八九一
欽州	主戶	一〇二九五	客戶	二五七
雷州	主戶	四二七二	客戶	九五一二
瓊州	主戶	八四三三	客戶	五三〇
連州	主戶	三〇四三八	客戶	六五四〇
南雄	主戶	一八六八六	客戶	一六五三
梅州	主戶	五八二四	客戶	六五四八

（上列客戶當然不是純指今日的客家族）

宋後地志不分主客記載但元史地理志謂至元元年，東路戶四十四萬三千九百〇六，口七十七萬五千六百三十八。明史地理志記洪武二十六年，廣東編戶六十七萬五千五百九十七，口三百萬七千九百三十二。宏治四年，戶四十六萬七千三百九十，口一百八十一萬七千三百八十四。萬曆六年，戶五十三萬○七百一十二，口五百零四萬六千五百五十五。大淸一統志則謂淸初廣東原額人丁共一百一十七萬九千六百三十，又滋生人丁共二萬一千六百九十。嘉慶二十三年統計，纔說廣東有丁一千二百三十二萬三千六百一十六。（丁與口不同，年幼的不算丁。）

根據上列各個數目，可見自宋迄至明末淸初，廣東人口沒有突然的顯著增加。最顯著的增加還在淸朝初年以後。然而北人踰嶺入粵最多的，卻是南宋時期而不是淸初呢。當然上面所舉的統計不甚可靠，因爲南來漢族有匿報戶口藉免賦稅的陋習。但統計只舉編戶，有許多土著，尤其是傜人黎人直至淸初方才編戶算爲齊民。所以南來漢族的匿戶衆多，也比不上陸續增加的土著編戶，兩相抵消，則主客的比例仍必與宋朝相差無幾。照元豐三年的記錄計算，廣東的主戶約佔全境戶數百分之七一・五，客戶約佔全境戶數百分之二八・五。就算今日客戶已由百分之二八・五增至百分之三八・五，土著血統仍佔全省人口百分之六一・五以上。況且上面乃以全省平均而論，大約北部的客戶較多。若單就廣肇高雷等舊府屬而論，主戶當然更衆。欽州瓊州更不必說。（淸初郝玉麟廣東通志記瓊州可稽的黎村黎峒共有一二○三處之多）所以除了韓江流域和北江東江的上游區域以外，今日廣東人民至少有百分之六十屬於土著的父系血統。不過有一點我們必須注意，就是廣府的富家大族，却多來自嶺北，而且多有經珠璣巷而來的傳說。

三 廣東的客家族傜族和海外族

客家是優秀的嶺北漢族，可無疑義。除畲字地名爲畲民的遺跡，和少數僮義地名爲僮民的遺跡外，客家區域的地名，在整個嶺南境內最爲典雅。單單這一點已經表明客家族的先世久已飽飫中土的文明。（如芙蓉嶂錦屏山松源溪桃溪村等秀雅的舊名稱實比嶺南他處爲多）不過客家族的血液裏自然難免雜有多少山越的質素，甚至客家族的言語也雜有山越的音素和方言。此點我們不能否認。這客家族的移民在廣西的東部約佔人口十分之一。廣東廣肇德慶羅定高雷等舊府州的客家族成分顯然不止此數。

又清初郝氏廣東通志尚列清遠傜山一〇六，從化傜山三十五，曲江傜山四，英德傜山二，高州傜山九，四會傜山五十八，新興傜山五十四，陽春傜山九十四，陽江傜山一十三，恩平傜山七，德慶州傜山四十九，封川傜山二，開建傜山三十三，茂名傜山四十四，電白傜山二十一，信宜傜山八十三，化州傜山五十一，靈山傜山二十六，東安（今雲浮縣）傜山二十二，西寧（今鬱南縣）傜山二十八，連山傜山

五。皇清職貢圖且謂新寧增城樂昌乳源合浦等縣均有猺人。今廣東人有一部分是猺族血統，正如廣西一樣。（最大的乃盤藍趙侯等姓）

又清初顧炎武天下郡國利病書謂『南海縣溪峝西南有三十村，蠻佬出入行刼，有盧包水為捷徑。宏治初，蠻首譚觀福作亂。討平後，復立從化縣於上游。正德初，胥江附近居民猶被侵略。』（按從化縣於宏治二年析番禺縣地置；三水縣於嘉靖五年析番禺四會二縣地置）明朝南海番禺尚受猺人威脅，這豈不是一件驚人的事。

又宋史占城傳，謂雍熙四年秋，『廣州上言，雷恩州關送占城夷人斯當李娘並其族一百五十人來歸，分隸南海清遠縣。……又端拱元年，廣州言占城夷人忽宣等族三百一人來附。』此外阮氏廣東通志也引程史謂『番禺有海獠，其最豪者蒲姓，本占城之貴人，因浮海憚於復返。』觀此可知現在的廣東人，除僮族外，還有其他部族的血統。

四　嶺南的姓氏

嶺南的異姓甚多。例如儂濮朴澧覃勇閉冼禤羊慕零粟酒磨玉英揭欣花雞賢青麻銀言利盤藍扈闌浦植陀党等姓，顯然有許多是土著的姓氏。裏面且以僮姓為多。

阮氏廣東通志卷九十一希姓附錄，說希姓有『拓氏老氏布氏雞氏（見忠義鄉志），羽氏。（見高州府志。）廣南希姓莫古於仍氏，仍弩見吳志離牧傳。若倫氏容氏，乃粵東之望族。又有利氏，廣州多此姓。奇莫奇於翻氏，音揎，廣西有翻家洲，聚族而居千有餘家。』

可是嶺南獞姓與姬漢族的姓氏相同的也多。五代史謂趙國珍乃牂柯蠻酋之裔。又舊唐書謂唐有趙曳夫乃南蠻人。又史謂宋平儂智高後，歸附的均賜姓爲趙。又唐時邕管蠻酋有黃姓，黃少卿少高少溫便是此族。此外邕寧獞人姓梁的也甚衆多。黃梁趙等乃嶺南的大姓，然而黃梁趙三字絕對不　保證他們的先世是嶺北的姬漢族。

還有一點，就是縱然父姓是姬漢族，而母姓未必屬於姬漢。這樣一來，就全兩廣的人民，因爲婚姻的混合，差不多都帶有獞人的血質了。同時在相對方面，獞人亦已有一很大部份帶有姬漢族的血液。倘若說得再遠一些，就軒轅黃帝的兒子昌意娶蜀山氏女而生顓頊，禹生西羌，又娶塗山氏女而生子啓。獞人血液數千年來早已流貫於中原漢族的身體裏頭。姬漢姜漢原是一家，不過姬漢姜漢最偉大的混合乃在粵江流域，而且這粵江流域的姬姜或黃炎混合，還以獞族血統爲基本和主要成分，這却値得我們稱頌和讚詠。

五　嶺南的民族性

嶺南各個部族都有他們的特長。潮屬人民刻苦耐勞，富冒險性。客家人民勤儉重學，富團結心。桂林在嶺南濡染中原文化最早外受湘楚雄風，內蘊山川秀氣；其人慷慨悲歌，不失芳菲麗質。猺人則誠愿簡樸，爛漫天眞姿質絕非愚魯。（有許多猺族青年在桂省就學受訓成績斐然可觀）至於僮族優異質點之向來未曾被人注意的，那就更多。第一乃僮族女性的活躍。漢光武建武十六年，嶺南僮女徵側徵貳，不甘受虐，而奮起稱王，六十餘城隸於掌握。眞是雄健不可一世。自後直至五季，僮族的巾幗英雄，名傳史冊的，還有多人。就是到了今日，僮族社會仍然是以女性活動爲中心的。這是何等偉大的一件事。第二乃僮族男性的勇悍。武王伐紂時的巴師，和兩漢時助國靖難的板楯，地域較遠，姑不必說。單就漢興以後，粵江流域的僮族而論，夜郎滇國南詔大理崛起於前，儂氏智高揭竿於後。僮族在這西南地域的連綿倔強性，絕對不像漠北兇奴突厥等部族之曇花一現。這確值得我們注意。（洪楊軍中的石達開韋昌輝均屬南方氏族其部下僮人也多諒山中法之戰僮人參加的更衆民國成立以來僮人的名將不少）第三乃僮族吸收力的宏偉。他不像猺族苗族那樣採取退縮的自守的和閉關的政策。漢書地理志記嶺南的編戶很少，南越王趙佗上漢帝書卻說帶甲之士百萬有餘。這數目雖然過於誇張，但其中一大部分必是土著的粵族。試看路博德平南越時，史冊所記土著的越將，和越王土著后妃所生的兒子，可見當時僮族所採的吸收政策。漢武平南越後，廣用兵威俚獠抗叛不絕。到了南朝，中央較重懷柔，僮族反抗又少。降至唐末的南漢國，劉氏厲行以嶺南人治嶺南的策略，僮族的大量吸收活動重復發現。於是嶺南僮族都自化成爲齊民，爲今日中國境內以僮族血統爲基礎的獨一區域。趙佗和劉隱父子的功勞，固然不可泯滅，而僮族吸收力量的強大，也足以令人驚嘆。此點當然與女性的活躍甚有關係。今日桂省西部僮女吸收粤商的青年男子，並連帶吸收他們所帶來的文化和經濟力量，僮統仍得保存。（南詔之吸收中原文化和暹羅之吸收新文化政策也是如此）就這一點而論，僮人勝過大部分的苗傜多了。可惜僮人久困於西南貧瘠的地方，沒有多大的機會，所以他們的潛蓄力不能充分發展。今後部族的界限解除，西南的進步日速，僮族對於中國的貢獻正無限量。

最後說到廣東的廣州肇慶德慶羅定高州雷州欽州廉州並廣西的梧州平樂潯州鬱林南寧等舊府州，這一個大區域的粤語族或廣州語族，（亦即嶺南白話族。）則他們的民族性，實包括以上各族的所長。就許多方面觀察，嶺南民族的骨幹，乃是這一族人。然而他們的僮族血液，可謂濃厚極了。

總而言之，因爲僮民是嶺南最初的姜漢族土著，他們的血液確已浸潤了今日整個的嶺南。粤江流域在近代所表現之奇偉的民族精神，與這僮族甚有關係。作者對這優異的僮漢族，深致愛慕期望之意。

第十七章　嶺南的開拓

一　嶺南古代的自然環境

今日我們在嶺南旅行，有廣州香港的繁華，有羅浮鼎湖桂林勾漏的名勝。輪船火車，四通八達，精神倍覺興奮。可是古代就不是這樣的有趣了。

唐朝以前，兩廣還是一個大森林區域。滿山滿嶺，都是參天大樹。荒草沒脛，荆棘遍野，眞是一個荒服的地方。本草集解說象出交廣雲南，有灰白二色。嶺表錄異說廣之屬郡潮循州多野象，牙小而紅；楚越之間象皆青黑。明朝鄺露著赤雅，也說兩廣有潛牛（卽犀牛）蚺蛇獅虎之類。你看兩粵古代充滿種種的毒蛇猛獸，和今日的南洋羣島或南美的巴西地方有甚麼大分別呢？

在那裏因爲人烟稀少，林木蒼鬱，水氣薰蒸，所以瘴癘很多。唐朝韓昌黎記潮州的烟瘴，說那裏瘴海連天，毒霧日夕發作，颶風鱷魚，禍患不測。宋太平御覽也引兕錄地理志，說蒼梧高要縣郡下人每年乘筏至肇慶城，六月來十月去，爲的是要避免瘴氣。像這樣的地方，你們要去不要去呢？僮人部落和我們的祖宗披草萊，斬荆棘，冒着種種危險，開闢嶺南，我們實在要多多的感謝他們。

二　嶺南最古的開通

倘若南垂即是兩粵，則歷史所載最先探察兩粵的乃遠古的燧人氏。燧人氏遊於南垂，發明取火之術；有人說是到交阯。有人說是到雲南（雲南建水縣有火焰山，阿迷縣有伏火山）。有人說是到南越，南方的榕樹往往自然生火。但這一切都無確實根據，只好姑存其說。（路史引眞源賦謂伏羲始分九州又謂神農經土分域南交北幽靡不戾止又謂顓頊南撫交阯均無確據。）

尚書堯典說堯命羲叔宅南交，這南交是否後來的交阯，還是疑問。然而總算是關於嶺南的最初記錄了。舜肇十有二州，嶺南乃屬揚州徼外之地。禹定九州，南越乃荆揚徼外，屬於荒服。禹貢導黑水至於三危，入於南海。南海名稱，這乃初見。

湯定四方獻令，兩廣地方始名南越。

周初仍稱嶺南爲南越，但在其下分爲南海甌人路人等個較小區域。通歷說武王既已滅殷，乃正九服徹法，以南海地在東南，乃揚州之裔，遂定他爲藩服。經土地而井牧田野，以距於海。汲冢周書記成王時四方貢獻，南海貢魚革珍珠大貝，甌人貢蟬蛇，路人（即雒越）貢大竹。越裳氏（即今安南老撾及暹羅緬甸等地）亦於成王時重譯來獻白雉。周彝王時楚國熊氏伐揚越，嶺南大部遂爲楚有事楚而立楚庭於南海周宣王時寖威復振詩說『王命召公虎平淮南于疆于理至於南海。』周惠王時楚成王布德施惠使人獻於天子，天子賜胙，說鎭爾南方夷越之亂毋侵中國。於是楚國闢地千里南海臣服。（或謂楚庭作於此時。）周安王時，楚悼王又命吳起南平百越。周顯王時越王無疆伐楚，楚威王興兵殺無疆，盡取舊吳越地，越族遂散處於江南海上。

根據以上所述可見這時以前，嶺南與楚國的關係最爲密切。楚國文化影響南越委實不小。當春秋時，嶺南土著僮人必已吸收很深的中原文化。所以當日嶺南人且有做大官於嶺北的例如南海人勇獲曾爲吳王夫差的大夫，黃池之會，頗著功績。又有一個名叫子臧的，曾爲齊國宰相。鄒陽說齊用粵人子臧而強威宣，卽此。周顯王時，又有南海高固，以才能爲楚威王相，介紹鐸椒所著的左傳鐸氏微於楚王，然後楚國文教大興。裴淵廣州記說南海高固爲楚威王相，有五羊銜穗之祥。歐大任說高固自稱齊國高傒之後。若然，則中原和齊魯必已老早有人遷到嶺南居住。

三　秦漢的經營

周朝以前，嶺南交通梗塞，猛獸充斥，烟瘴太甚，乃是一個最不適宜於人類居住的地方。那裏的居民只有僮族一種。所以中原政府不大注意到這一個區域，北方漢人只有犯罪逃亡的，偶然到達這一個區域罷了。甚至堯帝的宅南交，和越裳氏的北來，恐怕也是取道於四川雲南方面。

到了春秋，然後中原文化經由楚國大量的流入嶺南。北方漢人或因逋亡，或因經營商業，或因隨軍征討，進入嶺南的一天多過一天。嶺南與中原的關係，就這樣毫無計畫的展開了。

中原政府對於嶺南之有計畫的開闢，當以秦朝為始。史記始皇本紀，謂始皇十三年發諸嘗逋亡人贅壻賈人，略取陸梁地，為桂林南海象郡，以適遣戍。又謂始皇二十五年，遣將王翦南征百粵，悉定其地。二十九年越人叛變，始皇又使尉屠睢將樓船士南攻越人。並使監祿鑿渠溝通湘灕，以便運糧入越。同時發卒五十萬，分為五軍。一軍據鐔城之嶺，（即今湖南黔陽縣西南）一軍守九疑之塞，（即今湖南寧遠縣南。）一軍處番禺之都，（即今番禺）。一軍守南野之路，（即今江西南康縣西南章江南岸。）一軍結餘干之水，（即今江西南昌東面餘干縣）以番禺一軍為中鋒，向南挺進，直探嶺南的心臟。以南野餘干為左翼，後方恃鄱陽為交通。以九疑鐔城為右翼，後方恃洞庭為聯絡。這樣浩浩蕩蕩，前呼後應的直指嶺南。在始皇看來，這乃以牛刀割雞，以虎狼驅犬罷了。然而結果怎麼樣呢？史謂越人皆入叢薄中，不與秦戰。秦兵三年不解甲弛弩，等到糧食既盡，然後越人出而擊之。三十二年，秦師大敗。屠睢被殺，伏屍流血，遍地皆是。堅壁清野之法，越人二千餘年之前已經使用這些僮族，顯然是天才出來的人。

後來始皇又遣任囂趙佗猛擊南越，力戰然後平定，遂謫徙人五十萬戍五嶺，三郡管轄之權始得確立。（五嶺卽越城都龐萌渚騎田大庾）

秦派任囂爲南海尉，兼典三郡，並委眞定人趙佗爲龍川令，管理一邑之地。秦二世時，南海尉任囂病重將死，私對趙佗說，聞陳勝吳廣等作亂，天下苦秦無道，甚恐盜兵來侵，不如絕新道以自備，而且番禺負山險阻，南海東西數千里，可以立國，郡中長吏無一足與商量，所以召佗計議。遂親筆委佗兼攝南海尉事。任囂既死，佗遂封鎖各隘口，漸漸剪除三郡官吏之異己的。等到秦滅之後，他便擊併桂林象郡，而自立爲南越武王。

漢高祖平定天下，使陸賈往粵，諭陀歸順。佗遂接受漢朝所賜南越王的封號。但他雖是陽奉，而陰違如故。高后時，他又擊併甌雒之地。（廣州記謂交阯有駱田仰潮水上下人食其田名爲駱侯諸縣自名爲駱將銅印青綬。）（時甌駱地本來已被蜀王子佔據，自立爲安陽王，領域包括後來的交阯九眞二郡。）漢文帝元年，又使陸賈往諭趙佗，不得要領而返。後來漢征閩地，命唐蒙順道一訪南越。唐蒙在粵得食四川蒟醬，問所從來，答自牂柯江運到，蒙回至長安，方纔探知南越勢力遠達西方夜郎桐師等地。

趙佗眞是一個很聰明的人。他所定的治粵政策，顯然具有五個原則。(1)對漢朝王室，則陽奉陰違。他接受漢朝封號却又自稱爲帝。東鄰閩越來伐他又首先稟告漢王。(2)對自己所統轄的人民，則極力表示親近。他自己丟了中原漢俗，而椎髻箕踞，自稱蠻夷大長，一切習尙學效土佬。(3)鼓吹中原冠族與土人通婚。所以史書說南越亡時，他的後裔有爲越妻所產生的。(4)用土人以治土人。所以當滅亡時，史册所書，有許多歸漢的大官，原是南粵土人。(5)對待那些較遠的地方，則一味以錢財交結。漢書西南夷傳，說南越以財物役屬夜郎。你看始皇用兵五十萬，而越人挺身拒抗。後來趙佗孑身處於嶺外，鮮動兵革，而百越順從。僮族得與北支漢族即姬漢族和平化合，使今日兩粵具有南北漢族混合之最優良的文化，最大關鍵，在於這南越將近百年的歷史。趙佗之功，不可沒也。

漢武帝時，南越王欲舉國內屬，其相呂嘉反對，舉兵殺漢使者。元鼎五年，漢帝遂遣伏波將軍路博德出桂陽，下湟水；樓船將軍楊僕出豫章，下湞水；歸義越侯嚴爲戈船將軍，出零陵，下灕水；甲爲下瀨將軍，下蒼梧；越馳義侯遣別將巴蜀罪人發夜郎兵，下牂柯江，咸會番禺。六年十月，遂定南越，以其地爲南海蒼梧鬱林合浦交阯九眞日南珠崖儋耳九郡。

自從這時以後，嶺南文教大興。有廣信人（卽今蒼梧）陳欽字子佚，治左氏春秋，王莽從他受學。他的兒子陳元字長孫，亦精左氏春秋，官至議郎。嶺南經學，實以二陳爲始。

王莽亂平，光武卽位。建武十六年二月，交阯女子徵側徵貳反。（徵側乃麊泠縣雒將的女兒，嫁朱鳶人詩索爲妻，交阯太守蘇定以法繩之，遂與其女弟徵貳反叛）九眞日南合浦諸蠻響應。（史冊委過二徵，未必盡然）於是光武遣伏波將軍馬援出師征討，而於建武十九年平之。此後大開零陵桂陽嶠道，南北交通益便。然而兵威屢用，叛變益多。迨後漢室衰微，羣雄逐鹿。廣信人士燮，精書傳春秋，出爲交阯太守。其弟士壹亦領合浦郡事。兄弟數人，分握數郡政柄。漢封士燮爲安遠將軍，龍度亭侯，董督七郡。嶺南始得苟安一時。到了三國，孫權遣步騭爲交州刺史，燮率兄弟奉承節度，嶺南流血得以避免。終三國之世，嶺南爲吳所有。這時蜀漢努力征討貴州雲南的南蠻，孔明把孟獲七擒七縱。吳又竭力征剿安徽江蘇浙江福建江西湖南的山越，大小四十餘戰，然後結束。兩方面所征討的人，都有許多竄入嶺南。徭人漸漸結隊度嶺，便在這個時候。

綜觀兩漢對嶺南大規模的用兵，先後共有兩次。人力財力的耗費當然不少。然而中央的計畫到底成功。這何嘗不是非常可幸的事。拿與漢代經營西南夷和唐代經營雲南相比，總算是經營嶺南收效最多了。

四　漢時南方戶口的研究

有一件很希奇的事，就是漢書地理志所列嶺南七郡人口分布情形，出於普通意料之外。茲先列戶口數目如下。

南海郡……戶萬九千六百一十三，口九萬四千二百五十三。

蒼梧郡……戶二萬四千三百七十九，口十四萬六千一百六十。

鬱林郡……戶萬二千四百一十五，口七萬一千一百六十二。

交阯郡……戶九萬二千四百四十，口七十四萬六千二百三十七。

合浦郡……戶萬五千三百九十八，口七萬八千九百八十。

九眞郡……戶三萬五千七百四十三，口十六萬六千一十三。

日南郡……戶萬五千四百六十，口六萬九千四百八十五。

交阯郡人口比南海郡人口幾乎多至八倍。南海郡人口只比鬱林合浦日南三郡略多。蒼梧九眞兩郡人口亦在南海之上。這都是我們之所想像不到的。古時交阯地方比較缺少瘴氣，適宜於人類居住，觀此可知。為何古代帝王首先注目南交，觀此亦可明瞭。換言之，即交阯文化之發生，必在兩學之先。

第二，這些戶口當然是指南來漢人和已經歸化之士人的聯合統計。陸賈諭趙佗說『今王之衆不過數十萬，且皆蠻夷。』又漢書南越傳說『桂林監居翁諭告甌雒四十餘萬口降爲湘成侯。』既然如此，則當日嶺南的中原漢戶必定不多。依此類推，則後代所謂某處有戶口某處沒於蠻，並非蠻來蠻去之謂，實乃蠻服蠻叛而已。服則蠻人呈報戶口，不服則不報戶口。並不是指大批蠻人從他處侵入，埋沒了一個地方。

第三，每郡之中必定仍有許多土人未將戶口呈報。漢書地理志所列鬱林郡丁口爲七萬餘人。然而後漢書卻謂鬱林太守谷永招降烏滸人十餘萬，開置七縣。可見此十餘萬人初時沒有戶籍。

最後則犍爲郡有口四十八萬餘，越巂郡有口四十萬餘，益州郡有口五十八萬餘，牂柯郡有口十五萬餘，也證明僰人在雲南受統制較早。

五　兩晉和南朝時代

兩晉和南朝宋齊梁陳也屢次對嶺南用兵，晉陶侃平南和梁蘭欽平廣州俚亂，都是歷史上的大事。我們知道東晉以降，北方全在胡人勢力之下。於是開了羣雄逐鹿於嶺南的一種風氣。以南來姬漢人攻打南來姬漢人，迄無寧日。士人多受利用，以爲雄豪爪翼。所以嶺南成了一個羣豪割據兼併的洪爐。例如東晉時張璉據始興反，盧循據廣州反，梁末元景仲反，馮氏併高羅二州，蕭勃稱兵抗命，陳時歐陽紇反，隋末林士宏蕭銑割據等，乃其中最顯著的。興亂的是嶺南當地的人，平亂的也是嶺南當地的人，頗有春秋戰國的現象。東晉以至隋朝的情形，大概如此，與秦漢孫吳的經營大有不同。漢時嶺南統稱交州，吳時分爲兩州，今日兩廣地方幾乎全屬廣州統轄。在南朝時，分州日衆。到了唐朝武德年間，嶺南已有四十九州之多。昔人治廣以狹，也可略見當日開拓的痕跡。這時士人豪帥出任守土而聲威赫耀的，大有其人。如馮氏冼氏寧猛力寧長眞等，他們的事績尤爲世所傳誦。今且述冼氏夫人的史略，以表示南方女性的強毅。

按冼氏夫人有二：一在尉佗時，乃高州人，身長七尺，力兼三人，兩乳長二尺，暑天遠行，每將兩乳搭在肩上。秦末嶺外喪亂，冼氏集兵保境。趙佗稱王，冼氏入覲，與談時事兵法皆中肯綮。佗遂委治高梁，恩威振物。如今所要說的乃是另外一個冼氏夫人。她也是籍隸高涼，領衆一萬餘戶。爲人賢慧巧敏，羅州刺史馮融爲子馮寶求娶。侯景反，高州刺史李遷仕遣使召馮寶，夫人止之，後來遷仕果然反叛，冼氏自將千餘人，擕着雜物，聲言輸賦，襲擊遷仕，把他打敗。於是與陳霸先會於贛境，知霸先不是凡人，奉以資財不少。馮寶既死，嶺南大亂，冼氏懷集民衆，數州晏然。陳主册封爲石龍郡太夫人，儀同刺史。陳亡，嶺南共奉冼氏爲主，號曰聖母。入隋又平定廣州，安撫廣右，隋高祖更册封爲譙國夫人，開幕府，置官屬，賜印章，便宜行事。兩粵士客完全順服，稱爲錦繖夫人，壽至八十。這樣一來，土著僮人和南遷姬漢裔的界限完全泯滅。

六　唐宋的統治

唐以兩廣安南爲嶺南道，分爲廣桂邕容安南五管，廣置州郡，大事開發。新唐書地理志說當時嶺南道有羈縻州九十二個，隸桂管的七，隸邕管的二十六，隸安南的四十一。文人學士被謫南方的，項背相望。例如韓昌黎之被謫於潮州，柳宗元之被謫於柳州，對於嶺南文化影響不少。

這時嶺南盛行一種很有價值的制度，就是屯田制。按屯田制漢時已有，漢昭帝始元二年，即已屯田張掖，趙充國亦繼續屯田以防先零，諸葛亮五丈原屯田，更爲顯著。唐史容管經略使韋丹在州設屯田二十四所，教種牟麥以給軍食，以此類推，則當日嶺南屯田至少有數百餘所。此時嶺南大量吸收唐朝文化，張九齡入爲宰相，嶺南百姓今日仍自稱爲唐人。

可惜此時雲南有南詔的獨立，新入桂西的獞族頗多。安南和桂邊的土人多被煽惑。同時屯官相長吏又多濫用權威，妄施刑罰。（看全唐文常袞宣慰嶺南制可見當時官吏的橫暴）遂使好景不常，不旋踵而有廣右邕州黃峒（亦稱西原）土人之變。懿宗咸通三年，便把嶺南分為東西兩道，以減鞭長莫及之弊。可是唐室漸漸衰落。僖宗乾符六年，黃巢賊竟陷桂管，五月復陷廣州，嶺南州郡受劫不淺。

唐亡，廣州清海軍節度使劉隱的弟弟劉巖自立為帝，國號叫漢，據有廣邕容三管之地，這就是唐末五代十國之一。巖改名龔龑。死子玢立。玢死弟晟立，遣兵從楚王手奪取桂管，交州亦奉表稱臣。晟死子鋹立，不久而為趙宋所滅。這南漢雖僅有五十五年的歷史，比漢初的南越差不多短了一半，然而立學校，定法制，特別建樹頗多，對於佛教推行，王室尤為努力。論者說嶺南特別民族性的發展，南漢之功最多，實在不是虛語。

宋代經制嶺南，與唐代大略相倣。初分廣南東路和廣南西路，後來廣西一省又析為邕容宜桂四路，屯田和放謫仍然如舊。但有一件非常奇異的事，即自漢至宋，一千多年，嶺南人口沒有顯著的增加。漢書地理志記兩廣域內共有人口四十餘萬。李燾通鑑長編說宋太祖平定嶺南，得州六十，縣二百十四，戶十七萬二百六十三。每戶倘若以五人計，口數不外八十餘萬，比漢時丁口至多增加一倍而已。現在廣州市有人口一百五十餘萬，而宋初兩廣人口只等於今日廣州的一半，這豈不是很有趣的一件事麼？除戶口統計法不完善外，大概同時也因爲瘴毒的關係吧。文獻通考謂宋紹熙五年臣僚言廣東一路，十有四州，英德府烟瘴最甚，有人間地獄之號。至於廣西方面，瘴毒之甚更不必說。所以直到宋朝中頁，兩粤的人民仍是土著的獞人和後來的傜族爲衆。自北方遷來的黃漢裔委實不多。

七　兩廣最大的開發

廣東最大的開發，還在宋朝南渡之後，尤其是宋末車駕踰嶺之時。譚彪著新會鄉土志，說宋咸淳時，順德尚未立縣，境內住戶多是土人。當日有南雄保昌縣牛田坊珠璣里民家三十五姓九十七人，挈眷南行，浮湞水而下，直至大良，投宿土人房屋。後入開平新會，人口日衆。又今日廣東的富家大族亦多說是宋末時候隨駕踰嶺而來，又隨文天祥經贛閩潮汕而來的，爲數亦衆。可見廣東的大量開發，不過起首於離今六百餘年的時候罷了。

廣西的大量開發乃開始於明末清初。明朝鄺湛若記述廣西內部土人的情形，說「四府三十七州，形勢宛然一衰周戰國圖也。區分畛埒，遠交近攻，雖暴寡凌弱，殘殺攻略，終莫能越其尺寸。

其主幼弱寡昧，則頭目用事，似三家六卿之類。寡弱甚者，割村爲質，如列國割地獻城之例。』現在廣西自稱爲漢人的，十之八九來於明清兩代。東南方面自廣東搬來的最多，北部則以湖南搬來的爲最衆。

綜合以上的討論，我們可以說嶺南的開拓歷史，自有記載以至今日，共分六大時期。

(1)周前：文化感應草昧時期。

(2)周朝：威諭德服羈縻時期。

(3)秦漢：力征流戍拓闢時期。

(4)兩晉南北朝：豪雄逐鹿，混合時期。

(5)唐宋：屯田謫謪，開發時期。

(6)元明清：大量移民，興盛時期。

八 嶺南往代的交通

嶺南往昔交通分爲八大路線，略爲分述如下。

(1)北江的內地交通：帝堯之宅南交和周成王時的越裳來貢，似乎均取川滇一路。楚服南越究取道桂北灕水抑由九疑踰嶺而下廣東湟水，史册沒有詳記。秦關三郡則由灕水湟水兩路進兵絕對無疑。監祿鑿渠卽指由零陵直通廣西灕水，（卽桂林江。）九疑駐兵十萬亦表明由九疑經都龐萌渚而下湟水的大道必已早通。南越出兵從梅鋗伐秦，乃採北江經湞水而入贛境一路，梅嶺卽因梅鋗而得名。有人說梅鋗是南越人或指爲湖南益陽人氏 再後漢征南越，伏波將軍路博德出桂陽下湟水。樓船將軍楊僕出豫章，下湞水，卽上面所述兩大北江通路。楊僕有將庾勝曾駐兵梅嶺故梅嶺亦名庾嶺 但由湖南桂陽度都龐萌渚二嶺而下廣東湟水一道，以前很是崎嶇。漢永平十七年鄭宏始奏請大加開闢，至於北江由湖南衡陽度騎田嶺而下武水一道，則爲唐韓愈入粵時所採，開闢較遲一些。還有庾嶺新道則爲唐開元十七年張九齡所開鑿的。

（2）南海北行的海路：沿閩汕而至廣州的海路，很早便已開通。史記尉佗傳，閩越王郢興兵擊南越，卽由此路而進。漢擊南越時，閩越王餘善出兵八千，至揭陽後以海風太大爲辭，遲疑不進。自南越既定，直至漢永和間，兩粵各郡進貢均由海道。而孫吳黃龍二年遣將衞溫諸葛直將甲士萬人浮海求夷州亶州，似亦曾經潮海和粵江口外。廣東通志謂似到海南島

（3）南海南行的海路：趙佗擊安陽王，似由陸路直上廣西。馬援征交阯，亦係取道邕寧鬱林。

天寶十二年以左衞大將軍何復光將嶺南五府兵擊南詔，亦由內陸西進。舊唐書地理志亦謂『海南諸國大抵在交州南及西南，自漢武以來皆朝貢，必由交阯之道。』自晉以後，由南海南行的直接海路方才開闢。唐時淨義前往天竺，卽由南海登船。唐時大食國（卽阿剌伯）商人亦皆在廣州登陸。自從這時以後，南海遂成爲嶺南商業的中心。

（4）桂江的內地交通：或謂舜帝南巡曾到今日的桂林和蒼梧，此說沒有確據。楚服南越，似以湘灕兩水（灕卽桂江）爲最大通路。秦闢嶺南三郡，先舉桂林，後舉南海，似其兵威亦先到桂林。監祿通渠卽指湘灕㳚接。漢武伐南越，戈船將軍越侯嚴出零陵下灕水，便是此道。自長江流域到粤江流域的直接河運，只有此道而已。自唐以前，桂江交通和轉運實比廣東北江爲盛。漢帝遣大夫陸賈使南粤，卽由湖南零陵出桂江，下蒼梧，經德慶肇慶而至番禺。爲甚麼他要捨棄北江的三路呢？大約是因爲北江湟水一路受阻於都龐和萌渚嶺，北江武水一路受阻於騎田嶺，北江湞水一路受阻於大庾嶺罷。

（5）邕州西南行的陸路：自廣西邕州出交阯一道，不知關於何時。秦定象郡時，他的兵威似曾到此。南越擊安陽王，倘若不是採取由容州出合浦一道，便是經由此路。惟漢伏波將軍馬援討徼側徼貳，則確由此路無疑。全唐文盧藏用景星寺碑明言邕州乃是馬援古路，今鬱江中流的橫縣尚有一個伏波大灘呢。

（6）邕州西北行的陸路：此路交通在唐末和宋朝最爲重要，因爲其時雲南有南詔大理梗塞。宋周去非嶺外代答記有詳細路程。若用今日地名表示，即自邕寧沿左江經田東百色凌雲西隆而至貴州。

（7）宜州的內地交通：宜州路（指黔江全部，非專指宜山）即由兩粵到川滇黔的要路。漢書說漢武帝時唐蒙至南越食西蜀蒟醬，因知西北牂柯江可以直通夜郎，這牂柯江就是今日的粵江。漢武元鼎五年漢征南越，令越馳義侯遺別將巴蜀罪人發夜郎兵，下牂柯江，咸會番禺。可見當日此江爲用兵要道。又晉書成帝紀，咸康二年十月，廣州刺史總督交廣諸軍事鄧嶽遣督護王隨西擊夜郎，亦由此路進兵。

（8）容州的內地交通：容州握南流江北流江的樞紐。方輿勝覽謂容江在普寧縣，馬援仰視飛鳶跕跕墮水即此。（容縣志攻之謂飛鳶墮水處明指浪泊而浪泊實在安南）但漢書馬援傳說軍至合浦而樓船軍統帥段志病卒，詔援併將其衆。（援自將之軍實取道龍州龍州有伏波廟）其時容乃合浦之地，合浦且治南流江上。由邕至合浦其路曲，由容出合浦郡治其路直。是則飛鳶墜水處或在交阯浪泊，馬援軍雖然取道邕龍，而段志的樓船軍似確取道容州。西漢平南越時伏波軍與樓船軍亦分兩道而進且指容江爲鳶江唐盧藏用已開其端必有所本方輿勝覽乃南宋祝穆所作遠在盧氏之後。 明永樂時王師征交阯，仍自南流北流二江運糧。時佘存亮知容邑事，曾率部伍助運。明朝運糧尚須靠此，何况漢朝？又唐盧藏用謫交阯亦經容州。所撰景星寺碑有『罹憂五宅，投迹九眞，心依鷲嶺之恩，路出鳶江之徼』等句。往時此路的重要性，可以窺見。又宋蘇軾謫雷州及秦少游自雷州還，均經此道。而明朝解縉由廣州任所改放交阯，也自廣州經蒼梧藤縣而直溯容江，再經南流江而至驩州任地。唐朝之所以設立容管，宋朝之所以別立容州一路，實有很深的意義。

第十八章　倒裝辭研究

苗猺僮的言語多倒裝辭，例如大屋叫屋大，小屋叫屋小之類，讀者當已知道。現在讓我們將這題目作成一個特別的檢討。

一　南中國的倒裝地名

南中國的倒裝地名很多。先說兩廣方面。在這裏倒裝地名實在觸目皆是。我們平時看慣了，聽慣了，不覺得甚麼希奇。但若稍加思索，便覺得這是世界上的一個特殊現象。例如廣東台山有冲洋、冲雲墟、洞華、洞美、冲華、冲柴、冲金山；其實應作洋冲、雲冲墟、華峒、美峒、華冲、柴冲和金冲山。此外新會有冲庯、冲灖、冲花、冲茶、峒角、冲式；順德有冲鶴堡；（從前本屬南海）東莞有塘勒墟；從化有塘料、塘坎、冲嶺；三水有塘悅；佛岡有坑都；封川有冲廉、埇夏、埇花山、垌源、坤淩、坤鑪；防城有埇思、埇姜、埇塘、埇迣、崗晚、埇敍村、埇瓢、埇孔、埇勒；鬱南有埇台山、埇漢山、埇便；靈山有屯羅、屯周；赤溪有冲金村；合浦有垌屏；遂縣有崗瀧汛；陽山有崗觀水；（其實是官峒水）欽縣有埇貞；峒利墟；崖縣有冲育。廣西鎮結有墟隴、峒考、黃汪卡、崗憑坡；羅城有峒陸塘、冲能、峒冷塘、峒典、冲團、寨英；融縣有峒馬、廟馬、峒蒙塘；南丹有峒馬、坑馬、𡽱良；遷江有屯寧；西隆有坡風、坡龍；臨桂有塘廖；賀縣有塘蒲；蒼梧有坤坦；藤縣有屯京、洞排、屋勤；邕寧有罝蘇、㶕林；來賓有屯文、屯茶；思恩有塘翁、崗榮；那馬有潭江、潭利；百色有弄甲、岩榜、山坡、綀坡、蛃、邕律墟；象縣有屯冷；平樂有峒岩；上思有坤榜溪；田東有田洛、崗上、塘旺、崗烈；田陽有峒靜墟、巴利、谷婁；凌雲有峒發、隴陀；西林有巖懷、崗賓寨；鎮邊有谷松、峒隆；平南有峒巢；隆安有峒營；左縣有峒重；天保有崗把。以上不過把兩廣倒裝地名略舉一些例子。其他如都結、雲斂、板良、隴燕、布鄧、那懷、納浪、渠斂、邑旗等，都是倒裝，因為太多，不能盡舉。總而言之，兩粵實在是一個倒裝地名的大海。（本書所錄地名大部根據清末兩廣局版輿圖其中或有訛誤）

川康滇湘黔五省也有倒裝地名。四川珙縣有都寧驛，昭覺有那我，會理有巴松。西康鹽源有冲河。湖南有城步、江華、江藍，芷江有巖羅峒，綏寧有崗唐山、里羅岩。貴州黎平有嶺元、嶺榜寨，荔波有崗塘，劍河有嶺松，思縣有嶺鞏，獨山有塘鴨，塘懷。雲南富州有板達，建水有那發，墨江有那曼。以上也不過舉例而已。

從上面的研究，我們有三個很大的發現。

（1）這些地名都是僮人的名稱，有僮語的音義，而沒有苗傜的音義。可見西南倒裝式的地名似乎是獞人的原始制作，而徭苗雜居獞地，將他採用。現時苗徭的倒裝語法每不完全。以修仁過山徭語爲例，村呼爲朗，小村叫做朗當 Liang Doung，乃是倒裝，然而大村叫做潭朗 Dum Liang 就不是倒裝了。又如面盆腳盆，獞語均作盆面盆腳，而過山徭語仍作面盆腳盆。可證苗徭的倒裝法國語化後，極不純粹。江浙福建古地名仍有倒裝慣例，則表明徭語古代廣用倒裝。江西和湖南東部倒裝地名也是古有而今已絕無矣。

(2)廣東潮循地方古代雖有獞獠，但獞人數目必定很少。因爲非但白話不流行於那邊，而且獞義倒裝地名非常稀少。江西和福建也是如此。可見這些地方古時最佔勢力的原是畬徭。

(3)這類倒裝地名之存留，在中國則包括四川湖南雲南貴州西康廣東廣西，在外國則包括暹羅緬甸安南。暹羅京城曼穀便是倒裝。可見凡是獞義倒裝地名存留的地方，不是現時就是古時有很大的獞人勢力。廣東所通用的雲字和廣西所通用的板字即村字的意思在暹語爲曼也極通用

二　中國古代倒裝地名

中國古代倒裝地名見於北部各省的，以城字和都字爲最多。特將這兩個字的地名略舉數例。

城父：春秋陳國的夷邑。可知這裏所謂夷就是傜 漢置城父縣，五代曾經改爲焦夷和夷父，故城在今安徽亳縣東南。漢書地理志謂韓分晉，得南陽郡和潁川的父城，可見城父即是父城的倒裝。這乃春秋陳的夷邑。但又有一個叫做城父的，乃是春秋的楚邑。在陳則稱爲夷邑在楚則不稱爲夷邑因爲楚原是蠻夷 在今河南寶豐縣東。

城樂：故城在今貴州德江縣西。寰宇記謂城樂縣招慰生獠置，開始築城，土人歌舞，所以稱爲城樂。作者按這乃曲解。其實樂字在傜音與六字通，乃山字的音義，城樂即是城山，亦即山城罷了。貴州昔有都樂縣，難道也是因歌舞而得名麼？

城潁：春秋鄭地，故城在今河南臨潁縣西北。鄭莊公置他母親於城潁，誓曰，不及黃泉，無相見也，即此。城潁乃潁城義。

城濮：春秋衞地。春秋僖公二十八年晉侯齊師宋師秦師和楚人戰於城濮，楚師敗績，故城在今河南陳留縣。一說乃今山東濮縣南臨濮城。濮乃百濮傜種。

城棣：春秋鄭地，今河南武陽縣北有南棣北棣二城，即春秋城棣的地方。左傳襄公五年，諸侯會於城棣以救陳，就是這地。這棣字不是兄弟的棣。路史所舉雜國有個棣國，以棣爲氏。古有發明算術的棣首，便是棣氏之族。名稱倒裝顯然屬於傜類。棣人是中國數學之祖，算盤就是他發明的。

這豈不是僮族之一個很有趣的光榮史績麼？

成紀漢立爲縣，故城在今甘肅秦安縣北三十里。帝王世紀說伏羲生於成紀。一說指爲甘肅的天水縣。古文成與城通。

成周這乃周朝的都城，在河南洛陽縣東北二十里。書序說召公既相宅，周公往營成周。明明係周城而說城周，周人用倒裝辭，誰敢擔保周人不是起於僮族部落。而且周的先人有后稷（后就是君）公劉公季等倒裝名號，縱非僮人，也必深染僮化。

成都古蜀山氏國。戰國時張儀與張若城成都即此。有人說成都乃成漢國之都非也成漢國乃是後起 而且蜀山二字也是倒裝。蜀古文作淖海內經『韓流取淖子名阿女』，淖子即是蜀子。大荒西經又說蜀有三澤，水名三淖，所以淖乃澤義。地質學家謂遠古時代四川省確有三個內海 由此類推，則蜀山乃是淖山，乃是澤山，乃是海山。今青海土名庫庫淖 其實乃是山海即羣山當中的大海，罷蜀山立國距今很遠，蜀山的悠久文化實爲中國文化淵源之一。無疑的蜀山屬於僮族，僮族有這光華的古史當然足以自豪。

現在再說一個都字。都字的僮語下面還有一章詳論。：

都盧都盧城在甘肅平涼縣西可蘭山下。武王誓師牧野，有叫做盧人的出兵參加，都盧就是他們的故地。

都匀：在貴州。五代時乃都雲蠻地現為都匀縣。

都掌：即今四川興文縣，本來是西南蠻地名叫大壩都掌。四川通志說，『蠻有山都六鄉，水都四鄉，而山都尤為強悍叛服不常。』

都夢：本係蠻部，漢置都夢縣，即今雲南文山縣。

都梁：漢代侯國，後漢立為縣，故城在今湖南武岡縣東北。城步縣原屬都梁縣境。都梁城步都是倒裝。（志書說都梁乃香草土名）

多田：在貴州，唐立為縣。多在僮語與都通用。廣西忻城唐置多雲縣。安南境隋時置有多農縣。（楚漢時鄒郡有都平縣東郡有都關縣鉅鹿郡有都鄉縣）

根據以上所述，我們的最大發現也有下列三項。

（1）此等倒裝地名以西南為大本營，似乎甘肅四川陝南（陝西的漢中地以前本屬四川）為最初的發源地，與蜀山文化的發源區域暗合。

（2）除川康滇黔兩湖兩廣外，古時江漢北鄰，和淮水流域，並山東河北地方，亦為此類倒裝語法之所波及。可見遠古僮人以四川甘肅陝西荆楚爲根據地，一支向東行而入豫皖和山東河北，一支向南行而入滇黔兩粤。魯南和江浙皖南閩汕贛湘則爲苗傜盤據，苗以迤西爲衆，傜以迤東爲多。他們古代也用特殊的倒裝地名。

（3）北方所發現的倒裝地名，多數立於漢和漢朝以前。這事表明漢時留存在北方的僮人，不是向南徙去，便是完全同化於中原漢族。向南遷徙的僮人，曾在湖南江西等苗傜區域滯留許久，風俗語言都有相當的苗傜氣味。元朝進入古田義寧，便成史籍上所謂北僮。

三　地名以外的倒裝辭

神農的母親是女登，大禹的母親是女嬉，秦的先代亦有叫女修的。這些名稱與娥皇女英女胥女嬃帝堯帝舜后稷公劉祝融同屬一類，都是倒裝。（今日很少有人用女士林總統黎公陳婆李等辭的）可見中原文化初開時候，或者也用倒裝辭句。不然，則以倒裝辭爲基礎的蜀山文化必定很佔勢力，所以後來中原國語雖然不像僮族這樣使用倒裝，而倒裝質素仍存留於中國國語之內。直至今日，這種不能以西洋文法解釋的倒裝辭，中原漢語中也常常可以遇着。例如餅乾二字，上面一個是名詞，下面一個是形容詞，怎能聯合使用？稱爲 cake dried 不如稱爲 dry cake 之簡明妥當，然而中國自有中國的文法。魚生番薯乾豆腐潤等，雖然在廣東較爲普通，而北方的腐霉果凍等，也是家諭戶曉的倒裝辭呢。以前我們曾說南北音均有 ng 鼻音的發聲與收韻，但南多而北少，所以南音較近原始的漢音。照樣中國南北語均有倒裝名辭，但北少而南多，所以這也證明南音與原始漢音較爲接近。僮是最原始的漢人，於斯可見。

至於廣東廣西現時通行的倒裝辭，那就多了。兩粵人民稱莨薯爲薯莨，(薯莨實乃僮人良峒所出的薯)稱角豆爲豆角，稱貢地草爲地貢草，(即藥材中所謂香付)稱貫錢菜爲錢貫菜，稱公雞爲雞公，稱牯牛爲牛牯，稱客人爲人客，稱乳腐爲腐乳。有些地方稱外公爲公爹，外婆爲婆爹。兩廣白話乃北音與僮音的混合體，當然怪不得兩粵白話有這樣多的倒裝名詞。

四　倒裝辭在漢語中的地位

倒裝辭似係漢語的原始形式。作者作這論斷，有下列數個理由。(1)苗傜僮語均喜用倒裝辭，就中尤以僮語的倒裝辭法最爲整齊畫一。(2)暹羅西藏等地的語辭亦喜用倒裝，每將形容辭置於被形容辭之後。(例如暹羅昔有蘭昌省及蘭那省，蘭昌即象欄，蘭那即田欄，均倒裝)西藏語言且有喜將動辭置於主事詞前面的習慣，例如人走則說走人。(粵語俗例「個個人走」亦每說「個個走人」。)(3)中原漢族的古書，仍有倒裝辭的遺跡。詩日月，

『逝不古處，』毛傳訓逝爲逮，逝不古處卽不逮古處。湯誓，『爾不從誓言，予則孥戮汝，』孥戮汝卽戮汝孥的意義。小雅，『坎坎鼓我，蹲蹲舞我，』意乃我鼓我舞。詩『蠻荊』釋爲荊州的蠻，『宗周』釋爲周人之宗。其他如后稷后羿后夷女狄巫恆巫先等詞，多至不能盡舉。后卽君后夷卽夷君女狄卽狄女巫恆卽恆巫恆巫卽大巫義周禮司巫謂國有大災則帥巫而造巫恆漢書郊祀志註說巫先乃巫之最先的。（4）近年出土的殷墟龜甲，記有倒裝辭語不少。陳晉著龜甲文字概論載有下列等例。這些句子都是契文卜辭。『辛未卜又毋辛口十，犬十，兹（卽樂）用。』『卜貞彈𠧪百，百牛百用。』前句意卽用十口十犬與樂。後句意卽用百𠧪百牛。又『貞勿其食，』貞乃問卜，勿乃不，其乃之，全句意義卽食之不問卜。『壬子卜，內王，』釋爲壬子卜王納。這些文字形式變化的趨勢，當然只有倒裝變爲順裝，沒有順裝變爲倒裝。無論在中原漢語或在姜漢語都是。這樣這一段的考證，表明（甲）遠古時代中原漢語和姜漢語（卽苗徭僮暹等語）的一統，（乙）苗徭僮暹言語較近漢語的原始形式。大抵在語言發長史上，名物字的發長爲早，形容字和動字的發長爲遲。原始部落對於實物亦比對於形容詞和動詞較爲注重。僮苗語呼大山小山爲山大山小，卽是此意。

第十九章　幾個普通的地名冠首字

兩粵地名非常特別。可是時代變遷了，就是本地人也往往不明他們的意義。因此所以一般人民也不去追求這些地名的解釋。有些文人學士爲着修纂志書，而勉強加以解義，其實多是杜撰臆說罷了。例如羅浮山在廣東增城縣東，寰宇志引南越志，說山的西面有個浮山原是蓬萊的一阜，古時浮海而至，與羅山聯成一體，所以叫做羅浮。這是臆說，稍有科學知識的人便能知道。又如邕寧有羅秀山，說者指爲昔時羅秀所隱。然而桂省羅秀地名很多，難道都是羅秀的隱處麼？現在且將兩粵很普通的地名冠首字加以研究，爲的是要表明他們原來是僮語的譯音。

一　那字的研究

兩粵那字地名很多。番禺有都那，新會有那伏，中山有那州，台山有那扶墟，淸遠有那落村，高要有那落墟，新興有那康，（新興相傳有康家山而無康家人從這那字的使用可知他們出處）陽春有那烏，恩平有那吉墟，開平有那波瑚，陽江有那岳，電白有那花，化縣有那樓，吳川有那維，石城有那良，合浦有那浪，靈山有那練，海康有那仙，徐聞有那加，瓊山有那環，澄邁有那夾塘，臨高有那盆嶺，儋縣有那賽，萬縣有那密，雲浮有那康，

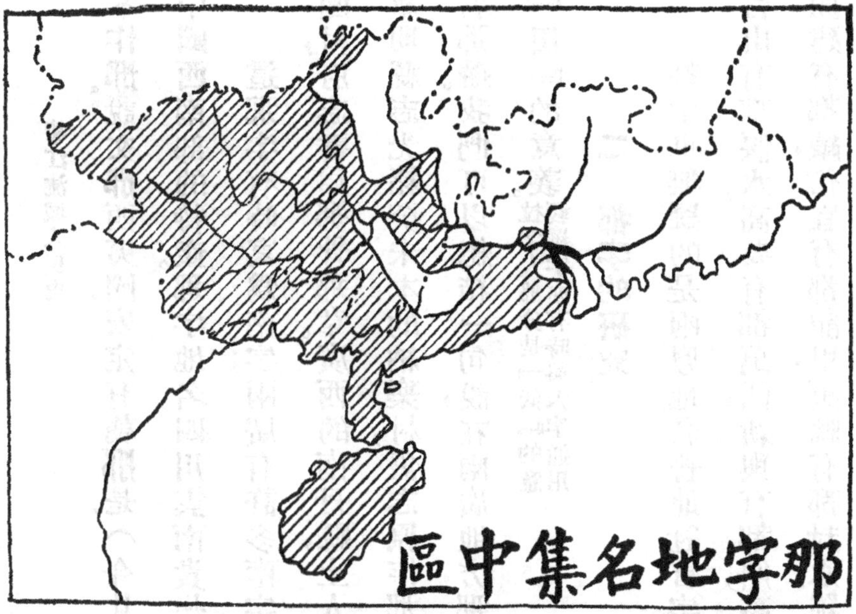

欽縣有那寛，全縣有那吒山，柳江有那六，維容有那馬，羅城有那然，來賓有那研，河池有那龍，思恩有那伏，東蘭有那雅，武鳴有那白，賓陽有那甘，百色有那崇，田東有那律田陽有那岸，凌雲有那弄，西林有那悶，昭平有那更，蒙山有那漊，藤縣有那東，鬱林有那博，陸川有那鼓潭平南有那歷，貴縣有那蓬，武宣有那懷，邕寧有那登，綏淥有那思，隆安有那貧，橫縣有那郎，永淳有那旺，龍津有那曉，崇善有那斂，養利有那咘，左縣有那榜，鎮結有那莊，寧明有那堪，明江有那前，上思有那霞，天保有那呑，鎮邊有那羅。其他各縣尚有遺漏，在兩粵分佈甚廣。

在僮語，這那字有甚麼意義呢？那就是田，那懷就是牛田，那曉就是茅田。這那字淵源甚古。那古字本作那。說文那西夷國，安定有朝那是，（今甘肅平涼縣。）冄枏均音南，可見那南相通。枏木也是中國西南部的特產。那字地名，四川雲南貴州湖南均有，惟不及兩粵之多罷了。

這那字有時寫為南字；兩廣有許多南字地名是不能作南方二字解釋的。邕寧有南橋村南圍村，府志書為那骨那韋。廣西的南丹縣，土人呼為那但，那南確係通用。此外那字亦與納字相通，寧明縣志光緒癸未本的納樂村，舊志原作那羅。又與羅字有時通用。例如羅文亦名那文，羅播亦名那播。我們可以總結一句說，在兩廣地方，那字全部，納字全部，並南字羅字拉字的一部分，乃是『田』的意義。（拉字大部分是『低』的意義羅字亦有時與六字通用）

二　都字的研究

都字也無疑的是兩粵地名普通冠首字之一。番禺有都那，順德有都寧都粘堡，新會有都會，台山有都偃水，高要有都萬凹，新興有都斛，高明有都權，恩平有都田鋪，德慶有都舊，封川有都郎，開建有都續，信宜有都龍甲，萬縣有都封水，羅定有都門，雲浮有都騎墟，鬱南有都城墟，始興有都安水，陽朔有都歷塘，義寧有都勞，龍勝有都乃塘，柳江有都樂，雒容有都勒，羅城有都宿，蒙山有都敢，懷遠有都天，融縣有都旱堡，象縣有都樂塘，宜山有都隆墟，天河有都感隘，思恩有都黎塘，藤縣有都榜江，容縣有都結，懷集有都布，興業有都北，平南有都榜，貴縣有都陸，崇善有都同，左縣有都隘，鎮結有都結，天保有都安墟。

這都字與多字通用。（貴州貴定縣北有都盧坪唐書稱爲多樂）靈山有多羅山，文昌有多尋圖，會同有多異嶺，會樂有多坭村，萬縣有多輝鄉，陵水有多昧弓，天保有多浪墟。

這都字得名也很古遠。通考『昔女媧氏命娥陵氏制都良之管，以一天下之音。』可見女媧氏時已有都良的稱謂。女媧娥陵都良都是倒裝，女媧造笙，載在史册；然而笙乃今日僮人的通用樂器，甚至印度支那也流行着。這確是一件很希奇的事。舜號都君，他微時所居的地方一年成聚，二年成邑，三年成都。北方所用都字，其義雖然略殊，恐怕也是出於蜀山語系。

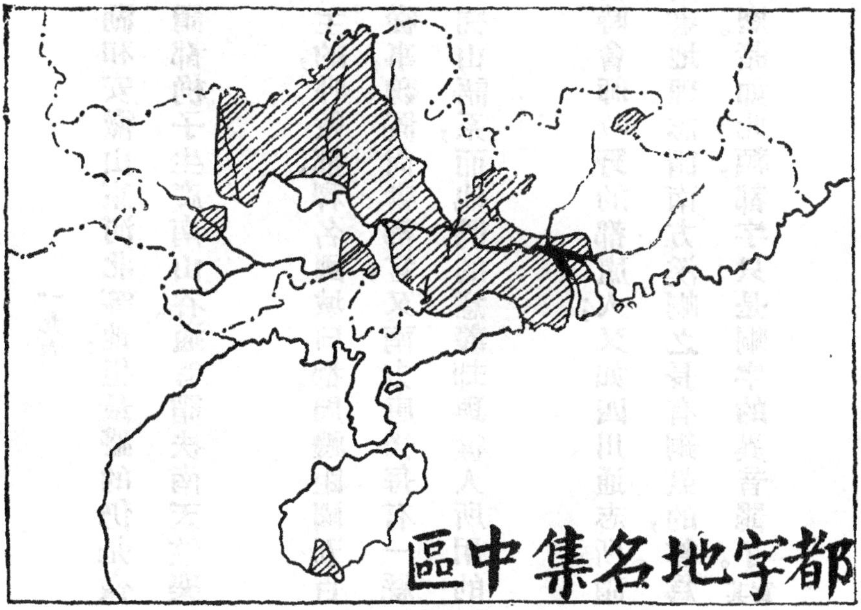

都字地名集中區

古代都字冠首地名散布於陝甘川滇黔兩粵兩湖和安徽山東河北等地，但最盛的仍是嶺南方面。又本草謂都管草似羌活，出宜州田野。南州注謂都桷子生廣南山谷。通考謂扶南天竺樂有都曇鼓。都字與南方關係非常密切。

黃帝井田法，十邑爲都。左傳凡邑有宗廟先君之主的，叫做都。釋名國城曰都。周禮距國五百里曰都。又秦官名郡尉，漢景帝改名都尉。後漢有都官從事，魏置尚書都官，又南方唐後每有一縣之內區分爲某某都的。然而這些都字雖然最初出於蜀山語系，而他們的意義却與僮人所用的都字不甚相同。

僮族都字冠首地名的特別意義，有如武王伐紂時會師牧野的都盧人；又如四川通志所謂蠻有山都六鄉，水都四鄉，都掌即爲其中之一；又如隋書地理志謂南方溪峒之長有銅鼓的，尊爲都老；又如鎮安府志謂鎮安有都軍山，上有儂都將軍廟。諸如此類，都字只是峒字的異音罷了。其實應說峒字是都字的轉音。

作者在廣西龍勝問某僮人鄉長，據謂僮語有音無字，本邑有都乃塘，僮音 Dong nai 洞乃；都字原來等於峒字。又嶺南麻有靑藍白絡火五種，絡布出峒中，故名都布，亦稱爲都絡。後漢書馬援傳，『更爲援制都布單衣，』其實都布卽是峒布都之爲峒，更得證實又隋置都上縣在今貴州石阡縣西南縣志謂其地爲酋豪都集之所。大約古時或稱爲都較近的時候就只稱爲峒了。

都字地名也有含着其他意義的。南丹縣城土名都勞街，都乃僮語的門字勞乃僮語的大字，因爲那裏有個大門。又陽朔有都利山，水經注謂都利乃是香草。又湖南永明縣有都龐嶺，王象之謂土人呼山頂爲都蓬。又湖南通志引容齋肆筆謂靖州蠻酋自稱曰官，而稱其所部之長曰都幙。又赤雅謂明時廣西峒女握兵權的呼爲嚲（音多）娘。像這一類都字各有特殊意義，自然不能與峒字解釋的都字相提並論。至於邕寧的都龍山俗稱爲駝陵山則爲都與駝通的一個事實。

三　思字的研究

現在先舉一些思字地名的例子。高要有思霖圍，新興有思來村，德慶有思羅，封川有思文，開建有思料，信宜有思賀堡，靈山有思林村，萬縣有思馬都，雲浮有思約汛，鬱南有思和，欽縣有思倫江，防城有涌思，桂林有思安江，陽朔有思和峒，龍勝有思隴塘，來賓有思貢，象縣有思柳，宜山有思農塘，忻城有思練墟，東蘭有拉思，武鳴有思鄰，山賓陽有思覽江，上林有思吉墟，修仁有古思，昭平有思懃，蒼梧有思龍，藤縣有思敬，容縣有思登，北流有思賀，興業有思提，桂平有思陰，平南有思敏，

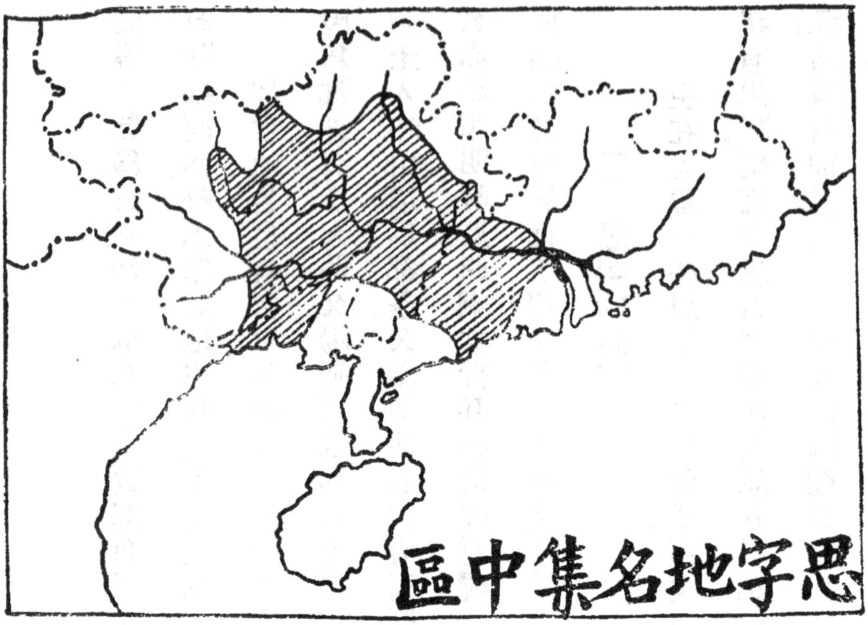

邕寧有思靈，寧明有思陵，武宣有思流塘，天河有思結隘。

這思字有甚麼意義呢？在別的地方，有時應作思念解釋。例如清初鄭氏在廈門立思明縣，這確然是思念明朝。但上面所列的許多思字，就不是這樣了。四川有思峨。元志稱爲豕蛾夷。貴州有思邛，乃唐開生獠而置。這裏的思字就顯然是翻譯土音而得。

其實這思字就是古時獞語的溪字。現在廣西獞人還有呼溪爲希的，思乃希的訛異。曹樹翹滇南雜志解釋夷語，亦謂夷人呼溪爲逥。廣西忻城思練墟某君且告作者謂思練墟之思練二字，就是練江的意思。不過這思字也有時譯作仙字，四川興文縣的思峨嵋，便有人呼爲仙峨嵋。也有時譯作四字（例如四蓋）或施字，湖南永順的施溶洞卽是溶溪意思，所以元朝屬於思州，後來改立溪州。至於俗呼思勞竹爲沙蔞竹，則轉音更差異了。

四　古字的研究

南海有古灶，番禺有古樓場，順德有古樓，新會有古兜山，中山有古鎮，三水有古塘，台山有古嶺鬻，清遠有古賴，佛崗有古場坪，曲江有古陽，仁化有古夏村，歸善有古灶鄉，博羅有古埞塘，河源有古雲約，和平有古鎮山，海陽有古樓，揭陽有古溝村，惠來有古產，大埔有古源甲，高要有古壢水，新興有古倫村，陽春有古龍，廣寧有古麗，開平有古博嶺，鶴山有古勞墟，德慶有古蓬，封川有古令，開建有古逢，信宜有

古字地名集中區

古丁墟，吳川有古流坡，合浦有古立，靈山有古先，羅定有古欖墟，雲浮有古霧汛，鬱南有古兌甲，南雄有古祿鋪，興寧有古樓坪，欽縣有古犁村，防城有古森崗，饒平有古樓山，桂林有古竹，陽朔有古定，永福有古橋，義寧有古落，全縣有古留峒，龍勝有古漫，柳江有古練，雒容有古丁，羅城有古善崗，柳城有古丹，懷遠有古兆，來賓有古煉，融縣有古隴，象縣有古陳，宜山有古案，天河有古滿，河池有古勇，思恩有古賴，武鳴有古黎，賓陽有古辣墟，遷江有古律山，上林有古立，西隆有古遂，平樂有古文，賀縣有古崙，荔浦有古奔，修仁有古沙，昭平有古贊，蒼梧有古欖，藤縣有古利，容縣有古全，岑溪有古味，桂平有古楞，平南有古算，貴縣有古蒙，武宣有古雷，邕寧有古桐，橫縣有古鉢山，永淳有古辣墟，崇善有古亮，養利有古敏，鎮結有古隴墟，上思有古柳。

這古字不能作古時解。象縣姚子通先生告訴作者，說僮音的古就是箇字，亦卽『這個』或『那個』的意思。古樓就是這個或那個有樓的地方，古滿就是這個或那個有汶水的地方。作者按兩廣白話『個個』『個邊』『個度』『個處』『個只』『個朵花』『個條村』『個陣時』等句辭所用的『個』字，就是僮語『古』音變出來的。他的意義等於國語的『這』字或『那』字。

有些地方把古字譯爲果字例始邕寧有果邏村府志原作古羅又有些地方把古字譯作高字，例如邕寧的古巒嶺，亦有人呼爲高巒嶺。又有些地方譯爲歌字姑字或過字，不必多舉例了。至於『九』字的地名，有時也是『古』字異譯。

僮人稱『我』爲『姑』，與『古』音亦頗相近，所以古字有時作我字解。貴州都勻縣和廣東新會縣的古兜山，就是『我到山』的意思。然而這種用法是很少的。

『古』字和『思』字『都』字一樣，在甘肅四川雲南貴州湖南都很普通。而安南一地古時所立『古』字冠首的地名更衆。

五　六字的研究

六字和淥字逯字綠字彔字綠字陸字完全相通。台山有六合，封川有六田，陽江有六平山，茂名有六雙，信宜有六岸，（信宜的六豪乃是徭襲僮名，）化縣有六磊坡，合浦有六樸，靈山有六蘭，欽縣有六寓，防城有六馬，柳江有六丁，雒容有六座，柳城有六料，懷遠有六合，來賓有六味，融縣有六斗，象縣有六外，宜山有六波，河池有六桑，思恩有下六，（下六乃徭襲僮名，）東蘭有六長，那地有六烘，武鳴有六楚，來賓有六合，遷江有六車，上林有六便，百色有六那，田東有六蓮，西林有六洛，

富川有六丈，荔浦有六折，修仁有六斷，藤縣有六陋，容縣有六槐，岑溪有六凡隘，懷集有六雪嶺，鬱林有六旺，博白有六務，北流有六靖墟，陸川有六選，興業有六筌，平南有六陳，貴縣有六閉，武宣有六傍，邕寧有六學，（府志作淥學，）橫縣有六烏，永淳有六律，鎮結有六馬，上思有六割。

南海有祿境，台山有祿馬，高要有祿步墟，四會有祿村，陽春有福祿河，高明有祿塘村，鶴山有祿峒，德慶有綠滾，封川有淥水，茂名有那菉汛，電白有綠嶺，合浦有福祿塘，靈山有淥水村，雲浮有祿源村，欽縣有淥眼，防城有大菉墟，柳城有保祿，羅城有祿橋，融縣有綠曉，天河有福祿，河池有陸蔭，東蘭有淥袍，武鳴有六馱，賓陽有六困，上林有淥浪，那馬有淥布，百色有渌晚田，東有渌謝田，陽有渌豐墟，淩雲有祿平，西林有渌丹塘，荔浦有綠居，修仁有渌定，蒼梧有思祿塘，藤縣有綠眼，容縣有綠蔭，博白有綠莪，北流有綠地坡，武宣有祿寬，邕寧有渌蒙，綏渌有渌樓，永淳有渌悟。

六渌等字地名很古，路史謂高陽師渌國，或作渌圖，今湘東醴陵有渌水，疑卽其地。又周時有『六』國，卽今安徽的六舒六安。

六字有時與羅字通，在僮語上，這六字渌字祿字等乃是山地的意義，與『弄』字『隴』字大同而小異。有些地方簡直不用六字而用隴字弄字。台山有隴門，新興有隴塘，雒容有隴綫，龍津有隴崀，柳江有弄懷，來賓有弄貢，百色有弄勞，聊舉數例於此。

六　羅字的研究

羅字地名以舊肇慶羅定高州梧州等州府爲最多。高要有羅鬱岡，新興有羅陳山，四會有羅湖鋪，高明有羅林村，陽春有羅銀，廣寧有大羅山，德慶有羅茅，封川有羅練，開建有羅求，電白有羅笠，信宜有羅馬嶺，臨高有羅喝山，羅定有羅境墟，雲浮有羅沙墟，鬱南有羅旁墟，南雄有羅佛寨，陽朔有羅富，柳城有上羅，羅城有小羅，武鳴有羅諳墟，平樂有羅榨山，恭城有羅帶，昭平有羅丹，蒼梧有羅貢，藤縣有羅悅，容縣有羅杏，懷集有羅孔，鬱林有羅擎，桂平有羅播，平南有羅掩，貴縣有羅文，橫縣有羅鳳墟。

按羅乃周時僮族的小國。左傳桓公十二年羅人欲伐楚，後來楚文王徙羅子於南郡枝江縣。兩廣所有羅字冠首的地名，未必與羅國有直接的關係。但這羅字出於僮語則無可疑。在僮語上，這羅字比其他各字的意義稍爲複雜。他有一小部分與『那』字通，即是田字的意義。有一大部分與『六』字通，即是山字的意義。又有一個部分乃指姓氏上的羅。

羅與邏通，邕寧有果邏村，府志作古羅村。又有時與欒字通。有些地方且與拉字通用。然而兩廣羅

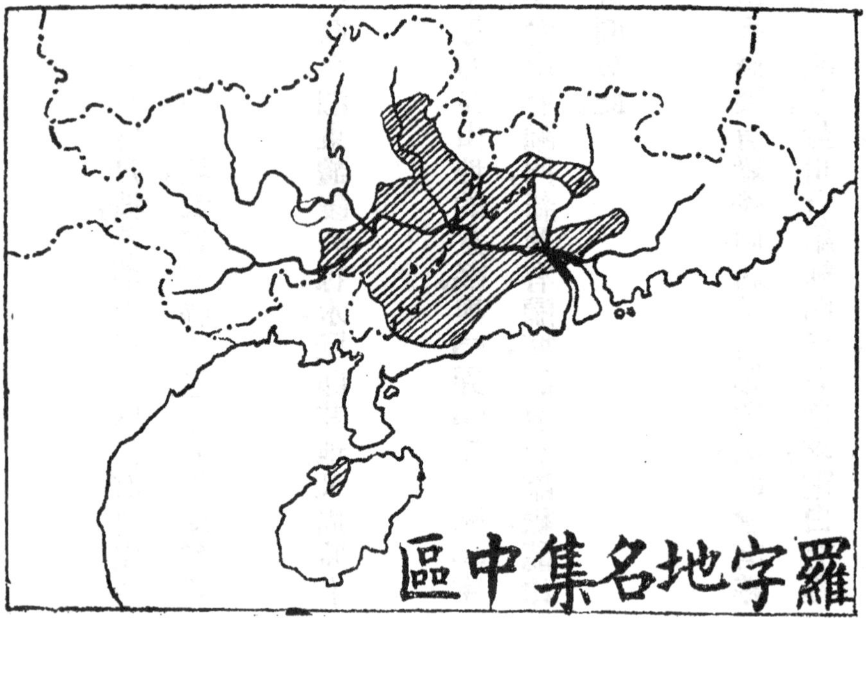

羅字地名集中區

字地名，最普通的意義終是『山』字和『田』字。

七　雲字的研究

這僮音地名的雲字，即是僮音地名的板字蔓字痲字班字慢字晚字。雲音 Waan，板音 Baan 或 Waan 這些字都是僮語村字的意思。廣東新興雲字地名最多，其次就是羅定雲浮一帶。屈大均說『蓋新興在萬山之中，其地多雲，居人所見無非雲雲之靜者爲山，山之動者爲雲，雲與山一也。地在山中，不以山名而多以雲名，從其動而能變者也。』屈氏不知這『雲』字出於僮語，故作此種曲解。（然而兩廣雲字地名也確有一很小部分是指天上的雲）

略舉雲字和板字地名數例如下。增城有雲馬山，清遠有雲定，海陽有雲步墟，普寧有雲落司，高要

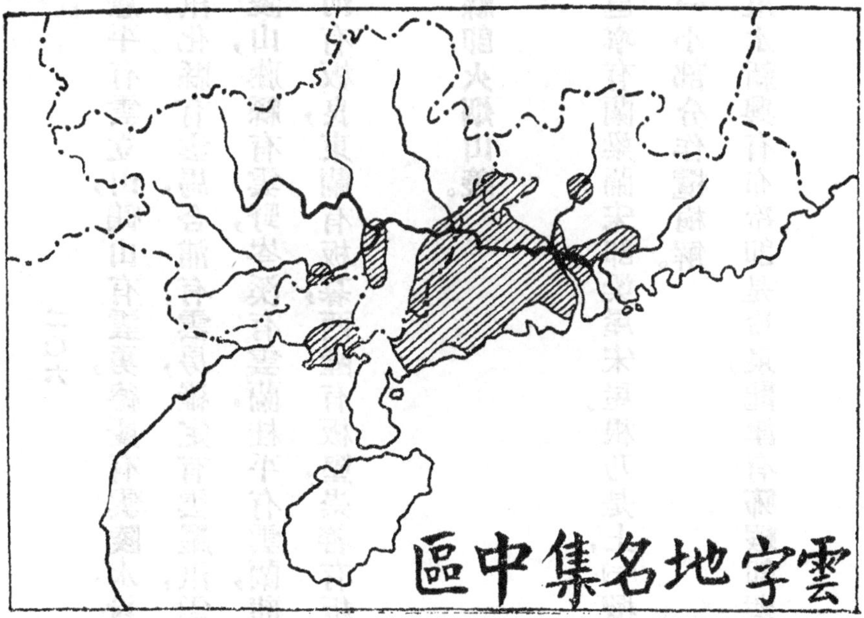

有雲斛山，新興有雲羅，陽春有雲霍，高明有雲宿水，恩平有雲立山，鶴山有雲勇，德慶有雲陵水，封川有雲逕，開建有雲塘，茂名有雲曇墟，信宜有雲罩汛，化縣有雲馬，合浦有雲房，羅定有雲羅汛，雲浮有雲鵬汛，鬱南有雲霄塘，防城有雲播，上林有雲陵山，藤縣有雲野，岑溪有雲蘭，桂平有雲蘭，龍勝有板正，雒容有板料，羅城有板臘，融縣有板欖，天河有板良，東蘭有板幕，西隆有板堅，崇善有板咘，寧明有板藏，上思有板細。

僮人呼火烟亦為雲（或作文）雲南的文山縣即火烟山義。

八　其他地名釋例

(1)蘭字：有時作欄，有時作欖，僮語指『屋』。邕寧有蘭梁蘭宋即梁屋宋屋。根乃是上，『欖根』即是上屋。但欖字有一小部分作水字解，又有一小部分作欖樹解。

(2)布字：或作咘字波字磨字報字，僮語表示泉水。新興有布冷即是冷泉，龍津有咘蝦即蝦泉或蝦井。

(3)崀字：僮語指山谷進口的小嶺，例如崀表崀懷。

(4)勾漏：僮人呼酒為漏，呼盃為勾，勾漏即是酒盃（僮語倒裝。）北流勾漏山與普通土山不同，確似酒杯倒置。

(5)摩、懷、麻、罵、容：僮語地名用此數字的不少。六摩即養猪山冲，那懷即養牛田，麻㟗即馬㟗，嶺罵即犬嶺，大容山即大羊山。

(6)壜字：或作淡或作談或作鐔或作譚潭𨶳曇屯等字。均音徒含切 dum，乃指水潭。漢時鐔蘽縣潭中縣即此。欽縣有𧀙䘔，開建有譚霜，藤縣有曇陳，南丹有羅屯。

(7)利字：與壛字壘字相通，即畬地或峯地義。邕寧有坡利村，即峯坡村的意思。

(8)歛字：與汶字𦻝字滿字悶字通，大𦻝小𦻝即大汶小汶。

(9)棱、楞、夏、吞、吉、達、播：棱指沙，那棱即沙田。楞

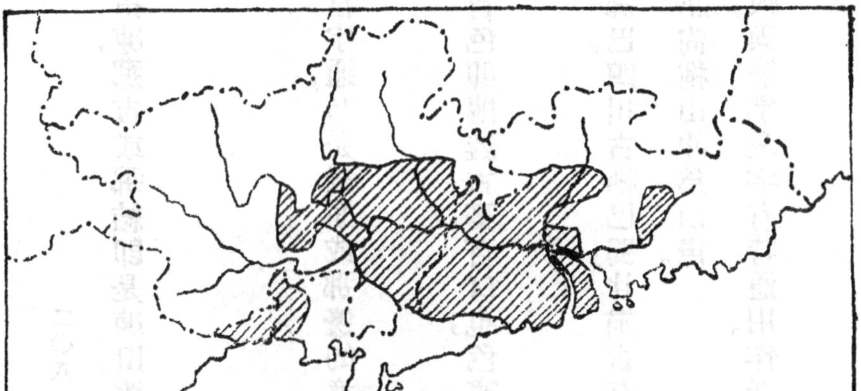

指伏流。夏或荷均指茅草。呑指石，那呑卽石頭田。吉指凍，那吉或那結卽是凍田。達指陡峭地，田陽有那達，高要修仁均有達村。播則指坡。

(10)馱字：或作陀字沱字打字汰字，均指河也。

(11)伏字：音扶黑切 Fuck 與法字扶字福字富字通，乃是對面或那邊的意思。伏陸卽對面山冲，法馱卽對面河。

(12)博字：與百字剝字北字通。武緣縣圖經謂百色卽博澁古寨。百口也，色塞也，地在山脈塞口之內也。桂邊有剝隘，卽隘口。

(13)邑字指石山，或作巴。欽縣有邑來，防城有那巴。四川古稱巴蜀，甘肅古有巴戎；湖北且有巴山，荊南志謂春秋時巴人伐楚遁歸此地。粵人俗語尙稱山冲爲山邑。

(14)叫字：僮語要隘義。上思有叫梧，欽縣有叫吸，與竅字敎字有時通用。作者按卽國語的徼字，古稱徼（音叫）外，卽指隘外。

(15)澟字：指水，或用欖字霖字。在海南島則用湳字。大欖小欖的名稱，兩廣和雲南很多。唐樊綽蠻書則書大覽小覽。惠來有欖表塘，卽水表塘。若以欖字爲欖樹，就解釋不通了。融縣有欖口，也顯然是水口義。西林有百覽墟，就連口字也用㒷音的『百』。

(16)渠字：指塘或池。

(17)根字喇字：或書作歪奀。根指高和上，喇指低和下。

(18)饅頭嶺文頭嶺：三國志諸葛亮平蠻，回至瀘水，風浪橫起，兵不能渡。衆報亮，亮問孟獲。孟獲說，往日瀘〻水神猖獗，國人即用七七四十九顆人頭，並黑牛白羊致祭，自然風平浪靖，境內豐熟。亮說，我今班師，怎可妄殺。遂命行厨用麪塑成人頭，眉目畢具，裏面實以牛羊的肉，稱爲饅頭，以代蠻頭。祭畢，雲收霧捲，風浪果然平息。今兩粵饅頭嶺文頭嶺文頭井等地名不少，讀者不難推想而知他們的意義。

(19)菓字：或作董字，竹木荒林也。

(20)蔭、曉、燕、眼：均音 Yeaam，指荒草。六蔭六曉六燕六眼同一意義。燕塘就是荒草塘的意思。

九　奇異的兩廣

兩廣地名往往不能照字面解釋，不像北方地名嚴家閣羅家埠等，望文可以生義。例如武鳴一帶伏董伏康伏林定黃定江定立等項地名，不知者每以爲是指平定平伏。其實僮音的『伏』乃指『對面』你說有趣不有趣呢？又桂邊有一地名蠻怕，不知者必以爲是指蠻人害怕。但據莫樹風先生解釋，蠻原來等於曼，乃是村的意思，而怕音 Bah 原來是指荒野的平原。

兩廣古代僮人有以鷄鴨爲村名，而子孫竟以雞鴨爲姓氏的。如僮人呼鴨爲畢爲筆，廣西田陽有那畢村，廣東番禺有筆村，曲江也有畢村。黃佐廣東通志『畢取番禺人，以才略事南越王爲郎。』後以軍降漢，封爲膫侯。又廣西邕寧有雞村和定醫村，居民全是姓雞，這也深有趣緻。然而以家畜爲姓，北方何嘗沒有。姓牛有牛僧儒，姓馬有馬融，姓羊有羊祜，他們都是古代的名人呢。

兩廣人民以僮語爲姓氏的，有閉姓利姓蘭姓磨姓等例。土人呼回去爲閉，呼畬地爲利，呼房屋爲蘭，呼水泉爲磨，上文均已論及。又有以樹木名爲姓的，因苦楝樹而以練爲姓即是一例。兩廣的特殊姓氏，正如中原一樣，都有他們的來歷。

兩廣特異地名，有許多就是現在居民的姓氏。今以邕寧一縣爲例，邕寧有賢村其人即姓賢，有大麻村其人即姓麻，有楊利村其人即姓楊姓利，有慕村其人即姓慕，（按僮語慕新也，）有鷄村其人即姓鷄，有六安村其人即姓陸，有大林村其人即姓林，有良仛村和良村其人皆姓良，有那威村其人卽姓韋，有良偉村其人卽姓良姓韋，有上靑中靑下靑其人多姓靑，有淥落村其人卽姓陸，有玉坡村其人卽姓玉，有伏浪村其人卽姓良，有那逸村其人亦姓玉。姓氏來源，斑斑可考。

嶺南非但在地形上是一個自然的區域，而且在地名和人種上也有一貫的性質。試舉一個簡單的例子，把嶺南的西端和中部的地名比對一下。欽縣有那祿，德慶亦有祿村。欽縣有那麗，德慶亦有麗村。欽縣有那蒙，德慶亦有蒙峒。欽縣有那彭，德慶亦有彭村。欽縣有那賓，德慶亦有賓村。欽縣有那畚，德慶亦有畚村。欽縣有那律，德慶亦有律村。欽縣有那沙，德慶亦有沙村。欽縣有那里，德慶亦有里村。欽縣有那舊，德慶亦有都舊。欽縣有瞥眼，德慶亦有瞥屑。欽縣有那康，台山亦有康峒。欽縣有那達，高要亦有達村。防城有那蔞，德慶亦有蔞峒。向都有蓬村，德慶亦有古蓬。靈山有那龍，德慶亦有龍村。靈山有那勝，廣寧亦有勝村。防城有那儒，南海亦有儒村。此等名稱，兩廣均有，並非集中一處。又如賢與員通，邕寧有那員村，邑中有姓賢的人，然而廣東番禺也有員村，乳源也有員峒，大埔也有員阬，陽春也有員湖，恐怕從前都有賢姓的人。

最後關於兩廣地名，還有一點頗覺有趣，卽欽廉桂西一帶喜用那字板字蔓字隴字，而廣肇梧潯等舊府屬則喜用羅字雲字六字。其實那就是羅，板就是雲，隴就是六。以前異譯，顯然表示用羅雲等字的乃第一期的㺜族，而用那板蔓的乃第二期的㺜族罷。

第二十章　僮族地名和東方地名

我們經已證明粵江流域古代的土著是姜漢族當中的牂或僮族。這僮族土著文化，在粵江流域遺下最大痕跡之一，乃奇異的僮音地名。總括起來，粵江流域僮音地名有下列的幾個特點。第一，這些地名不能望文會意，因爲他們含着僮語的意義。第二，這些地名在原始的形式上，多半是兩字的。三字的地名很少。第三，僮人喜用齊頭式的地名。與北方齊尾式的地名不同。（例如張村李村羅家宅潘家宅乃齊尾式六上六雙六良六槐乃齊頭式）第四，僮人喜用倒裝的地名。此點上文已有詳論。第五，僮族地名具有分類密集的現象。例如雲字地名集中於廣東的南部和廣西的東部。羅字地名也集中於同一地方。六字地名集中於廣東的西部南部和廣西的中部東部。思字地名的集中地帶也與六字相同。蒙字地名集中於廣西的中南部分。黎字地名集中於廣東的中部南部並廣西的正東區域。隴字地名集中於廣西的西南。邑字地名也是如此。板字地名集中於廣西的西方。喇字地名也是這樣。弄字渚字百字的地名差不多全在廣西的極西。調字博字潭字的地名則多在廣東的極南。至於良字都字和古字的地名，就除東江和北江的北段以外，粵江流域其他各地都很普遍。

作者覺得這些地名的研究，很有助於粵江民族歷史的了解。希望將來有暇，能把這些地名作成更詳細的比較和論斷。中國的西南各省，包括陝南隴右川康湘鄂滇黔兩粵，原是古代僮族的大本營。這些地方地名的一貫，可以不消說了。閱者試把中國地名大辭典的『古』字和『思』字地名一加統計，便可知道他們是中國西南部一貫的僮名。本章所要說的，只是這些地名和中國東方的地名有何顯著的關係。

一　山東邛地附近的地名

邛與筇是通用的。邛字地名與粵江土著民族甚有關係。邛和筇都是渠容切，音蛩。蜀都賦劉逵注，謂筇竹出興古盤江縣，中實而高節。（興古郡即今貴州省西南部，盤江縣即今貴州盤縣，乃粵江的上游）漢書西南夷傳，說張騫在大夏見蜀布筇竹杖，便是此竹。古西南夷有筇都和笮都。從前四川有邛州，有邛部縣，有邛涑州。雲南有筇川縣。湖北有筑水。貴州有邛水縣和邛水十五洞蠻夷長官司。現在四川的邛崍山，即古代的筇笮山和筇僰山。凡從邛從巩的字，多與古代或現今僮人的區域具有關係。很有趣的一件事，就是古代山東也有以邛字爲名的地方。說文謂邛地在濟陰縣。按邛地即古邛城和邛國，古濟陰即今山東荷澤縣地。我們看見這邛城邛國等字，便天然聯想到西南僮族的地名。

更使我們發生奇趣的，便是濮字地名也發現於山東河北，接近古邛國的地方。自漢以後濮人乃指西南的僮族。現在荷澤縣的北面還有一個濮縣，而濮縣的西鄰還有一個濮陽縣，隸屬於河北省。這些濮字的地方，恐怕古時確是邛國的版圖也未可定。

還要希奇的，就是這邛地附近有許多倒裝的古地名。例如都平縣，漢立侯國，在山東境。都昌縣，春秋齊邑，在今山東昌邑縣西。都關縣，秦置，史記絳侯世家說周勃擊秦軍，追至濮陽下鄄城，攻都關和定陶，即指此地，故城在今山東濮縣東南。又如漢城都縣，在今山東濮縣東南。漢城武縣，乃春秋邛國地。漢城鄉縣，在今河北境。倘若我們承認倒裝地名是西南僮族地方的特點，就不能不相信上列倒裝地名的區域，在遠古時代是與僮族很有關係的了。邛地附近所有古倒裝地名最顯著的一個還是城濮。春秋僖公二十八年，晉侯齊師宋師秦師及楚人戰於城濮。一說這城濮乃今河南陳留縣。一說他乃今日山東濮縣南面的臨濮城。無論如何，城濮必是濮城的倒裝，而陳留和臨濮都在邛地的附近。

這古代東方的邛地和古代東方的濮地，與今日西南的僮人必有特殊的關係。看他們附近的雷澤地名，關係更為明白。水經注謂雷澤在城陽故城西北，乃昔日華胥履大人跡處，其陂乃舜所漁處。史記五帝紀也說舜耕於歷山，而漁於雷澤。按華胥乃伏犧的母親，古雷澤在今山東濮縣東南。一說在山西永濟縣雷首山下，清一統志指後說爲好事者强爲牽合。我們須要記得伏犧和舜帝都是屬於南支的漢族。

況且據古史所載，太昊伏犧氏風姓的後人，在山東和河南境內所立的國家不少。自四川陝西以至河南山東，風姓部族的勢力形成一條帶子。濟陽任城的任國，和高密地方的密國，便是兩個例子。又炎帝神農姜姓後裔國家的分佈，也大略如此。例如齊國呂國汲國等，都是姜姓國家，而位於今日的山東境內。這些風姓和姜姓的國家，每每稱爲夷國，正如後代中原姬漢族稱西南的土著爲夷族一樣。例如伏犧後裔的密國，就是春秋時候的萊夷。神農後裔的焦國，便是春秋時候的焦夷。焦夷居於城父，城父乃倒裝辭初屬於陳，後屬於楚。均見路史

這樣看來，可見遠古時代的山東地方，與今日西南的僮族必有非常密切的關係。當時山東和河北南部的土著，縱然不是僮族，也必定是類於今日僮族的部落。伏羲神農屬於僮漢族十分可信。

二　東方的齊頭地名

上文曾說西南僮族喜用齊頭地名。這種齊頭式的地名，古代東方也多。句字於字烏字餘字雩字便是當中的幾個。現在只列於字句字的幾個地名爲例。

於陵：齊於陵邑，漢時置縣，故城在今山東長山縣西南，即陳仲子夫妻的隱所。

於越：春秋定公十四年於越敗吳於檇李，疏謂於越即是越國，夷言發聲謂之於夷。（可見越即是夷，百粵即是百夷）今浙江省乃古於越地。

於潛：漢置於朁縣，後漢改稱於潛。吳越春秋謂秦徙大越鳥語人置之朁，即此。

於餘丘：周國名，或謂在今山東臨沂縣北。

句曲山：在江蘇句容縣，亦名茅山。

句吳：史記吳泰伯世家說泰伯奔於荊蠻，自號句吳。句乃吳言的發聲。

句容縣：漢置，今在江蘇境。

句章縣：春秋吳時已有句章這名。秦朝方才置縣，故城在今浙江慈谿縣西南。

句無山：在浙江諸暨縣南，一名句乘山。國語的越語說句踐的地南至句無。

句陽縣：漢置，故城在今山東荷澤縣北。荷澤縣乃是古代邛國的地方。

句盧山：在江蘇東海縣西南。

句餘山：在浙江慈谿縣西南。山海經說，「句餘之山，無草木，多金玉。」

句瀆：左傳桓公十二年，公及宋公盟於句瀆之丘，杜注謂句瀆丘即是穀丘。在今山東荷澤縣北。作者按穀乃句讀二字的快讀罷。

句繹：在今山東鄒縣境內，春秋已有此名。

句嬰：古東夷國名。淮南子注謂句嬰讀爲九嬰。

句亶：熊渠長子康封句亶，卽後來所謂江陵。

按春秋時楚有於菟句澨兩地，均在今湖北境。又句字地名古代西南也有像這樣的東方齊頭式地名，與今日西南土著民族的關係也至顯然。大約遠古時代，苗傜族的地名也是雜用齊頭式的。桂省縣志有謂『法』字乃獞語的發聲。在獞語這『法』字（或用『伏』字或用『扶』字）乃『對面』的意思。地名『伏那』乃『對面田』，地名『伏陸』乃『對面山地』。於字之爲越人發聲，和句字之爲吳人發聲，恐怕也是如此的虛字罷了。

作者以爲古代東方地名的『句』字，卽是西南獞族地名的『古』字，亦卽今日粵語『個個人』『個枝筆』的發語『個』字。其中包含有『這個』或『那個』的意思。（獞人地名的古『字』或作『果字』或作『姑』字。）此點可有下列的兩個明證。（1）古時吳稱句吳，而越亦每稱句越，可見必是指事的冠辭。屈氏廣東新語謂，『曰句越者，……句夷俗之發聲也。顏師古云吳與越音聲多同，太伯自號曰句吳，故越亦曰句越也。……句踐名踐，句亦語發聲也。』換言之就是『這個吳』『這個越』和『這個踐』的意思。(2)桂省白袴傜自稱先世來自福建。（說不定就是東甌國東甌國包括福建北部和浙江南部）他們也以『瓜』字Kwah表示『那個』。南丹里湖有一村子，傜名『瓜火』（卽己厚村）瓜指那個，火卽何姓，合言之卽那個何姓的地方。他們又稱南丹城爲『瓜高』。瓜亦『那個，』高乃官字的傜音，瓜高卽那個官家地方的意義。（古代東方姑蔑姑幕姑孰姑胥等姑字難保不是與句字通。）

我們敢說遠古時代黃河以南都是苗傜僮等南支漢族的地方。從古代地名的比較和研究，可以知其大概。這是何等奇趣的一件事。（古時浙閩粵桂滇黔川（例如越嶲郡）安南（例如越裳氏）等地都屬越份通典說自交阯至會稽七八千里百越雜處各有種姓）我們有許多理由，相信『夷』『越』『粵』『益』『彝』是一音異譯，而『蠻』『閩』『蒙』『苗』『毛』『麻』等也是同出一音。

三　古代地名的國語化

可惜遠古東方土著部族的地名，已經大半國語化了。因此所以我們看今日中國東部的地名，只覺得他們是國語地名，而不知道他們本是古代所謂夷蠻的地方，國語化的途徑，最顯著的有下列幾種。(1)完全取消古代地名，而代以國語的名稱。例如通志記周時東夷都邑，說戎都戎城，夷都夷安介都黔陬都在山東境內。然而今日山東却已沒有這些地名了。(2)將不能望文生義的地名使之成爲望文生義。例如須朐乃古風夷地，不能以字面解釋。周時改名須句，漢時改名須昌，梁五代及唐改爲須城，即今山東東平縣治。每改一次，字面上便多一點意義。(3)由倒裝變爲順裝。例如春秋楚城父邑原是夷地，所以倒裝。漢置父城縣，故城在今河南寶豐縣東，現名父城保。父城乃順裝式。(4)由齊頭式變爲齊尾式。例如句吳改爲吳國，句越改爲越國。兩粵板張板莫改爲板張村板莫村或改爲張村莫村古勞古朗成爲古勞墟古朗墟亦是如此。(5)把土著音變爲國語的公名字。例如峺字指兩峒交界山峽間的小嶺，墺字或壆字指江岸的平地，崠字指樹木叢生的山野，這些原是獞音。『峺或作更』『峺秋』『峺羊』『更則』乃是幾個例子現在廣東的大部分和廣西的東南已經分別採用這些字爲地理上的公名辭，如良峒峺和鳳凰墺了。不久的將來，恐怕粵江流域獞語的地名，也會多量的國語化呢。

第二十一章　極有趣味的粵語

這裏所用粵語兩字，乃指兩粵流通的白話。有人說他是兩粵原有的土話，有人說他是最古的北音即周秦音兩說都弄錯了。其實他乃獞音和北方漢語的混合體。其中苗傜語的成分比較的少大抵音素方面出於獞系為多，語調方面則為中原漢語。換一句說，就是用南獞的腔，去發北漢的調。南腔北調的混合體，便是粵語這粵語或兩廣白話，在許多方面確是很有趣的。

一　粵音與自然音最為接近

我們知道原始的人喜歡用語音去形容萬物的聲音，喜歡用字形去描寫萬物的形狀。前面一項

目前嶺南語言分布圖

叫做象聲或繪聲，後面一項叫做象形或繪形。前文曾謂僮語與原始漢音最爲接近。粵語既和僮語有這樣密切的關係，當然與自然音非常密接。例如鴨字音狀鴨之聲，鴉字音狀鴉之聲，粵音實最近似。又如啄字粵音須伸兩唇，其音則象啄木。開字粵音須開口，合字粵音須合口，其音則像風箱之開合。喋喋二字粵音須張口合口，如同游魚喋水，其音則像喋水之聲。是則用音像聲而兼用口像形，更是北音之所遠遠比不上的。單就合字而論，北音並不合口，自非古人造字之意。所以粵音雖不能說起源於古代的北音，而他與廣義原始漢音最爲接近實非虛語。[呷字和合字在粵語也是以音象聲而兼以口象形]

雞聲喔喔（喔字粵音爲 Ook），蹄聲得得（得字粵音爲 Duck），爆竹之聲辟拍（辟拍二字粵音爲 Peck Park），犬鬥之聲吽呀（吽呀二字粵音爲 Ngao Ngah），蟲聲唧唧（粵音 Djick Djick），管絃嘔啞（粵音 Au Ah），閱者試以國音讀這些字而與粵音比較，馬上就會發現粵音正與自然聲音符合，而國音卻與自然音相離霄壤之遠。單就辟拍二字而論，國音乃是 Peh Poh，全世界那裏有這樣的爆竹聲音呢？

商頌奏鼓簡簡，小雅坎坎鼓我，莊子小言詹詹，法書要錄咄咄逼人，抱樸子咆哮者必不勇，蘇軾詩鼻息齁齁，三國志註二犬柴崖不可當，管子東郭有犬嘊嘊，楚辭猛犬狺狺而迎吠，孟子惡用是睍睆者哉，詩唐風肅肅其羽，石林詩話呢喃燕子語梁間，劉基題千雁圖詩喋呷藻行亂蓬蒿，論語朝與下大夫言侃侃如也，與上大夫言誾誾如也，韓愈文口將言而囁嚅，阮籍論噓唏傷氣：上列這許多描寫聲音的辭語，用粵音讀實在與自然音接近得多。並非北音由廣東音變成，更非廣東音全是古北音；雙方面另有一個共同的漢音始祖。在事實上廣東音含有較多原始的自然音。

二　粵音乃歌唱音

兩粵人民多喜歌唱，這雖出於習俗所傳，但與粵語語音很有關係。粵語有下列的幾個特點，很有幫助於歌唱。(1)粵音的音素非常複雜，喉鼻唇齒種種的特殊元音他都具有，所以歌唱時可有較多的變化。(2)四聲陰陽分明，平上去入均有異常清楚的陰陽，所以唱起歌來抑揚頓挫，大有左右逢源之妙。(3)鼻音比較豐富，鼻音有伸長力，接引力，及調和力。所謂餘音繞梁，就是鼻音。有了鼻音的幫助，我們甚至唱畢之後，也可以閉唇閉口而自鼻孔搖拽其聲至半分鐘之久。許多纏綿悱惻縈迴戀慕的聲音，非藉鼻音不能發表。兩粵山歌小調采茶歌，粵謳龍舟歌木魚曲非常之多，兩廣白話很相配的稱爲歌唱的言語。

三　粵語與北方古語及吳越音

粵語是南方僮語和北支漢語的混合體。大約出於僮系土語的，有(1)粵語中特殊音素和特殊發聲的一大部分，(2)粵語中有音無字的許多語辭和(3)遠古時代出於僮源的國語漢音。出於北支漢語的，則爲(1)有國語字體爲憑的音調，和(2)唐代以前的北方古音。

觀此可以粵語當然具有北語的成分。有國語字體爲憑的字音，例如天地河海日月星辰父母子女等許許多多的字，粵音與北音相差無幾，我們可以不論。現在先說粵中所存唐代以前的北方古音。章太炎氏『國故論衡』分古音爲紐音二十一目，有如下表。表中旁註小字乃古音所無的紐音

紐目表

喉音	牙音	舌音	齒音	脣音
見	曉	端知	照精	幫非
谿	匣	透徹	穿清	滂敷
羣	影喻	定澄	牀從	並奉
疑		娘日泥	審心	明微
		來	禪邪	

表中『見』『谿』『羣』『疑』古時國語均是喉音。現在『見』『谿』兩字，粵語還用喉音去讀『羣』『疑』兩字，則喉音仍然用於中山和嶺南其他的局部地方。再則『微』字在粵語用重唇音稱 mee 而不稱 wee。『敷』字在廣西的東南角也是用重唇音稱 pu 而不稱 fu。諸如此類，都與北方古音相合。

又錢大昕考古音，指明古有舌頭音而無舌上音。例如『蟲』字古音讀如『同』，或如『東』，詩經『蘊隆蟲蟲』，釋文謂『蟲徒東反』。『豬』字古音讀如『都』。書經『大野既都』，史記引豬爲都。『追』字古音讀如『堆』。禮記郊特牲『毋追』，釋文謂『追多雷反』。『陳』字古音讀如『田』。陳完奔齊，以國爲氏，史記稱爲田氏。這舌頭音的繁多，也確是今日兩粵白話語音的一個特點。關於這事，我們須知在嶺南的粵語區，古代北音存留最多的地方不是廣州，而是廣州以外的各縣。因爲廣州爲嶺南最大的城市，也是嶺南歷代的政治中心，他的言語隨着時代變遷，在今日已經大量的國語化了。然而廣州以南各縣，和廣西的東南部，（尤其是唐朝容管所轄的地方）舌頭音仍極豐富，在這些地方，『姐』字多讀爲徒野反 dā。『請』字多讀爲同彎反 Tang 或徒影反 Ting。像這樣的舌頭音，多至不能枚舉，甚至讀『陳』爲『田』的，嶺南也有。大約五胡亂華以後，北方多故，語音變化甚劇，嶺南尙能保存多量的北方古音。這豈不是一件很奇趣的事麼？淸初番禺屈大均記廣州語謂廣州稱平人爲佬而稱平人婦爲夫娘現在廣州地方夫娘一語已不通用在廣東南部和廣西東南部還通用着可見廣州市言語的易變

粵語是南方僮語和北支漢語的混合體，當然具有北語的成分，然而很希奇的，就是北方古語有許多字是發生於南方的，現在兩廣還保存着索字和綯字就是一個很好的例子。這兩個字見於詩經。詩七月『霄爾索綯』—箋註謂索綯就是絞索，霄爾索綯乃夜作絞索的意思。索指繩，綯指絞索；索綯顯然是倒裝語。現在北方不用這兩個字，可是兩粵仍然普遍的用着。讀者不要以爲這兩個字見於詩經，便是北方的發明，更不要以爲現時北方不用而南方沿用，便是北方古音存於南方。其實這兩個字是發生於四川古代的僮族的。僮人有音無字，他們只稱繩子爲 Sock，北方漢人最初譯爲筰字。字典說『筰，疾各切，藥韻，筊也，西南夷尋之以渡水。』按這就是西南夷的索橋。華陽國志萬里橋西上曰夷星橋，亦曰筰橋。古代所謂邛都筰都就是這字。因爲出於四川南部，所以索綯二字仍照僮人慣例，沿用倒裝語法。其實霄爾索綯應作『爾霄綯索』或『汝霄絞索』才是。我們看見粵語裏頭的古代北方字，萬不要立刻斷定是由北方傳到嶺南，恐怕他們還是根本發生於南方，或根本發生於僮系語言也未可定。

前文曾謂穹窿快讀為空，窟窿快讀為孔，不蘭快讀為斑。這穹窿確是南方的傜音。穹窿亦由湖南通志證明出於蠻語。萬不要以為傜人蠻人沿用北方古音。其實要反轉來說古代北方採用傜獞的言語才是。

粵語與吳越音也有一種特殊的關係。雙方都屬南音系統。例如粵語呼美好為嫽（粵音盞）。說文謂嫽乃白好。廣東客家語也有此音，而以一切美善的事物為嫽。現在蘇州上海寧波等地仍然沿用這字。又粵語有『噉多』『噉好』這種語法，其實就是吳越地方所謂『吩多』『吩好』。又粵語所謂『嘤佢來』即寧波話所謂『嘔其來』。此外如兩粵有些地方的土白呼『我們』為『儂地』，實則儂乃吳越古音，蛛絲馬跡，尚能尋找。又吳都賦『有抗足以跐之』一語，跐音采，乃以足踐踏的意義。現在吳越和兩廣仍然一同沿用着。至於江講角谷骨冷落旁等許許多多的字，吳越音差不多與兩廣白話的音完全相同。再則黃王兩字的聲音不分，也是吳越語和兩廣白話的通例。最可異的，就是字書謂吳人呼赤子為㹳犽。客家人也以㹳犽二字稱呼赤子，（見黃釗石窟一徵）非但如此，就是全廣東廣西說白話的人，都是這樣稱呼。非但粵語如此，就是傜獞也呼小兒為犽或[illegible]犽。白袴傜僅呼為犽 ngā。獞人則用勦犽二字。自暹羅以至廣西莫不如是。『勒』

指子，『孖』指孩。『勒孖』便是『孩子』的倒裝。這又可稱吳越山越徭人客家人和徭獞人言語並兩廣土白共同質點之一。像這許多的例子，都表示着粵語和吳越語互相接近的程度。

四　粵語與苗徭獞語

粵語當中苗徭的成分比較稀少。陸次雲峒溪纖志謂『苗人掠得漢人，藏之峒內，恐其逃逸，以不靴着之而不鎖，使之終日莫出。』注謂不音墩。可見墩就是鎖困。今粵語謂以鐵練墩人，又指無事困守的人爲笔墩。這墩音實出苗語。這就是粵語裏頭帶有苗語的一個明證。

崽字乃湖南五溪土人之音，見湖南通志。流入了兩粵便成仔字。現廣西紅徭仍呼毫子爲毫仔，果子爲果仔。又儂隊你隊渠儂人儂等語，源出於徭，前文經已述及。明錢塘田汝成著炎徼紀聞，謂當時湖南尚用儂字。現在我隊你隊渠伲等辭，四會仍沿用着。人郁或人儂一語，自新春以至藤容岑各地仍然流通。『儂地』即『我們，』『我們』現在還流行於廣西岑溪全境。至於我地你地佢地的地字乃由徭語的隊字變來，則閱者更可一望而知。

然而兩廣白話當中，除了音素大部分出於獞人外，辭語也很多是出於獞人的。苗徭辭語的雜入，眞不能與獞辭同日而語。桂北獞人呼外公爲播打 Boh Dah，呼外婆爲爺低 Yà Dai。侗人呼外公爲打，呼外婆爲低。貴州榕江仲家（僮之一類）亦呼外婆爲低，外公爲打，桂南同正僮人則呼外公爲拱打，呼外婆爲滅怠。今廣東的南部和西南部並廣西的南部，所有說白話的人，差不多都稱外公爲公爹，稱外婆爲婆爹，（或呼翁爹婆爹或呼公低婆低，）粤語的僮源顯然可見。僮人喜倒裝，爹乃外祖，公爹就是公外祖，婆爹就是婆外祖的意義。

又「這裏」兩字，武鳴僮語呼爲「角垅」goh nai，綏淥僮語呼爲「角健」goh kin。「那裏」二字武鳴綏淥僮語均呼爲「角便」goh bien，「何處」二字，武鳴僮語呼爲「角塞」goh rthah，綏淥僮語呼爲「角該」goh goy。粤語有稱這裏爲個垅，何處爲邊垅的，（四邑和南路。）有稱這裏爲個健的，又普通呼那裏爲個便，這都直接出於僮音。

不特如此，兩粤白話人又喜歡使用「個」字，例如「個個」「個邊」「個件」「個度」「個條」「個朵花」「個個人」「個隻狗」「個張枱」「個枝筆」等，上文曾謂這「個」字實在含着「這」字和「那」字的意義。僮人地名冠首的「古」字就是這個意思。古樟冲就是那樟樹的冲子，古棟冲就是那棟樹的冲子，古朧就是那崩下的地方，古利就是那個嵩地，古鎮古鶴古樓古井古鳳等名稱的意義，均可類推而得。

又學語呼偏險爲𠎀 mun 去聲；呼想爲𢘅 num 上聲；呼忽然間爲塞時間，（桂省南部則兼呼『有些時候』爲塞時；）呼柚子爲卜六或六僕，（僮音本作勒薄，勒乃果字，薄乃柚字，廣西白話訛爲六僕或六卜，本係倒裝，廣州改爲順裝而稱卜六；）呼物件有洞孔爲穿『窿；』呼平地凹處爲𡶴 lum 下，（指𡶴爲 lum 篷頭；）呼房子爲欄，而別爲果欄魚欄菜欄牛欄等類，（僮人呼屋爲蘭或干蘭或麻蘭；）呼稜爲歛，呼羊桃爲五歛子；呼飯菜宿氣爲臭『收』 rthiou。諸如此類，出於僮語的白話句辭千千百百，不能盡舉。

更有許多局部的學音，也顯然出於僮語。例如廣西桂平平南等地呼走酒早子等字均以 th 發聲，（呼早爲 tho 呼子爲 thee）。又如北流以至岑藤等地，呼小孩爲𡚸儂 nā（去聲）nung（上聲）。（桂北僮人呼小孩爲勒𡚸，呼小弟弟爲儂𡚸 nungnā，𡚸卽是小，僮音倒裝，白話把他改爲順裝便成𡚸儂，廣東陽江信宜茂名電白化縣等地則又改𡚸字爲細字，而用『細儂』二字。吳越語的囡字似亦同一語源）。再如廣東四邑和廣東南路並廣西南部的震舌音，一條綫叫一條 rthian；廣東中山以至增城等地的縮舌音，叫鬼怪爲 ga（上聲）gaai（去聲；）這一切都切實證明僮語是學語重要基礎之一。

最有趣的，就是古代四川雲南黔西等地僚僮人的言語，有許多與兩廣的白話相同。且舉一例，後漢書說『蘭干，細布織成文章，如綾錦。』註謂華陽國志說，『蘭干獠言紵也。』你看這蘭干一語，乃漢代華山以南各國的方言，乃指人工織成很幼細很精緻的花邊。然而這一個名辭，也是兩廣地方的通語。觀此可見兩粵士白與古代川滇僮語很有淵源，今日所謂粵語許多是僮辭和僮音的遺跡。

五　粵語的十二聲

有人說粵語共有八聲，即陽平陽上陽去陽入陰平陰上陰去陰入。又有人說粵語共有九聲，即在上列八聲外還有一個中入聲。但照作者考查所得的結果，則粵語有十二聲，列表如下。

(1)鐘(陽平)	(2)種(陽上)	(3)衆(陽去)	(4)竹(陽入)	(11)陽抑
(9)中(中平)			(10)捉(中入)	
(5)蟲(陰平)	(6)重(陰上)	(7)仲(陰去)	(8)軸(陰入)	(12)陰抑

這十二聲的起首八聲，對能說廣東語的人，無須加以解釋，一讀便知道他們彼此相離很遠。

其餘四聲就非略加解釋不可。第(9)聲乃中平聲，這聲不存在於廣州音，而存在於中山台山新會開平恩平舊肇慶府屬的西南部與高雷羅定並廣西梧潯鬱林等舊州府地，就中尤以四邑高雷容藤等處爲最清楚。這中平聲就是這些地方的人說『中國』兩字時『中』字所發的聲音。這聲不像陽平的響亮，但也不像陰平的沉濁，乍然聽來好像近於『種』字，以爲是說『種國』。其實他絕對不是種字的聲音。這些地方的人呼廳長的『廳』字，珍珠的『珍』字等，也往往用中平聲。第(10)個乃中入聲，正廣州語也有這一聲的存在，『捉』字便是一個例子。又如『冇法』的法字說起來近於劏字，『穀種』的穀字說起來近於局字，其實都是介於陽入和陰入之間的中入聲。

再次就是第(11)聲的陽抑，和第(12)聲的陰抑。這兩聲在正廣州語發長極不完全。在廣東高雷地方發長比較完全一些。但是發長最完全的還是廣西桂平、平南、北容、藤、岑等地。以廣州語爲例，豆腐一辭當中的豆字與紅豆粥當中的豆字，呼聲每每截然不同。豆腐的豆是正常的陰去聲，街上叫賣紅豆粥的豆字就純然是陰抑聲了。此外還有魚字銀字蛋字燕字等，都有變爲抑聲的可能。這陰抑和陽抑聲通常用來表示對象的細小，和用來喚起聽者的特別注意。例如大魚的魚字是陰平，細魚的魚字則多用陰抑對高大或長成的黃姓朋友呼為『阿黃』（用陰平聲的黃）對短小或年輕的黃姓朋友則呼為『阿黃』（用陰抑聲的黃字。）不過（甲）正廣州語只在陰聲方面有抑聲，而陽聲方面沒有抑聲。（乙）就是陰聲方面在正廣州語也有許多字是沒有抑聲的，例如蟲字白字等便是。（丙）正廣州語往往對大魚細魚的魚字均用抑聲，失了用聲音表示物件大小的本意。因此，所以我們說正廣州語在抑聲方面發長極不完全。（其實是保留不完全）

在廣西平桂北容岑藤等處就不是這樣，無論那一個字都有抑聲，而且抑聲完全用來表示人或物或事的細小，並使聽者特別注意。在全世界語言中，粵語（尤其是容管語）可算是抑揚聲發育最完備的了。這裏有一很奇異的地點，就是陽平陽上陽去陽入四聲的抑聲是一樣的，陰平陰上陰去陰入四聲的抑聲又同一樣。鐘種衆竹的抑聲完全相同，蟲重仲軸的抑聲完全相類。所以陽抑聲只有一個，陰抑聲也只有一個罷了。

六　粵語的其他特點

你看兩廣白話分陰陽平上去入抑揚等聲都很清楚。有人說西語衍音而漢語衍形，那知道漢語也有這樣繁複而有系統和有科學性的衍音呢。（家父溫如公著有世界人類聲音一覽表也表明兩廣土白的聲音特別衆多）

此外粵語還有一個特點，就是形聲或諧聲字的讀音在粵語比在國語較爲準確。作者隨意從某書的一段錄出下面的十四個諧聲字，即暗江徒他暈港批貴盔魔氣當跪孩。例如港字因巷字而得音港巷二字在粵語是同韻的，在北音就不是了。照樣，暗音二字在粵語同韻，而在國語則否。當尙二字在國語同韻，而在粵語則不然。魔麻二字則在粵語國語都不同韻，只在吳越言語列韻相同。但將十四個字比較起來，還是粵語的準確率最大。這事也値得我們注意。

第二十二章　銅鼓研究

後漢書馬援傳，『援好騎馬，别名馬於交阯，得駱越銅鼓，乃鑄爲馬式，還上之。』關於嶺南銅鼓，這是最古的記載。

廣州記，『俚獠鑄銅爲鼓，唯以高大爲貴，面闊丈餘，初成懸於庭，剋晨置酒，招致同類，來者盈門。豪富子女以金銀爲大釵，執以叩鼓，叩竟留遺主人，名銅鼓釵。其俗尊有鼓者，號爲都老，羣情推服。』（晉書亦有同樣記載。）

隋書地理志『自嶺以南二十餘郡，並鑄銅爲大鼓。』

唐書，『東謝蠻居黔州西三百里，貴人賞有功者以牛馬銅鼓。』

太平廣記，『貞元中，驃國進樂，有玉螺銅鼓。』

宋史，『雍熙元年，黔南言谿峒夷獠疾病，擊銅鼓沙鑼，以祀鬼神。』

滇繫，『僰夷樂有三，銅鐃銅鼓拍板。』

西清古鑑，『此器今世多謂之諸葛鼓，蓋武侯渡瀘後所鑄，然考馬伏波平交阯，亦鑄銅爲鼓，則先諸葛有之矣。』

嶺外代答，『廣西土中銅鼓，耕者屢得之。其制正圓，而平其面，曲其腰，狀若烘籃，又類宣座。面有五蟾，分據其上，蟾皆累蹲，一大一小，相負也。周圍款識，其圓紋爲古錢，其方紋爲織簟，或爲人形，或如琰璧，或尖如浮屠，如玉林，斜如豕牙，如鹿耳，各以其環成章。合其衆紋，大類細畫圓陣之形。工巧微密，可爲玩好。銅鼓大者闊七尺，小者三尺，所在神祠佛寺皆有之，州縣用以爲更點。交阯嘗私買以歸，復埋於山，未知其何義也。』

桂海虞衡志，『銅鼓古蠻人所用，南邊土中時有掘得者。』

一 學者的論斷

以上所列乃史冊上關於銅鼓的記載。作者在兩廣方面曾經目覩各式銅鼓五十以上。這銅鼓確然是一種很有趣的東西。現在先把有名學者的論斷分列於下。

按馬援創鑄銅鼓和孔明創鑄銅鼓之說，研究銅鼓的學者早已指斥他們爲虛妄。日人松崎復在慊堂遺文批評說，『余曰古鑑所說爲懸斷。三國志諸葛本傳，後主建興元年，南中諸郡並皆叛亂。三年春亮率衆南征，五月渡瀘，其秋南中悉平。自春至秋，往還五六千里，平定四郡，日少事殷，孔明雖多才，何暇鑄此多鼓哉？……又後漢書馬援傳，援於交阯得駱越銅鼓，乃鑄爲馬式，馬高三尺五寸，圍四尺四寸。此鎔銅鼓鑄爲馬式，或用銅鼓鑄法鑄爲馬式耳，非鑄銅爲鼓也。且云流傳於百粵羣峒之鼓，皆援所爲，不亦妄哉。』

西人研究銅鼓也有許多很有價值的結果。荷蘭人 J. J. M. de Groot 在這方面頗負盛名。德人 F. Hegel 繼出，研究更爲精博。據他所說，銅鼓的地理分佈包括中國南部東部，安南東京，馬來羣島和老撾盤谷附近等地。同時他又將許多銅鼓彙爲四個型式。

第一形式：這乃基礎形式，大都胴部較高，表面和胴部附有各種花紋輪廓，當中圖有人獸鳥魚植物房屋器具和船隻等，而且表面有田雞或蟾蜍和其他動物。發現地自中國南部，安南東京，以至馬來羣島等處。

第二形式：他的變化比第一形式爲少，圖畫和別的方面頗多省略。他的主要分佈地乃自中國東南部，以至長江江口。

第三形式：現在緬甸和老撾地方的撣族，和暹羅盤谷附近尙使用着，多半放在宮殿和寺院裏，與第二形式頗似，表面有蛙，似由前面兩式脫化而來。

第四形式：胴部較短，表面的蛙也有省略或蛻變，或竟全然沒有。花紋也多漢族的氣氛。沒有人物鳥獸等圖，間有發現中國文字的。分布地乃接壤貴州湖南的廣西北部。苗族至今還有使用着的。（作者按這用銅鼓的苗族仲家實係僮族。）鳥居龍藏證明苗人不用銅鼓

Hegel 又曾舉行化學分析第一形式所含的銅比較其他三種形式爲少，而鉛質則較其他三個形式爲多。第一式的銅有少至百分之六〇．八二的，第四式的銅則有多至百分之八五．四八的。錫質亦以第一式爲最少，第四式爲最多。

Groot 氏則謂『廣東西南部的人，至遲在耶穌紀元初年即已造成銅鼓。除廣東外，經已明白指出的還有廣西貴州和湖南各省。我們在中國書籍中，未嘗見有一字，可使我們斷定銅鼓是由別處搬運來的。』

最後則貴縣志載梁岵廬所撰銅鼓淵源，大意指以前各說皆非，惟宋馬端臨文獻通考謂出於南蠻，天竺國最爲近似。鼓上『有作卍紋者，卍爲梵文，見諸佛經。韋爾斯世界史綱謂此乃吉羊之徵，盛行於印度，爲日石文化。而緬甸諸民族且有銅鼓族之稱。其作連錢諸紋者，蓋爲漢人倣鑄。鼓中受擊處其狀如日，針芒輻射，綜其取義，乃崇陽精，與彼卍紋同爲印度古習。後且施諸軍旅與

祀神矣。』（松按華嚴經義說『卍本非字周長壽二年權製此文著於天樞音之爲萬謂吉祥萬德之所集也』。）

兩粵所發現這許多銅鼓到底何時創鑄，頗難斷定。按中國內地與駱越交通，並非始於馬伏波時。爲何以前並無關於銅鼓的記載，這事頗堪研究。又屈大均說『三代銅器用陰識，其字凹。秦漢用陽識，其字凸。陽識易成，陰識難鑄。銅鼓必漢物無疑。』根據上述兩點，嶺南銅鼓大約是秦漢之間所創造的。

二 中國銅鼓乃僮族先用

這些銅鼓又必出於嶺南僮族。(1)伏波往駱越必先經過嶺南內地，但在內地不見銅鼓，到了雒越然後遇見，必爲駱越僮人之所先用無疑。後來自駱越傳入較爲東北的地帶，這就是廣州記和晉書所記廣州俚獠所鑄的銅鼓。再後則黔南溪峒和黔北的東謝部落都有銅鼓的使用。這些都是僮族。鳥居龍藏謂今日貴州惟狆家用銅鼓，其他苗族則否。傳佈既廣，徭人也有用銅鼓的。湖南通志謂溪蠻愛銅鼓，甚於金玉。他們摹取鼓紋，以臘刻板印布，放入靛缸漬染，叫點臘幔。今日廣西北部的白袴徭喜愛銅鼓，也和湖南溪蠻一樣。他們的衣服也摹取銅鼓的種種花紋。所以我們在中國所發現這些銅鼓，必係駱越和兩廣的僮人首先使用。苗徭使用銅鼓必係倣效僮俗。

三　銅鼓不是創自天竺

作者以爲銅鼓本身必非創自天竺。他所用花紋的一部分或自天竺而來。甚或鼓的形式或係脫胎於天竺古代某種較小的樂器。但以銅作成這樣巨大的鼓，則必是駱越或扶南之所創造。我作這論斷的理由有下列各種。

（1）印度沒有像安南緬甸兩廣這樣發現古代銅鼓。我們甚難發生或保持銅鼓創於印度的印象。古籍或謂銅鼓出於南蠻天竺國，實則這南蠻天竺國乃指雲南西部和南部。雲南備徵志載雲南紀遊說大理卽古時天竺妙香國，近代史家按卽梵書的乾陀羅。又古白國亦曾屬天竺。

（2）通志樂略謂『銅鈸亦謂之銅盤，出於西戎及南蠻。其圓數寸，隱起如浮漚，貫之以韋，相擊以和樂也。南蠻國大者圓數尺。……銅鼓鑄銅爲之，虛其一面，覆而擊其上。南夷扶南天竺類皆如此。嶺南豪家所具，大者廣丈餘。』唐六典注謂世本說『巫咸作鼓，銅鼓乃南中所制。』又沙鑼一物亦出嶺南溪峒。嶺南古代所出銅製樂器如是其多，似銅鼓亦爲南中所創。

（3）鑄造銅鼓必需大量銅錫。晉孝武曾禁錢流入廣州溪峒，可是嶺南製造銅鼓如故。宋范成大桂海虞衡志說『銅邕州右江州峒所出，掘地數尺卽有鑛，故蠻人好用銅器。』按廣西天保產銅頗富，鬱林亦有銅鑛。廣東陽江亦產黃銅。雲南則爲世界有名的產銅區域，在中國且居銅產的第一位。（會澤祿勸兩處尤爲著名。）廣西賀縣的錫和武宣的鉛，都很豐盛；雲南（尤其是箇舊）產錫則爲全國第一。至於印度支那，除安南有相當的銅鑛外，暹羅產錫頗富。但印度境內，尤其是接近東方的恆河流域，就絕對不是有名的銅錫產區了。因此所以印度古代傳下來的銅器十分稀少，簡直不能與中國古代傳下的鐘鼎彝器相提並論。東南亞洲最富的銅錫區域，古時都在僮人手裏，說他們是銅鼓的創造者，實在最爲合理。

（4）又就使用銅器的習慣而論，史記索隱引廣州記，謂交阯的駱侯駱將都有銅印靑綬。粵嶠志謂古南粵蠻峒善製銅弩銅箭。安陽王使用神弩，趙佗亦不能勝。宋范成大說廣西右江蠻人喜用銅器。按今廣西永淳所製銅盤銅器，仍極有名。楊文瑛暹羅雜記且說『暹羅喜用銅器，舊時家中用器，幾乎無物不銅。』又古銅柱銅鈸之類，安南兩粵亦有發現。可見安南暹羅兩廣乃是世界上向來有名喜用銅器的地方，而且他們喜用銅器還在漢書記載銅鼓之前。作者深信銅鼓必是這些地方所創製的。

（5）前文屢次提及 ng 鼻音的發聲和結語，很希奇的一件事，就是東南至南洋羣島，西南至緬甸，西界東北至長江口，乃 ng 音最豐富的區域，而在安南暹羅兩廣此音尤爲豐富。（參看

第六章和第七章）可是這一區域適爲Hegel所舉銅鼓分佈之地。這事一方面證明銅鼓與ng鼻音民族有密切關係，一方面表示銅鼓似乎確係初見於駱越扶南和兩廣。

（6）雷雨編述廣西西隆縣苗冲紀聞，列有當地偏苗的洪水橫流歌說『列丁底奪遠』，（洪水橫流）『伏羲姐妹地八那他掌』（伏羲姐妹造人種。）『土老摩地八那他掌』（人種造了就在鼓裏頭。）『土老地八那他冬』（苦是打脫這個鼓。）『丁當甫啫蒙界他多掌』（沿大水淹遍滿天下絕人種。）『丁當前世之麻甘宗』，（世界不得了。）『苦以岩』，（完畢了。）『喲噫嘍』，（喲噫嘍。）歌中呼『鼓』爲『土老』，實在是一件很奇趣而又饒有意義的事。爲甚麼呢？因爲土老原來是南方僮族的別名。倘若鼓等於土老，土老等於僮人，則僮族顯然等於鼓族。而創造銅鼓的，自然是雒越西甌扶南等廣義的僮族人民。

（7）交阯自古卽爲中國揆景之地。堯命羲叔宅南交，卽爲觀察日景而有此舉。唐時也曾在交阯之南測景。所以路史說，『開元揆天下景，林邑曬愛所至悉謬，獨交州之晷分寸不訛。』揆景就是探測天度和時差。古人以十二爲天的成數。春秋內事說，『天有十二分，以日月之所躔也。』西陽雜俎說，『玉格云，天圓十二綱。』因此，所以日經南北回歸一次有十二月。有了十二月，所以音樂上有十二律，十二之數即爲音律之始，蔡邕月令章句說『上古聖人鑄金作鐘以主十二月之聲。』觀此則爲何銅鼓創製於交阯，和爲何鼓面正中有一太陽，並爲何太陽有十二光線，而鼓面復多分爲十二圓圈，可以恍然自悟了。原來交阯是揆景測日的地方，即新名辭所謂國立觀象臺。銅鼓表面的日形就是當時觀象器具繪形之一。後來參以別種花紋，或參以干支之義，範銅造而爲鼓，便成史冊上所謂雒越銅鼓。

所以作者以爲銅鼓乃秦漢之交，交阯駱越僮人所創製的。

四 銅鼓的用處

現時緬甸暹羅廣西貴州仍有使用銅鼓的民族。目前的用處，各地不同，約有下列數項。(1)用於殿堂寺院（暹羅緬甸）。(2)用於年節（狆家）。(3)用於喪事（白褲徭父母死則打鼓三日至十二日親友抬鼓到來打擊，更加表示光寵）。(4)祀雷神，（海南）。(5)號召羣衆，（各地）。(6)其他迷信，（例如廣西南丹唐謝某家獨子溺死塘中，不得屍，他父親便投一銅鼓於塘中，而用坭塡塞這塘）。

這些銅鼓，古時有甚麼用呢？當時用處大概正如今日一樣的複雜。有些地方用以表示權勢。

家有銅鼓，便稱都老。有些地方用以施放警號。所謂擊鼓山嶺，羣蠻畢集。有些地方用於祭祀。有些地方用於娛樂。有些地方用於軍旅。有些地方用來驅逐猛獸。有些地方用來鎮壓邪魔。有些地方用來煮物。惟照作者觀察，最原始的兩個用處，恐怕乃是（1）祈雨鎮雷和（2）領導村峒羣衆。

雷州英榜山有雷神廟，神有十二軀，相傳雷應十二方位。這與銅鼓表面中心所列十二芒的太陽，和銅鼓原始形式的十二圓圈意義相合。論衡說『畫圖之工，圖雷神之狀，晶晶如連鼓形。又圖一人，若力士，謂之雷公，使之左手引連鼓，右手椎之。世人莫不謂然。』今銅鼓面上實多繪有連鼓形象◎◎◎。蛙鳴像鼓，而且蛙鳴便有霖雨。銅鼓面上有蛙，也有深意存於其中。鼓上有回文，或稱雷文。通志六書『回古雷字，回象雷形，借爲回旋之回。』雷古文作◎，這又表明銅鼓表面的回文與雷雨頗多關係。古人說雷神口像鳥喙，身像雞形，大概很古已有此種傳說。今銅鼓表面確多鳥喙形像。又安南暹羅兩廣等地，水氣蒸鬱，雷電甚厲。綜觀上述各點，則用以祈雨鎮雷，或乃古時雒越僮人造鼓本意，也未可定。（南丹縣城有僮人所拜的銅製雷神偶像，他的面部與銅鼓上的鳥頭形十分類似）

至於領導村峒羣衆，則有戰時平時兩種作用。遇有被人侵襲的危險，銅鼓聲音洪遠，確是最佳的警號。至於平時，則擊鼓可以指導衆人工作。吾友蒙增英君說，父老相傳，古時僮人鋤地或插秧或收割，每有一人打鼓，而滿坡滿峒的人依着他的節奏，一面歌唱，一面做工。作者覺得此點殊近情理。因爲屈大均廣東新語記潮州輋歌，也說「農者每春時，婦子以數十計，往田插秧。一老撾大鼓，鼓聲一通，羣歌競作，彌日不絕。」作者在桂平親往視察銅鼓出土之處，覺得這些地點都在坡頂或半山之間，全村全峒可以看見，用來號召或指導羣衆實非放在此等地方不可。

除此以外，根據洪水橫流歌，則銅鼓或爲逃難的舟形。而花紋的某部分，或爲逃難的紀念亦未可定。然而無論如何，銅鼓的形式和花紋等，必是一個很複雜的集合。恐怕有一部分的花紋還是來自印度的呢。鼓上不用漢字，因爲當時沒有加以漢字的必要。

五　銅鼓地名和銅鼓出土

兩粵銅鼓地名不少（湖南貴州也有）。博白有銅鼓潭，廉州有銅鼓塘，欽州有銅鼓村，靈山有銅鼓嶺，容縣有銅鼓村，潯州有銅鼓灘，昭平有銅鼓墟，平南有銅鼓村，曲江有銅鼓嶺，文昌有銅鼓山。這些地名都是因爲發現古代銅鼓而得。

爲甚麼這些銅鼓要埋在地下呢？近代埋在地下的，或者出於迷信。但是古代埋在地下，就必定因爲急於走難，不想銅鼓爲人所得。怎樣可以知道呢？因爲宋以前的書籍只載俚僚製鼓，而沒有記載銅鼓出土的。可見埋鼓必定以唐朝爲起始。爲甚麼唐朝才有埋鼓之風?原來兩晉南朝傜人結隊逃到嶺南。唐朝侵入廣東西南部和廣西東南部的更衆。於是一方面傜僮發生衝突，一方面北方漢人也愈來愈多，所以旅進旅退，銅鼓也大批的入土了。近代出土銅鼓以地理上傜僮的消長線爲最多。嶺南的極東較少，嶺南的極西亦較少。這也很値得我們注意。

銅鼓研究是一個很有趣的題目，希望將來有人加以更精細的考察。

第二十三章　桂平都合文化探討

兩廣土著的僮人，到底在嶺南居住已有多少年代，這是一個還待研究的問題。最低限度，在夏商時代，兩廣地面已有不少的僮人，散居於粤江各大支流的沿岸了。

這些僮人古代居留兩粤，以何處爲最密集的地方，並在何處起首發生比較高尚的文化，我們現在還不能斷定。我們現在所敢斷定的，只有下列兩點。(1)兩粤僮族文化，因爲受着瘴癘的阻礙，發長比黃河流域長江流域並富良江流域湄公河流域較遲。(2)兩粤僮族土著的文化，缺乏像蜀山文化中原文化越裳文化的獨立性。他受着蜀山荆楚吳越越裳（越裳二字用以代表印度支那古代文化）四大文化的包圍，所以受他們的影響不少。就中當然以蜀山文化爲他的正源。但因他是蜀山部族（僮獠族）碩果僅存的嫡裔，（雲南的南詔文化和印度支那的暹羅文化在事實上也是蜀山部族的嫡裔但一個已經消佚而一個已爲外國了。）而又包含有幾個文化的質素，所以在研究上的價値不少。

在未有大規模的研究組織之前，我們只能够先做一種最普通的和比較零碎的探討工夫。其實本書也可以稱爲兩粤古代文化研究的發凡或導緒，爲的是要鼓動更多的人去對兩粤古代文化作成更精微的研究。本章提出一個都合文化探討，不過是拋磚引玉罷了。

都合這個地方，是在廣西的桂平縣。（與洪秀全起義的金田同屬一個縣份。）離桂平縣城約一百一十華里。由桂平縣城渡江向南行，到麻峒約八十里。由麻峒到都合約二十八里。從附近數十里內許多村落的僮義名稱，（例如羅播羅秀思培思敬智靈等，）可知當地古代是比較密集的一個僮人住域。都合適在當中。我們用都合二字去代表這一個區域，只為便利而已。

這都合地方古代必有一個相當燦爛的僮族文化。說不定都合村就是這古文化區域的小京城。（大抵都字地名多是古代酋豪所駐的地點。）在這裏有兩種遺跡大量的發現，一種就是銅鼓，一種就是石刻。近來附近各村連續發現銅鼓，已有五六次之多。而且所得銅鼓多是屬於大型。作者在梁峒所見的一座，上有蟾蜍六個，胴旁有大紐四，小紐二，鼓面直徑五十六英吋，身高二十八吋半，形狀非常宏偉。關於銅鼓，我們已在上面一章詳為論述，現在撇下不講。下面只論及各種石刻。

這裏的石刻可分三類：

（一）陽文石刻：據都合村父老說，都合南面山背土名石狗頭地方，上有大石一座，刻有陽文字體多行，大如兩掌，其字無人認識。可惜因爲開路，這些字已經被人鏟鑿去了。

（二）陰文石刻：陰文石刻在都合附近不止一處，以前絕對無人注意。作者到梁峒考察銅鼓出土地點和出土情形，偶然聽見牧童樵子傳說都合村附近有這種莫名其妙的石刻。因特步行二十里至都合村，覓得嚮導一人，再於烈日下入窮谷，涉深澗，登峻嶺，攀援於荒林峭壁間十餘里，才到一個地方名叫燈心坤的。其地並無人烟，並無房舍，兩面都是荒山。在離山麓數百呎的山腰間，果然發見刻紋於一座巨石之上。

作者詳細考察二小時之久，斷定這是人工石刻。因爲（1）在此石上面百餘呎還有許多大石，又隔離一個坤子也有大石不少，但均沒有刻紋。（2）此石除頂面外，旁邊顯露的共有三面，但只在向外一面有這樣的刻畫。（3）所刻點畫深自半吋至二吋，均係起止分明，絕對不是風雨日光所生的變化。（4）有整齊的交叉形和直角形。（5）此石質地甚堅，非藉人工不能作成此種現象。（6）石高十六七英呎，若非有意的人工制作，刻紋必不會發現於這樣高的地方。先將石形和刻文形狀列後。

這石刻作於何時和有何意義，一時尚難解答。惟刻造時必已使用鐵器。史謂蚩尤以金（指

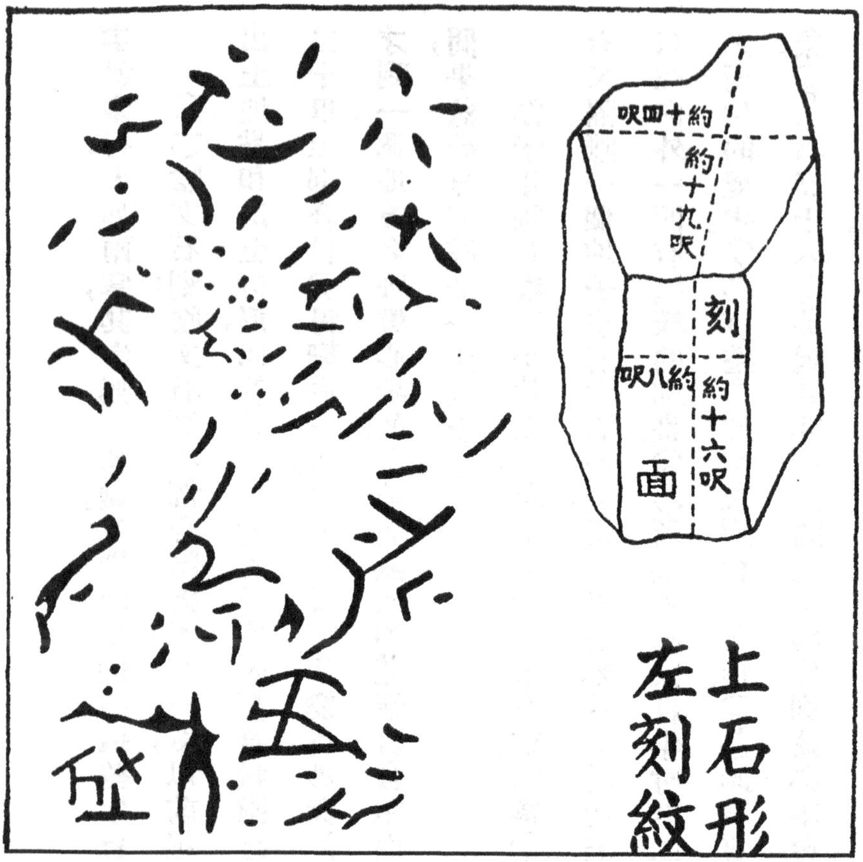

上石形
左刻紋

銅鐵之類）爲兵（指兵器，）似乎南中國使用鐵器頗早。同時陰刻易於陽刻，而與銅鼓畫紋相較則此種刻紋尤爲幼穉。他爲都合石刻當中最古的一種，似無疑義。他至遲也必作於銅鼓出世之前，即最遲亦在秦朝時代。大約指他爲周時的制作最爲妥當。但爲甚麼作於這樣荒涼偏僻的一個山谷裏面呢？作者現時不敢加以揣測。他不是文字，（其時孌文課彌文尚未造成，）倘若不是甚麼紀念品，就似乎是原始社會符籙的一種。

㈢鼓紋石刻：據都合村父老說，東北面石山的巖壁上還有銅鼓紋石刻一種，把銅鼓的某種花紋刻在石上。可惜因爲距離較遠，未獲前往一看，引爲憾事。

作者姑把這一個小區域的古文化稱爲都合文化。他縱然不是兩廣地面唯一最古的僮族文化，也必是這些古代僮族文化中心之一。當時這裏的僮族無疑的是烏滸人。史書記載古時蒼梧合浦鬱林三郡乃烏滸人的大本營。桂平一縣適爲這三郡的交界地點，鬱江黔江的會合在這裏，勾漏都陽瑤山三大山脈的接近點也在境內。而且這裏膏腴廣大的河谷盆地不少，很適宜於原始文化的孕育。其地又有奇秀的白石山（道書三十六洞天之一），對於文化的感發也有關係。在嶺南古代史地研究上，這都合文化實在値得我們注意。

第二十四章　古西南夷

漢唐西南夷領域，包括四川雲南貴州三省，和廣西極西，並湖北湖南西康的一部分。有靡君、東謝、西趙、夷子、守宮、獠牂柯、且蘭、兗州、夜郎、板楯、筰都、邛都、東爨、西爨、古滇、僰人、哀牢、南詔、大理等許許多多的名稱。這些部族在表面看來，好象非常複雜，其實都是廣義僮族。

古人每稱這些部族為羌夷。宋史說『瀘州西南徼外，古羌夷之地，漢以來王侯國以百數，獨夜郎、邛都、雋、唐、昆明、徙、筰都、冉駹、白馬氐為最大。……自黔、恭以西，至涪、瀘、嘉、敍，自階又折而東，至威、茂、黎、雅，被邊十餘郡，綿亙數千里，剛夷惡獠，殆千萬計。……若夫邊荊楚，交廣，則係之溪峒云。』

路史所說更為正確。照路史的論斷，則這些部落連同南越荊楚，都是羋分。『濮羅越賓滇滇鷹麋羋蠻皆羋分也。』『越狗羋姓，是為南越。越裳、駱越、（梁闞駰纂十三州志清張澍按謂駱音架似不足憑）甌越、甌隍、甌人、且甌、供人、海陽、目深、扶摧、禽人、蒼梧、蠻揚、揚越、桂國、西甌、捐子、產里、海葵、九菌、稽余、僕句、比帶、區吳，所謂百越也。』可見春秋之前，今日四川雲南康東貴州湖北湖南廣東廣西和印度支那等地，均是羋姓，也均是越地。

芈毋婢切，音麋，乃是羊的鳴聲，由芈字變化而來。芈即羊的古字，與羌字同屬一類。說文，羌從羊從人，指牧羊人。羌與姜通，姜乃牧羊女子。可知姜姓就是羌姓，就是芈姓。南方姜羊陽楊養等姓古時很多，羊角哀養繇基等均是楚人。神農蚩尤且皆姓姜。兩廣王姜旺姜楊村羊村陽田羊田等地名，所在皆有，確有很深的意義。西南數省古時同屬一個部屬血統，可以確定。

一　西南古部族考證

(1)獠：通典謂僚乃板楯蠻的別種，往代出自益梁之間。自陝南的漢中向西南直達四川的西南角，山谷當中所在皆有，這就是歷史上所謂北獠。獠僮同族，無須引證，因爲僮人亦名土獠或土佬。

（2）廩君種：通典謂初巴氏樊氏瞫氏相氏鄭氏五姓，出於武落鍾離山，（卽今湖北西南角長陽縣西。）巴氏子與四姓子乘土船下夷水，相約能浮者爲君。餘皆沉下，獨巴氏子務相能浮，是爲廩君。作者以前讀史，覺得能浮便稱廩君，未知何義。近年知道僮人呼水爲廩，以前疑問，渙然冰釋。至於僮人稱石山爲巴，上文亦說及了。

（3）牂柯：通典，牂柯渠帥謝姓，舊臣中國。隋末大亂，遂絕。唐貞觀中，遣使修職貢，列其地爲牂州。卽舊黔中道的南部和鎭遠道的西南部。照文獻通考所記，他的風俗物產和東謝同。（漢牂柯郡跨有滇黔桂三省的地方）牂之爲僮，不消再說。

（4）東謝：通典，東謝在黔州西三百里，南接守宮獠，西連夷子，北至板楯蠻境。雖以牛耕，只有畬田。遇着有功勞的貴人賞以牛馬銅鼓。讌聚時便擊鼓並吹大角，歌舞爲樂。男女全都椎髻。貞觀三年入朝，以其地爲應州。其區域包括今貴州東北角的一個小地段。既然他南連守宮獠，北連板楯蠻，東連廩君種，西連夷子，四面都爲僮族包圍，所以他的本身必係僮族。而且使用銅鼓更顯明

他們是僮種與牂柯同屬一類

（5）西趙：舊唐書謂西趙在東謝的南方，東界夷子，西到昆明，南至西洱河，風俗物產和東謝。同貞觀三年遣使入朝，二十年以其地置明州。風俗既同東謝，當然均係僮族。

（6）兗州：文獻通考謂乃牂柯別部，與牂柯為鄰。

（7）夜郎國：通典謂夜郎國在蜀郡徼外，東接交阯，西鄰滇國，近牂柯江。漢武帝時唐蒙上書，說夜郎有精兵十萬，（可見不是野蠻的人）可由牂柯江出制南粵。漢帝遂遣唐蒙往諭夜郎侯歸順，以其地為犍為郡。後來且蘭君與其衆反，漢發巴蜀軍破之，立牂柯郡。夜郎侯遂畏懼而入朝，受封為夜郎王。舊唐書謂漢桓帝時，犍為人尹珍從汝南許慎應奉研究經學圖緯，學成之後，還鄉教授，於是南域才有學塾。按夜郎地即今貴州西境，且蘭地即今貴州平越縣。張騫在大夏，見蜀布和蜀邛竹杖，知印度早與蜀通。夜郎便是印度西蜀交通必經之境，許多西方的神話和西方的文化，有由印度間接傳到雲南貴州和西蜀的可能。（苗徭洪水故事與基督教聖經所記有類似點恐亦外來）

水經注謂鬱人乃夜郎豚水，漢武帝時，有一女子浣於水濱，有三節大竹流入女子足間，推之不去，聞其中有聲，拿回破開，得一男兒。長大了遂雄夷濮，以竹為姓。後唐蒙闢牂柯，斬竹王首，夷獠都極怨恨。以竹王不是血氣所生，求立為祠。漢帝遂封三子為侯，死後配享父廟，就是如今的竹三郎祠。從『遂雄夷濮』和『夷獠咸怨』等語，可見夜郎土著乃是夷濮獠獞之類，實即今之狼人。

（8）賨人華陽國志謂根據長老傳說，宕渠乃古時賨國境地。又按賨城在今四川渠縣東北。

賨人屬板楯獞。

（9）板楯蠻：通典謂秦昭襄王時，有白虎出現於西蜀巴漢。昭襄王募能殺虎的，賞邑萬家。後有巴郡閬中夷人廖仲等殺了白虎，秦王見他乃是夷人，不欲加封，遂與訂約而厚待之。漢高帝時，板楯出兵助漢伐秦，事定許其渠帥七姓不輸賦稅，餘戶則歲入口錢四十。巴人呼賦為賨，所以稱為賨人，即世人所謂板楯蠻族。板楯人喜居水濱（與苗傜族不同），屢助國家攘外安內。後周時板楯作亂，武帝令陸騰討之，殺戮無算。自此僚蜑南徙的，必定很衆。上文說北僚乃板楯的別種。又今日獞人呼墟市為閬，呼踏歌聚會為放浪或會閬，而板楯境即有閬中。可見板楯實係廣義的獞族。

（10）南平：文獻通考，南平蠻東距智州，南屬渝州，西接南州，北連涪州，人皆樓居，用梯上落，名叫干欄。在他南面的有烏蠻昆明哥蠻大小播州等數十部族。其王姓朱。又有甯氏，世為渠帥。陳末嶺南有名的首領甯猛力即出南平其地乃今川黔交界長江烏江綦江芙蓉江圍繞着的一個廣大地域。僮人呼屋爲干欄南平顯然是僮人部落之一。

(11)冉駹：通典謂冉駹土著，隨畜遷徙地在四川西北。漢元鼎六年曾在其地立汶山郡。汶山郡境有六夷七羌九氐，各有部落。冉駹屬於夷類與氐羌雜處，乃當時最北的廣義僮人。

(12)邛都：通典謂漢時自滇以北，君長十數，邛都最大其地俗多遊蕩善謳歌大略與牂柯同。邛都後置越嶲郡，即今西康西昌縣。今日西昌和附近的夷人，原與僮族甚有淵源。

(13)筰都：漢時自越嶲東北君長十數，徙（地名）筰都最大風俗出產與邛都相類。

(14)雲南：總論雲南地方在戰國時有莊蹻前往開闢。漢武帝郡縣其地。武侯南征，勢力且達怒江。（僚僮人非常敬畏孔明蠻書謂永昌城西有諸葛武侯城中有神廟土俗咸共敬畏禱祝不厭夷人騎馬遙望見廟卽下馬趨走•）兩晉和南朝時，大軍亦常至滇。唐代川兵更多。鮮于仲通率兵百萬入滇，敗時僅以身免。李謐南征，死者亦二十萬。終唐宋之世，南詔大理握着當地政柄。元世祖南征，才一鼓而盪平之。明初曾徙江南大姓實邊。明末永歷帝入滇，清初吳三桂開府雲南，中原人士南移更盛。按雲南在漢乃益州地。漢牂柯有平益縣，亦稱平夷縣，可見古時夷益二字相通。依此類推，益州當然就是夷州，夷人原是僮類。何況雲南在西漢時曾隸牂柯。

衆。

(15)滇，通典：漢時滇在夜郎之西。楚頃襄王曾遣將軍莊蹻入滇。秦興，道路梗塞，莊蹻遂以其衆王滇。後漢劉尙率兵平之。蜀漢時孟獲爲當地夷漢所共服，據其地反，武侯七擒七縱，遂不復叛。武侯又封其渠帥龍祐那爲部長，賜姓張氏。唐武德貞觀間，張氏弱，遜位蒙氏，遂爲南詔所併。通典註謂昆明乃諸爨所居，滇族當然是諸爨族。爨族原係僮類。

(16)哀牢：通典謂哀牢後漢時與中國通。其先有婦人名沙壹，居於牢山。嘗捕魚水中，觸沉木，若有所感，因懷孕而生一子。後沉木復化爲龍，出水舐男孩背。當地土語呼背爲九，呼坐爲龍，因名這孩爲九龍。漢光武時請內屬，置永昌郡。其國西通大秦，(大秦即羅馬，)南通交阯，奇珍進貢，歲時不厥。武侯南征，收其勁卒，威服其地。後漢書謂其女子善織蘭干，蘭干就是小花布。永昌乃今雲南的保昌縣，哀牢轄境乃瀾滄江怒江當中的狹谷。漢時旣與大秦交阯印度相通，而且養有勁卒，必有燦然可觀的文化。蘭干乃僮語，其人必是僚僮。

(17)僰人：禮王制，屛之遠方西曰僰。田汝成炎徼紀聞說，僰人在漢時叫做擺夷，居犍爲郡，在唐爲于矢部，乃南詔的東鄙。今雲南四川貴州均有擺夷。擺和僰乃是一音異譯。漢置僰道縣，北周改爲外江，宋復改爲宜賓。有人說僰乃濮的轉音。有人說僰乃雲南古代的白國。又有人說僰乃西爨白蠻之類，但桂僮亦名顯濮，指僰爲濮，最爲概括妥當。

滇南雜志謂景邁即八百大甸，其民皆是僰夷。世傳他的酋長有妻八百，各領一寨，所以亦叫八百媳婦。俗好佛，有敵人來侵，舉兵擒得讎主便罷，不喜殺戮，所以稱慈悲國。地理風俗紀亦謂僰人於夷中爲最仁，佛教濡染之功很大。作者按景邁在今暹羅北部，居民確係僚僮。今雲南普洱道舊境以擺夷爲最多，呼吃爲金，與廣西的僮音相類似。

(18)東爨西爨：文獻通考謂自曲靖州西南昆州曲軛晉寧喻獻安寧至龍和城，謂之西爨白蠻。自彌鹿升麻二川，南至步頭，謂之東爨烏蠻。隋開皇初遣使朝貢，置恭州協州昆州。後諸爨內亂，閣羅鳳以兵脅西爨，徙戶二十餘萬於永昌城，東爨以言語不通，各散依林谷，得免遷徙，再後烏蠻復振，徙居西爨故地。漢時兩廣的烏滸人也是爨的同類。唐之盧鹿即元之猓玀亦東爨種新唐書卷二二二下列於烏蠻內

(19)六詔：六詔乃(甲)蒙舍詔即南詔、(乙)蒙嶲詔、(丙)越析詔、(丁)浪穹詔、(戊)邆賧詔、(己)施浪詔。新唐書謂南詔本烏蠻別種，姓蒙氏，蠻人呼王爲詔，自言哀牢之後，世居蒙舍州，爲渠帥，在漢永昌故郡的東方。初時渠帥有六，自號六詔，各有君長，兵力相等。蜀漢時爲諸葛亮所征服。開元初皮邏閣立，二十六年詔封爲越國公，賜名歸義。再後因爲有破洱河蠻的功勞，冊立爲雲南

王。後來又奏請六詔合而爲一。歸義既然併吞五詔，又破吐蕃，日益驕大。他的兒子閣羅鳳卽位後，北臣吐蕃，吐蕃封他爲贊普鍾，（蠻稱弟爲鍾，）差不多完全脫離唐室的管理。閣羅鳳卒，孫異牟尋立，以漢人鄭回爲清平官，（卽宰相。）回勸其款附中國，遂三路發使，獻黃金丹砂，復歸於唐。且乘吐蕃與迴鶻交戰，南詔出兵大破吐蕃於神川。續文獻通考謂蒙氏衰後，有鄭氏趙氏楊氏相繼篡奪，楊氏且改國號爲大義。段氏又出而篡奪，改國號爲大理。宋太祖平蜀棄滇，雲南遂三百年不通中國。元世祖忽必烈滅段氏而有其地，直至今日，列爲中國的一省。

按蒙舍在今雲南蒙化縣；施浪在今大理北面的洱源縣；浪穹也在洱源縣境；越析卽麼些，在今麗江縣地；澄賧在今鄧川縣內；蒙嶲則在今大理西面的雲龍縣南。六詔既是烏蠻別種，當屬僮類。蠻書所記六詔語音，與今日桂僮語音相通的不少。

二　南詔的文化

南詔上承哀牢和滇國文化的餘緒，又極力摹倣中原制度，所以他的文化很有可觀。他多用北方漢人爲官吏。又於唐元宗開元三年立孔子廟於國內。並於德宗貞元元年封點蒼山爲中嶽，烏蒙山爲東嶽，蒙樂山爲南嶽，高黎貢山有西嶽，玉龍山爲北嶽。又封黑惠江金沙江潞江和瀾滄江爲四瀆。又唐僖宗中和三年以宗室女安化公主下嫁南詔，而後唐莊宗同光元年南詔復以朱鬃白馬，至廣州求婚於南漢，南漢妻以增城公主。南詔文化之盛，自有他的緣故。今看南詔遺詩遺文，典雅麗都，不減中原風格，而且他的末流所屆，就是暹羅國也有中原遺風。（南詔和暹羅迎親之禮，便是中州遺俗最顯著的一種。）特列南詔和大理詩數首於下。

玉谿編事謂南詔以十二月十六日爲星回節，是日王與羣臣遊於避風臺，賦詩爲樂。國王驃信先賦詩，說『避風善闡臺，極目見藤越。悲哉古與今，依然烟與月。自我居震旦（謂天子爲震旦），翊衞類夔契。伊昔今皇運，艱難仰忠烈。不覺歲云暮，感極星回節。元昶（謂朕爲元，謂卿爲昶）同一心，子孫堪貽厥。』又續文獻通考記阿蓋主愁憤詩『吾家住在雁門深，一片閑雲到滇海。心懸明月照靑天，靑天不語今三載。欲隨明月到蒼山，誤我一生踏裏彩（錦被名）。吐嚕吐嚕段阿奴，（吐嚕卽可惜）施宗施秀同好歹。雲片波潾不見人，押不蘆花顏色改（押不蘆乃草名）。肉屏獨坐細思量，（肉屏指駱駝背）西山鐵立霜瀟灑（鐵立指松林）。』又平章女僧奴詩『珊瑚勾我出香閨，滿目潛然淚溼衣。冰鑑銀臺前長大，金枝玉葉不芳菲。烏飛兔走頻來往，桂馥梅馨不暫移。惆悵同胞未忍別，應知銜恨點蒼低。』

六詔君主稱號均以前代最後之一字爲首。例如蒙巂詔王佉陽照，傳子名照原，再傳名原羅。浪穹詔王名羅鐸，傳子名鐸羅望，再傳名望偏，再傳名偏羅矣，邆賧詔王名豐咩，傳子名咩羅皮，再傳名皮羅鄧，再傳名鄧羅顛，再傳名顛文託。南詔王名舍龍，傳子名龍獨邏，再傳名邏炎盛，再傳名盛羅皮，再傳名皮邏閣，再傳名閣邏鳳，再傳名鳳迦異，再傳名異牟尋，再傳名尋夢湊。

此俗與緬甸王室傳世名號頗爲相類。古有緬王名 Pru-Mang-Ti (Pye-min-ti)，其子乃 Ti-Mang-Yan(Ti-min-yi)，其孫名 Yan-Mang-Pok (Yi-min-boik)再傳亦依此例，玆不贅述。當中一字似即緬字，又似含有『王』字或『君主』二字的意義，與六詔各王名字當中喜用『羅』字或『邏』字相類。大約『羅』字亦是『王』字的意思。

按通志氏族考『三代之前，姓氏分而爲二。男子稱氏，婦人稱姓，所以別貴賤。貴者有氏，賤者有名無氏。今南方諸蠻，此道尤存。』例如楚本芈姓，而世稱熊氏，熊乃採取祝熊最後一字。照樣，陳國伯袁之後爲袁氏，齊公子高之後爲高氏，衞公子惠孫之後爲孫氏。南詔蒙姓而其王只以父王名稱之最後一字爲氏，顯然這是南北漢人的古例。與北支漢人不同者，六詔每代均另立一氏耳。風俗通說『古者或氏於號，或氏於謚，或氏於爵，或氏於國，或氏於官，或氏於字，或氏於居，或氏於事，或氏於職。』六詔王室傳世，似均以前代之名字爲氏。

至於銜頭置於稱號的當中，如六詔所用的羅字，則中國南北支漢族均有此例。照通志所載，上述的祝熊乃陸終李連之後，實係芈姓，而祝乃官銜。芈祝熊的後裔以熊爲氏，而官銜又置於姓名的當中，與六詔細甸實係同出一轍。又如伯袁公子高公子惠孫等，其上均各有姓，而『伯』字和『公子』二字均是銜頭，可見以銜頭放在名號當中，原來不是新奇的事。劉著嶺表紀蠻說僮人對貴者每加一個公字於姓名當中，如侯公丁，譚公丁，梁公琬之類。僮俗與南詔俗有何分別？甚至我們平常稱唐朝『李王世民』或尊稱某人

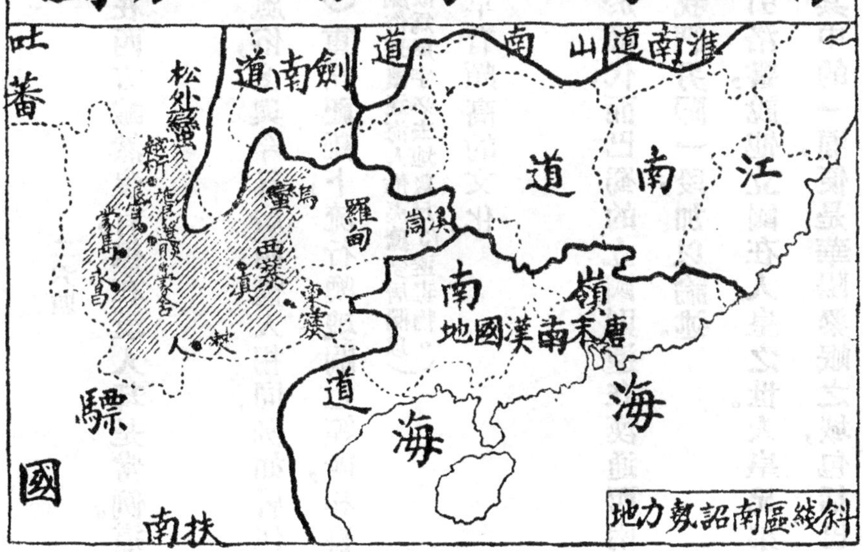

爲『梁公世則』又何嘗不是把台衙放在當中。這辦法在西方誠然沒有，但在漢人却是常例。這事更足以證明南詔部族與我們同是漢人。

最後我們所應知道的，即古西南夷，尤其是南詔的風俗，多與今日廣西僮人相同。例如居住干欄，喜歡跣足，迷信巫覡（男巫名白馬或邦馬或拜馬）重淫祀雞卜，流行喚魂關亡等術，和喜歡葬後檢骨等，便是其例（居干欄的原因有三(1)寰宇記『雷州風俗地濱邊海人惟夷獠多居欄以避時鬱』(2)犵狫謂席地而居則近鬼故爲屋宇必去地數尺(3)避毒物。）

一言而蔽之，古西南夷都是廣義的僮族，有些部落早有頗高的文化。

三　巴蜀與僮族

巴蜀二國古書不稱西南夷，因爲西南夷的名稱得於漢代，而巴蜀的立國則遠在漢通西南夷之先。然而他們的部族實與後代的西南夷同類，所以我們另闢一段，加以論述。

(1)巴國。巴是中國西南部的一個古國。華陽國志引洛書，說他立國在人皇之世。人皇兄弟九人，分九州爲九囿，自居中州，而令其他八人分制八輔。其中的一囿，便是華陽梁岷之域，包括巴蜀兩國。巴國在東，蜀國在西。巴地東至魚復，（在今四川奉節縣東北。）西至僰道，（今四川宜賓縣。）北接漢中，（今南鄭縣。）南極黔涪，（今貴州省東北全境。）幅員也不可謂不廣。上世君主已失傳聞，只知大禹王娶巴國塗山氏女，塗山即在今日重慶附近的江北縣，禹會諸侯於會稽巴曾參加。武王伐紂，巴亦會師牧野。他的人民乃濮賨苴共奴獽夷蜑之類。魯莊公十八年，巴人伐楚。魯文公十六年，又與秦楚聯合滅庸。頗極一時之盛。巴與蜀本是世仇。周顯王時蜀王弟苴侯私親於巴。（注意苴字此處有苴侯秦漢時有苴蘭國唐南詔有羊苴咩城可證古代蜀黔滇同一民族檀萃滇海虞衡志說苴即是細小）周慎王時，蜀伐苴侯，苴侯奔巴，巴求救於秦。秦惠文王滅蜀，兼取巴地，置巴蜀及漢中郡。

（2）蜀國。蜀國亦肇始於人皇。自人皇以降，不知幾千百年，世爲中國西南部的雄長。遠古文化必定相當燦爛。黃帝爲其子昌意娶蜀山氏女。（史記正義謂名女樞亦曰昌濮）生子高陽，是爲帝嚳。昌意某子亦娶於蜀山氏。而且大禹故鄉也在蜀山氏的轄境。可見這蜀國在邃古時，與中原的關係十分密切。他的人民乃滇人獠人賨人僰人濮人等部族。他的名王有蠶叢柏濩魚鳧杜宇開明等位。他的疆域據晉常璩所說，當杜宇稱帝時，『以褒斜爲前門，（今陝西南鄭之褒城縣地）熊耳靈關爲後戶，（熊耳在今四川西南青神縣西靈關在今西康蘆山縣東南，）玉壘峨眉爲城郭，（玉壘山在今四川理番縣東南峨眉山在今四川峨眉縣）江潛綿洛爲池澤，以汶山爲畜牧，（汶山在今四川茂縣西北，）南中爲園苑，（南中包括古滇濮句町夜郎葉榆桐師巂唐等滇黔地。）』勢力範圍比巴國還要廣大。後爲秦國所滅。秦孝文帝以李冰爲蜀守，李冰鑿崖開渠，大興水利，父子兩人廟食至今。現在川滇黔桂僮族所崇奉的灌口二郎神，就是他們。觀此可見古代巴蜀二國實包括漢代所有的西南夷，即今日川滇黔和桂西康東等整個區域。兩粵土著的僮人不拜灌口二郎，可以證明兩粵土著僮人的移來必定遠在春秋戰國之前。然而蜀山文化的綿遠，也可一想而知了。蜀國與巴國同隸人皇之下。蜀山氏與黃帝是密切的姻親，禹王是蜀山人而爲三代的首創者。兩粵土著僮人與遠古巴蜀同一族類，誰敢說僮人暹人不是堂堂的漢裔？誰敢說僮族暹族是沒有悠久文化歷史的人民？他們進步遲滯，無可諱言。然而他們遠古的文化史，只有光榮可慕而已。

（秦時和漢初安南有文郎巴蜀兩國。蜀王子曾滅駱侯而自立爲安陽王。這巴蜀二字表明與川地甚有關係）

第二十五章　印度支那與㺜族

中國古史關於印度支那之最初的記載乃南交二字尚書堯典『申命羲叔宅南交，』卽指今日印度支那富良江的下游地域這地域漢朝立交阯郡。

另外一個最古的記載乃周成王時越裳氏的朝貢古今注說『周公致太平，越裳氏重譯來獻白雉一，黑雉二象牙一。使者迷其歸路周公錫以文錦二匹，軿車五乘皆爲司南之製使越裳氏載之以南。』按越裳氏的根據地卽今印度支那的老撾而他的領域似乎包括今日緬甸暹羅安南的大部分。

一　印度支那古史

（1）老撾老撾乃古越裳氏，周時曾來朝貢自周以後，不通中國明永樂三年又以方物來貢。明嘉靖間緬人破其攬掌卽南掌勢力日衰，以致滅亡。當地人種在古時原係撣族 Shan（卽大泰族）古時印度支那南部乃馬來人所據，而北部則除交阯和富良流域外，悉爲撣族所有。（撣或作殫。）越裳雄霸於先，扶南崛起於後，都是撣族國家。這撣族乃遠古時代自四川雲南高原南移而先至印度支那半島的。大約在諸葛亮南征時，暹族部落和佬族部落才自雲南侵入印度支那。佬人於唐時卽佔據扶南所屬的老撾，而暹族亦於唐代固立勢力於景邁一帶。觀此可見暹佬均爲來自西蜀的獠僮族類。老撾在古代乃撣族的越裳，而今日乃是廣義僮族撾家的住地。

撾家的衣服飲食類似木邦。其國人稱至尊爲天旺，天旺就是天王。兩廣僮人自古至今，亦稱王爲旺。今日兩廣地名王田多曰旺田，大王塘多曰大旺塘，王姜坤多曰旺姜坤。老撾言語與僮語實係同屬一個系統。

按以雉爲禮，創於越裳。仲尼燕居，子曰『禮也者，理也。』本草釋名說，『雉理也，雉有文理也。』易曰『離爲雉』取其具有文理。儀禮也說『士相見之禮，贄用雉。』越裳來朝而貢雉，周代竟取其俗而定爲中原禮節，這事何等奇趣。今日嶺南僮人送禮仍多用雉，有一種名叫金雞的，尤爲隆重的禮品。

(2)安南：安南史自謂相傳公曆紀元前二千餘年第一期王室鴻龐氏乃神農後裔。可靠與否，無從考證。中國史則說安南北部古代是哀牢國的地方，秦以前只有南交一個空泛的名稱，大約僅指今日河內一個城邑。秦時始將這安南地方闢爲象郡，成以罪人謫卒。其時西蜀至安南的大路似乎早已打通，印度商人經哀牢而至西蜀和經哀牢而至交阯，想必肇端於漢代之前。交州外域記謂交阯未有郡縣之先，已有雒由從潮水上下，人民墾食其田，名爲雒民。又有雒王雒侯雒將，皆是銅印青綬。後來蜀王子將兵三萬來討雒王，佔有其地而自立爲安陽王。（當時安南本有文郎巴蜀二國，非指四川的巴蜀。）安陽王得神匠造銅弩，每發必中。南越王趙佗興師往擊，不能勝。遂遣太子降服安陽，安陽王遇箭匠不善，匠棄職離去，趙佗太子娶安陽王女眉珠（或作蘭珠）爲妻，暗毀安陽王弩，且得製弩破弩之術，遂出師攻滅安陽。（粵嶠志所載略有出入。袁枚曾作詩說『趙王父子開邊界，賴種蘭珠一朵花，銅弩三千隨壻去，女兒心太爲夫家』。）

徵側徵貳反，馬伏波出兵討平之。水經注謂其時西蜀亦遣兵共討側等。這時以後，中國與南海諸國交通日盛，交阯實爲西船東來的航行終點。後漢時羅馬帝安敦的使者即在交阯登陸。孫吳時，羅馬商人秦論亦由交州刺史送到建業。再後不久，交州刺史呂岱遣使南宣國化，扶南林邑等國相繼入貢。直至隋唐之際，西船才捨交阯而直趨廣州。（參看馮承鈞譯交廣印度兩道考。）

交阯在秦漢時已有頗高的文化，通典謂漢時『凡交阯所統，雖置郡縣，而言語各異，重譯乃通，人如禽獸』。這當然是指當地的生獠。唐初生獠曾遮斷自昆明直通交阯的大道。天寶間章仇兼瓊因欲打通此道，而築安甯城於爨中，竟至激成蠻變，靠着南詔的兵力才得討平。後來南詔大理不肯聽命中國，交阯和廣西西部的中央行政權大受影響。廣西唐有西原黃峒之亂，宋有廣源儂氏之變，安南都護府且曾於唐時失陷一次。交阯刼運，此時爲甚。

安南古有生獠熟獠，漢書稱其人爲蠻里。張游自九眞徼外率蠻里歸化，受封爲歸漢里君。從這里字和獠字，可見他的古代居民與嶺南古代人民同屬廣義僮族。（遠古時大抵北部爲僮類而南部爲撣類。）但今日安南人的血統似頗複雜，言語亦已姬漢化甚深，與古代情形大不同了。

（3）柬埔寨：柬埔寨在唐以前，中國史稱爲扶南王國。當其盛時，老撾和今日暹羅的全部並今日柬埔寨的南鄰，都在他的統轄之內。中國史上的眞臘，即今暹羅南境，當然亦爲扶南藩屬之一。晉後某一個時期，曾有天竺的婆羅門到來做王，所以佛敎氣味頗重。在唐以前，扶南沒有自己的歷史記載，他的古史只能於中國史中查得。大約隋時始有本地的石刻可考。自晉以後，扶南屢次入貢。十四世紀初頁他曾出師侵略爪哇。但螳螂捕蟬，黃雀在後，同時暹羅奮起，柬埔寨的勢力遂一落而千丈。

他的人民乃吉蔑族 Khmers，與居於下緬甸的蒙人同種，我們可以稱之爲廣義的撣族。

（4）林邑：林邑乃漢象林地，中國古史稱爲林邑，唐元和後改稱環王，五代時改稱占城，本名實係占婆。水經注謂九眞太守任延始敎耕犂，俗化交土，風行象林。通志又謂馬援曾至林邑。林邑記說，『自交阯南行，都官塞浦出焉，其水自縣東經安定縣，北帶長江，江中有越王所鑄銅船，其水又東流，隔水有埿黎城，言阿育王所築也。』阿育王的大名遠及此地，林邑的佛化可知。其人居干欄，與僮同俗。（梁書卷五十四所述桑棉吉貝即出林邑）

惟有一事十分奇異，即中文馬留人的名稱起於此地。張勃說『象林縣在交阯南，馬援所植兩銅柱以表漢界處也。援北還，留十餘戶於銅柱所，至隋有三百餘戶，悉姓馬，土人以爲流寓，號曰馬流人，亦曰馬留人。』這馬留人或馬流人顯然爲馬來人土名的異譯。今馬來人種居於印度支那南面的馬來半島，也有人稱之爲馬來由或馬來亞 Malaya。其人屬於鳶色人種，謂馬來民族爲馬援所留人種，似不可信。恐怕土人自古稱馬來族，張勃之說乃附會罷然。而隋時林邑有馬來人，亦可表明古代鳶色馬來人種的居地，並不限於今日的馬來半島。

（5）緬甸：緬甸這裏也是古代越裳國地，北與哀牢接界，古名朱波，漢稱撣國。漢和帝永元九年撣國王遣重譯獻珍寶。唐朝稱爲驃國，宋朝緬字之名始見。元世祖曾與兵擊緬。明洪武二十九年歸附，立緬甸軍民宣慰使等司。

緬甸人種比較複雜。緬人居於中部。蒙人 Mons 居下緬甸，與柬埔寨的吉蔑人同種。撣人則居於緬人和老撾人並雲南邊界之間。驃人則居於緬人和蒙人的中間地帶。緬甸的撣人蒙人和吉蔑人，當自四川西鄙和雲南高原移來時，似乎沒有經過四川盆地。蜀山文化似乎與他們只有間接而沒有直接的關係。至於緬族乃是從西藏移來的。

（6）暹羅：暹羅最古乃越裳境，後來入扶南國，居民原係撣族。（南部土著乃吉蔑人。）唐時境內有赤土國。同時由中國移來的暹人，亦確立勢力於景邁一帶。後來南部又有羅斛一國，而水眞臘和陸眞臘似乎都在境內的東南部分。然而這些國家都臣服於扶南後身的柬埔寨。暹國在北，地多山嶺，所以比較貧瘠。羅斛在南，地多平野，所以比較肥美。兩國雖同隸屬於柬埔寨，但宋末即已漸次爭得完全自由，故十三世紀末葉和十四世紀初頁，在中國元朝時代，均遣使入貢中國。

暹的古城名爲南邦 Lapong，在湄南河上游景邁之南，相傳乃五七五年（南北朝時）所立。謂當時有一人名 Phra-Ruang 出而抗逐柬埔寨人，並於第七世紀（中國唐朝）建國於湄南河的上游。然而當日實係半神話時期而已。（作者按最初小部暹人由雲南移入印度支那，乃在三國蜀漢之時。）

羅斛人種乃係撣族，與越裳族柬埔寨族蒙族等同一族類。他們乃印度支那的先來民族，可無疑義。惟馬來人則似比他們居住更早。

元朝蒙古人兵威甚盛，常駐大軍於雲南。南邦暹族感受蒙古威脅而向南發展，遂於一三四一年元至正間與羅斛合成一國，而稱爲暹羅斛，後且稱爲暹羅。今後改稱爲泰

按暹人原係百濮的一種。漢置僰道縣，在今四川宜賓。湯定四方獻令，濮人以象齒矩狗。周武王伐紂，後濮人來會於孟津。成王王會，濮亦參與。春秋時庸與百濮伐楚，又麇人亦曾率百濮伐楚一次。暹人實在是中國蜀山文化嫡裔之一。他們到了印度支那，然後有這暹字的名稱。何炳松氏謂暹 Siem 恐怕就是梵文中黑字本音 Syama 的傳譯。作者覺得此點甚爲可信。蓋百濮乃西南夷總稱，實與兩廣土著的百越同類。僰人當然亦是濮類。惟僰有東西之分，東僰乃是烏蠻，兩廣古代土著乃烏滸蠻，卽是烏僰之屬。今日廣西僮人原是僰的同類。僮人亦稱顯濮，作者相信這顯字與撣字暹字必是同音異譯，彼此都含着烏字或黑字的意思。況且今日暹羅的國音與廣西的僮語大致相同，『顯』與『暹』通，更無疑義。暹人乃是漢族的一支，與兩廣人民有更加密切的

血統關係。他能巍然獨立於印度支那，何嘗不是我們漢族的大光榮呢？暹羅文化的發揚光大，和國運的緜遠興隆，實在是作者之所馨香禱祝的。

今日暹羅的暹族和撣族，均自稱爲泰人 Thai or Tai。泰乃『自由』的意義。暹人稱撣人爲大泰 Tai nyai 而自稱爲小泰 Tai noi。甚至這大小之分也與兩廣僮人的通例相類。今日廣西僮人有大僮小僮之分，而大羅小羅，大蒙小蒙，大良小良等地名，現時尚佈滿於兩粵。暹羅與兩廣在血統上的關係密切，無人可以否認。

二 暹羅語言和風俗

暹人本來只有語言而沒有文字，他們的語言屬於僮系，與今日廣西的僮語相倣。他們的文字就約在十三世紀末年由名王羅摩康姆亨 Rama Khomheng 創製。暹字採自柬埔寨字母，而柬埔寨字母則又自南印度的石碑字母採來。暹人自稱其語爲 Phâsâ Thai，即自由人語。暹語音素與粵語一樣複雜，亦有四聲之分，各聲且有符號指明。特殊音素中有 kh, gh, bh 等，又其語尾亦多 k. t. p. d. n. ng. m. 等種音素。但梵音和梵文的影響頗深，馬來語和柬埔寨語亦有相當的參雜。然而無論如何，他仍屬於與漢語相同的單音語系。

國語	一	二	三	四	五	六	七	八	九	十
僮語	It(nit)	Soh	Saam	Sei	Hä	Look	Tsut	Bad	Kweu	Tsap
侗語	Ih	Yä	Saam	Sei	Ngau	Leu	Tut	Bad	Tsu	Tsip
仲語	Tu	Son	San	Sai	Ha	Lo	Cha	Pe	Kiu	Chap
暹語	Nien	Sö	Saam	She	Há	Look	Tsit	Pet	Kao	Sip
佬語	Nung	Song	Sam	Sei	Há	Yook	Taet	Pet	Kau	Sip
緬語	Nien	Htsong	Sam	Le	Ngá	Kyauk	Tsit	Shyet	Ko	Tseit
藏語	Chik	Or	San	Hla	Hna	Thu	Dun	Gye	Guh	Chuh

（我們參看上表，可見暹語和僮語實在相同。至於暹語和佬語緬語的關係，也可一察而見）。

僮語所有的一切特點，暹語都有。僮語呼孩子為勒猏，呼魚為巴，呼鴨為必，呼牛為懷，暹語也是一樣。暹語巴楮、巴西、巴士，乃魚的種種別名，均用倒裝與僮語亦無二致。暹人稱村為蔓，亦與僮語相同。其他相通地點，不必盡舉。（僰人稱官為昭華昭錄昭綱昭乃至𨳝義南詔稱王為詔今暹羅亦稱王為昭）

暹語非但與南支漢族的僮語相通，而且他包含着許多中原的聲音。隨便舉一個例來說，暹人呼書爲 nan-sü，這書字的聲音，便顯然是中原的語音。

暹羅風俗多與桂獞相同。他們所住的是高脚木屋，即獞人干欄之類，而且亦名爲蘭。他們鄉間的裝束與獞人的舊俗相倣。婚姻不避同姓，與廣西獞族相同。（廣西獞俗若夫妻均爲覃姓，則其妻每每改爲譚氏；均爲韋姓，則女方每每改爲韓氏；均爲莫姓，則女方每每改爲慕氏。然僅限於疏堂而已。）暹人喜吹笙，與桂獞所用的笙完全相同。（通志匏土篇「笙世本云隨作笙未知其何代人禮記曰女媧之笙簧——荊梁之南尚仍古制」）喜食檳榔蔞葉，暹獞亦均相類。暹人獞人又均喜用銅器。普通人家均無特設廁所，肥料不用糞肥。暹婦產子多置嬰孩於冷水裏頭，謂浸後可以減少疾病，相傳乃三保公的遺敎。（三保公乃明初三保太監下西洋的鄭和。）其實雲南土僚生子多浸水中，浮則取養，沉則丟棄。暹俗只是雲南的土風罷。最後則女勞男逸，錢穀出入多由女子主持，暹人亦有此種現象。暹人與古代兩廣的土著，即今日廣西的獞人，確爲血統上的至親。

三　暹族在華史略

暹羅公丕耶達瑪鑾拉查奴帕親王所著暹羅古代史（據王又申所譯漢文本，）說：『汰人在佛歷紀元以前，早已成爲亞州東部之一大民族。……據歷史所傳，汰族初發源於中國之南方，如雲南貴州廣西廣東四省，以前皆爲獨立國家，汰人散處各地。……約於佛歷四百年間，劉備在四川立國，孔明起兵征伐蠻地孟獲。……汰族既無力與漢族抗衡，又不得已而移居西方，另闢新土。一部份沿薩爾温江流域入緬甸，抵亞森省內，名曰大汰，另一部向南而移抵東京，及十二朱汰十二版那等地，名曰小汰，實爲暹羅汰人及青冬青龍黎人愻人之始祖也。……據中國方面記載，謂汰人之五個獨立區域合成一國，時在唐朝，稱曰南詔。……直至元世祖忽必烈可汗，在中國即皇帝位，始於佛歷一千七百九十七年調動大軍，征伐汰國。』

按漢時滇東滇南和桂西的土著叫做西爨白民和東爨烏民，新唐書亦謂南詔本烏民別種。可見所謂汰人泰人或歹人都是爨人罷了。汰字英文作 Tai 或 Toi 或 Thai，爨字國音爲 Tsaun，僮人則讀爨爲 Taun。暹族原是爨人，『汰』字實係『爨』字譯音。

史謂爨氏本芈姓，乃楚國令尹文子的後裔，西漢末頁食采於爨，遂爲爨氏，人民也隨着姓爨。諸葛亮南征時，辟爨習爲官，晉時有興古太守爨琛，以忠義著，又有梁水太守爨亮，叛降李雄。（李雄本巴西宕渠賨民父名李特晉永興元年李雄在蜀自立爲成都王光熙元年改稱皇帝遣李鳳征北梁州遣任回征南夷遣李恭征東南蠻版圖很廣雄本人是賨人種所以西蜀獠人乘機而出布滿各地傳統數代對於西南部族的混合甚有影響）自後爨氏遂爲西南大姓。晉爨同（號寶子被命爲振威將軍建寧太守）南朝宋爨龍顏，（被命爲龍驤將軍）均爲中央之所倚重。梁侯景反，南寧州刺史率爨兵數萬往荆州靖難，西爨爨瓚乘虛據有牂牁興古等郡。朝廷只得命瓚爲寧州刺史，以示羈縻。此後時叛時服，隋代和初唐都是懷柔土著雄長罷了。再後南詔大理興盛，羣爨多受指揮。元兵南下，爨族的暹人纔在印度支那漸漸的抬起頭來。暹族原是中華漢族的同胞弟弟。

第二十六章　苗傜僮與印藏

苗傜僮與印藏有兩重的關係。第一苗傜僮與西藏和藏印緬印間之一部份的小民族都使用着單音語。第二雲南僮族和黔西苗族所居的地方，自古卽爲中印交通孔道之一。現在讓我們先看西藏的歷史，以明藏族和苗傜僮的關係。

一　西藏民族的研究

西藏人普遍的相傳他們始祖是獼猴的子孫。最初某天神和某女魔結合，生下六個猴孩，把他們棄於雷國（卽西藏）的森林裏頭。數年後，父親回來看見子孫數目已至五百；但是食物稀少，飢餓得很。所以父親在高峯上投下五穀，給他們種植養生。衆猴食了五穀，尾巴漸漸脫去，身上的毛漸漸落掉，變爲眞正人類，能說話語，而以樹葉爲衣。這就是他們所有關於人種來源的神話。

公曆紀元的初世紀，西藏還在神話時期。據藏人傳說，西藏在紀元前第五世紀卽已有王。並說第一王生而斜目，自喜馬拉雅移入藏南，住於今日拉薩南面的雅郎 Yarlung 地方。這雅郎卽雅魯藏布江的上游。最初七主乃是七個天王，其次乃是六個世王，再次乃是八個地王。經了多代，

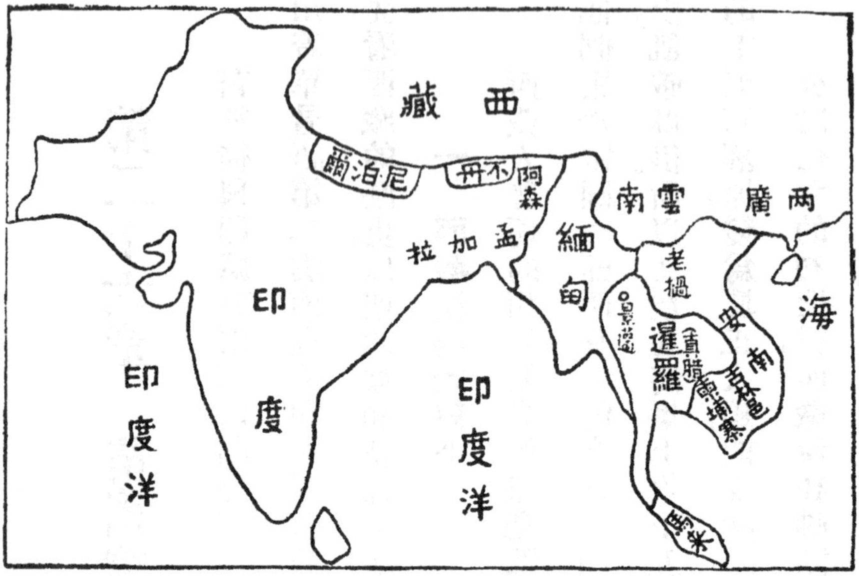

直至紀元後四六一年，始到鼎鼎有名的喇梭王 Gnya-nbtsan of Lha-tho thori 的時候。（古時藏人喜用王的產地作爲王名喇梭乃石堆義）正史謂此時佛教始自印度傳入此王的第四世嗣君，（死於六三〇年）始建拉薩城。數學和醫藥均自中國傳入。時值中國的唐朝，文成公主下嫁，藏族勢力頗盛。其後數世，某王且曾侵入印度，直至孟加拉灣。藏邊許多小民族的血統和語言，顯然在這時候受着最大的影響。

西藏古書自稱西藏爲唐馬紀由 Gdong-mar-gyi-yul，意即紅面人地。（因當時居民以朱色塗面文成公主下嫁此習始改）今日藏人自稱其地爲卜由 Bod-yul，（意即卜地）自稱其人爲卜帕 Bod-pa。（意即卜人）藏人遠古本無文字。現在流行的文字，乃模倣梵文而成。有人說卜就是佛，有人說卜原指濮，同時又似乎係犮字髮字的轉音，未知孰是。至於吐魯蕃烏斯藏衛藏

和西藏等乃漢人所作的稱謂罷

中國史書關於藏人最初的紀載，乃南涼王族禿髮樊尼逃奔西藏的北鄙。南涼乃禿髮烏孤所創。禿髮烏孤是河西鮮卑人。（鮮卑本東胡種）祖先和後魏同出。八世祖西孤，率部自塞北遷於河西。西孤死後，兒子壽闐繼立。當壽闐在孕時他母親胡掖因為寢中產於被內，鮮卑人叫被為禿髮，所以就以禿髮為兒子的姓氏。其後盡有涼州的地方。再後傳至傉檀，為西秦所滅。他的姪兒樊尼守安西在西羌，遂奔藏地立國。（南涼國祚自三九七至四一四年。）通志記吐蕃，說『吐蕃在吐谷渾西南，不知有國之由。或云禿髮利鹿孤有子樊尼，其主傉檀為乞伏熾盤所滅，樊尼率餘種依沮渠蒙遜。其後子孫，西魏時為臨松郡丞，與主簿皆得衆心。因魏末中華擾亂，招撫羣羌，日以強大，遂改為窣敦野。以向為郡丞，故因號其主為贊府，貴臣為主簿。』（窣音猝敦即勃作者按窣敦野即禿友野似 Bob-Yul 即 Tu-bot-yue 所變乃禿友人地的意義）

根據以上所述，可見西藏土著實係羌人，而紀元四一四年以後，統治權卽入鮮卑人禿髮部族之手，藏族遂為羌人和鮮卑族的混種。此段歷史十分可信，因為西藏古時亦稱圖伯特，圖伯特當係禿髮的轉音。大英百科全書謂西藏在十一世紀時英譯名稱為 Tie-bu-te，Tu-bu-te。蒙古人向稱西藏為 Tübet Toböt。阿拉伯人向稱西藏為 Tubbet。西人 Rabbi Banjamin ——

六五年記西藏爲 Thibet。元代大旅行家馬可保羅一二九八年記西藏爲 Tebet。試看這些英譯名稱，那一個不與禿髮二字的聲音相近呢。（髮字下從犮字書謂取拔擢而出之義古時必定音犮而不音法且髮字的古音必像粵音有T字的破裂音尾。）更可異的，就是當時胡人羌人酋長多用拓跋爲姓，拓跋禿髮的聲音也很相近。

今日西藏人種頗雜，而北方有突厥種，東北方有蒙古種，東南方又有倮玀擺夷等族。加以千餘年來佛教的影響，目前西藏人民的血統語言和文化，已是比較的複雜了。但基本的藏人膚黃髮黑眼黑目斜口大，當然是蒙古利亞種人。

二　西藏人與苗傜僮人

西藏人顯然是以西羌族爲基本血統。他們與姜漢族的關係，一看便可明白。(1)他們體格不高。據根寧罕 General Alexander Cunningham 調查西部藏人男子平均只有五呎二吋，東部藏人略高，然仍入於短小形格。這與苗傜僮等姜漢族完全相同。(2)藏語爲略帶添著語 Aggrutinative 性質的單音語 Monosyllabic。（北亞州蒙古利亞人（簡稱北蒙古利亞族）通用添著語南蒙古利亞族（包括姬漢族姜漢族等）通用單音語這是語言學家所公認的。）大約是鮮卑族與羌族混合的結果。他含有許多特別聲，例如 nga, dja, tsa, dza, zha 等。又有 T. K. P. 等語尾破裂聲。（即粵語的入聲）在文法上，每置形容辭於後，而置被形容字於前。動字每置主事前面凡此數點，都與苗傜徭語言相類。藏、稱河為藏布稱水為瀦 Chu 稱湖為淖音 Cho 或 Tso （北部則呼湖為Nor）稱河谷溫暖地為塽 Rong 稱金沙江為 Di-chu 稱瀾滄江為 Chiamdo Chu 稱怒江下游為 Giama-nu-Chu 略舉數例以見一斑。（3）藏人自稱為獼猴種，其實這乃古時諸羌的一般傳說。例如史書謂黨項羌的宕昌白蘭等部族，皆自稱為獼猴種。其族也有姓拓跋的。（4）藏人神話自稱其第一世王為斜目人。其實這乃姜漢族蜀山國的第一世王。華陽國志卷三說『周失綱紀，蜀先稱王。有蜀侯蠶叢，其目縱，始稱王。死作石棺石槨，國人從之，故俗以石棺槨為縱目人冢也。』我們知道南蒙古利亞人都是比較斜目的。但姜漢族比姬漢族為尤甚。這王的目或比普通人更斜，所以特別題出。那末在遠古時代蜀藏關係的密切也可知了。（5）藏人神話謂第一世王先住雅郎地方，這雅郎二字與夜郎國的名稱甚似。又西藏王有名喇棱王的，喇棱乃石堆義，似卽『磧石』二字。磧石在黃河上游，實古代羌人的地域。此外藏人稱池為淖，音Cho與蜀字同音川蜀字的古字卽淖與四川的關係當極密切。（6）我國古史有遠古縹渺無稽的天地人皇，（相傳天皇兄弟十三人，地皇兄弟十一人，人皇兄弟九人）又以燧人伏犧神農為天地人三皇。燧人伏羲風姓神農姜姓均屬南支漢族西藏神話以天王世王人王為最古的三個王，羣可以證明西藏土著在很遠古的時代，深受中原文化的盪漾。（7）西藏神話有猴父在山上投下五穀之說。據中國歷史，播植五穀以神農為始，五穀二字根本是漢族語辭。

（8）西藏土著的迷信類似苗傜僮的地方更多，不能一一枚舉。根據以上敍述，我們不得不承認藏人與苗傜僮都隸屬於姜漢族內。

三　印度東北邊的小民族

印度東北邊有許多富於蒙古利亞血統的小民族。例如尼泊爾不丹和印東亞森省 Assam 孟加拉省 Bengal 等，都有此類人民。他們的來源現在已經逐漸明白。大約一類是在遠古時代自四川經雲南而移入緬甸和印邊的，卽通常所謂大泰部族。又一類是由西藏移來，卽尼泊爾不丹的藏種，和印邊的緬種人 Burmese。緬種人自西藏南移，大部份在鮮卑族禿髮樊尼入主之前。當時西藏純然是羣羌的地方。第一類部族受中原漢族文化的濡染較深，第二類部族則當然少受中原漢族文化的影響，或竟全未沾受，亦未可知。若然，則他們使用單音語，和他們的語言有許多與中原漢語及苗傜僮語相同的質素，更加表明在遠古時代西至西藏，東至渤海東海，南至兩粵和印度支那，北至黃河流域，都隸屬於一個同系統的大民族了。

Sir Col. R. Temple 分印度支那語為三大系。一乃『蒙——安南系』Mon-Anam，（亦稱『蒙——吉蔑系』Mon-Khmer）。一乃『暹——漢系』Siamese-Chinese。一乃『藏

——緬系』Tibeto-Burmese（這幾系語言與中國國語和苗猺獞語聯合組成世界語言中獨標一幟的單音語）苗猺獞等要漢族乃南中國的土著與這些印邊小民族的關係如何密切，可以不問而知。

四　獞苗文化與印藏文化的交流

第二，雲南獞族所居的地方自古卽爲中印交通的孔道。紀元前第二世紀，張騫在大夏見蜀布和蜀邛竹杖，知道身毒（卽印度）與西蜀老早已有交通。漢武帝元狩元年，遂命王然於和柏始並昌呂等人，出西南夷直到雲南，指求身毒。當時有彩雲見於白崖，遣使追尋，立雲南縣。六年，漢既通西南夷，就想從雲南前往大夏，但是昆明閉殺使者，並奪幣物。天子遂遣拔胡將軍郭昌出兵征討，斬首數十萬。再後復遣使前往，仍不得通。然而後漢明帝時，（元後五七至七五年）天竺僧摩騰法蘭兩人，却由緬甸伊拉瓦底江直上，經這雲南通道而達中國。自後由印度經緬甸而至中原的道路暢通。漢和帝永元九年，撣國且遣重譯而貢珍寶。觀此可見在中原還未聽見『身毒』二字之先，獞族苗族所居住的西南中國，早已濡染印度傳來的文化了。這乃一部分獞人苗人與印度的第二重關係。至於南詔與西藏的密切交通，更表明滇藏在南詔以前必有不絕的交往。交阯與印度的交通亦必很早。以前曾經論及，茲不復述。

（甲）　印度與南中國部族相同之點

（1）火葬留骨的風俗：廣西苗人死後不備棺槨，將那病死的人放入壙內，封土爲塚。雲南貴州苗人則多用火葬。

廣西傜人死後有棺無槨，或以蓆子裹屍而埋。紅傜狗傜諸族盛行火葬，化尸之後仍然掩以坭土。傜山火葬之風甚盛。焚尸期有在死後四十餘日的，有在死後三四月的，有在死後三四年的。近來土葬之風漸行。

廣西獞人土葬火葬兩法俱用。熟獞多半棺殮而葬。婦女死時，媳婦和女兒哭於河邊，恪守擔播買水的舊例。武緣縣圖經引粵西紀俗，謂獞人喪葬不踰十日，五六年後必以瓦罈檢骨另厝。

隋書地理志則謂『荆州諸郡多雜蠻，……始死卽出屍於中庭，不留室內，斂畢送至山中，以十三年爲限。先擇吉日，改入小棺，謂之舍骨。舍骨必須女壻，蠻重女壻，故以委之。舍骨者，除肉取骨，棄小取大之謂。』

蠻書謂西爨白蠻死後三日之內埋殯，依漢法爲墓。蒙舍及諸烏蠻皆不墓葬，死後三日卽行焚尸，餘灰用土掩埋，只取兩耳貯以金銅鐵瓶，四時拿出致祭。雲南又有某種夷人在焚尸後由白馬師公檢取一二遺骨另行厝存。至於普馬夷族則據謝彬雲南遊記所載，一人死後，即埋屍土中，旦夕沃水，待他腐爛，然後檢取骨殖，藏於家中，三年之後，再行埋葬。一般僰人亦有焚尸葬骨之俗。

此種習例與印度火葬之俗甚爲相類。釋氏要覽注謂，『釋迦既卒，弟子阿難等焚其身，有骨子如五色珠，光瑩堅固，名曰舍利子，因造塔以藏之。』嶺南土風初則火葬留骨，後則土葬檢骨，演變情形，尙可得而追溯。

(2)十二肖屬：甲乙丙丁戊己庚辛壬癸稱爲十個天干，子丑寅卯辰巳午未申酉戌亥稱爲十二地支。干支二字即樹木幹枝之義。相傳這乃天皇氏所創造的。路史則謂伏犧氏建造甲子以命歲時。配天爲幹，配地爲枝。一說黃帝時大撓始以天干配地支，以作甲子，即世俗所謂六十花甲。紀年紀月紀日紀時皆可利用干支。後來十二地支各配動物一種，謂之十二肖屬。子爲鼠，丑爲牛，寅爲虎，卯爲兎，辰爲龍，巳爲蛇，午爲馬，未爲羊，申爲猴，酉爲雞，戌爲犬，亥爲豬。東漢王充論衡，已載此說。

現在滇黔桂僮人區域，干支的使用甚盛。非但紀年紀歲全用干支，就是墟市聚集日期也用地支記述，如寅墟酉墟之類。滇東和黔省則簡直全用肖屬去記述墟期，所以鼠街馬街猴場猪場等名稱，在地圖上觸目皆是。

最可異的，就是印度西藏也有十二肖屬，且有以六十年爲一周期的習例。所不同的，印度以象代龍而已。可見印度在雅利安白種人未侵入之前，土著的達羅毗荼民族實與西藏族撣族馬來族和漢族存着一種密切的關係。這關係在印藏與南支漢族之間更爲顯著。

（3）藏印間小民族的鼻音：藏印間各小民族的鼻音很重，西藏也有許多 ng 鼻音。單以自一至十的數目字而論，在中國國語上，重鼻音已經消失無餘了。粵音還有相當的重鼻音，（例如呼五爲 ngu）但在印藏間的小民族，則在區區十個數目字中，川 ng 鼻音的却仍不少。例如藏語呼一爲 Tsching，孟加拉東邊 Sibsagar Miri 人呼二爲 Ngo-ye，同地 Singpho 人呼二爲 Nkhong，尼泊爾 Chepang 人呼四爲 Ping-gu，同地 Vayu 人呼四爲 Bi-ning，同地 Kusunda 人呼五爲 Pa-gnang-jang，孟加拉東邊 Tablung Naga 人呼五爲 Nga，尼泊爾 Pahri 人呼六爲 Khnklung-gu，孟加拉北邊 Garo 人呼七爲 Si-ning，尼泊爾 Pahri 人呼十爲 Ging-gu。這許多住在印度北方和東方邊界的小民族，至少在語音上與中國南支漢族各部落甚爲接近。

（4）獞苗語和梵語南支漢人各部族在言語上，非但與印度的土著小民族密切相關，而且與梵語也有很古的關係。湖南通志卷四十方言門引夢溪筆談說，『楚辭招魂句尾皆曰些，今湖南南北江獠人凡禁咒句尾皆稱些，此楚人舊俗，卽梵語薩訶囀也。三字合言之卽些字』。夢溪筆談所說十分正確，因爲招魂的習俗現在獞人區域還盛行着，雲南土夷也是如此。這『些』字假若不是單音語族遠古時代的共同音，便是周時由印度展轉而傳來的。

（乙）中國國語的地位

從這印藏與苗傜獞語言的比較研究，我們並且可以認明中國國語在歷史上的地位。作者萬分相信苗傜獞語音與原始廣義漢音距離較近，而國語則與這原始音距離較遠。換一句說就是苗傜獞語在歷史上的嬗變較少，而國語則在歷史上的嬗變較多。以前各章屢次提及此點，閱者必定尚能追憶。現在再從印藏間各部族的語言舉個簡明而有趣味的例子，閱者就可以更加明白我國苗傜獞語和國語在歷史上之比較的地位了。

現在尼泊爾與孟加拉並暹羅緬甸等地，尙有許多部族呼五爲 Pha-nga 或 Pu-ngu，呼

東亞南亞西亞簡圖

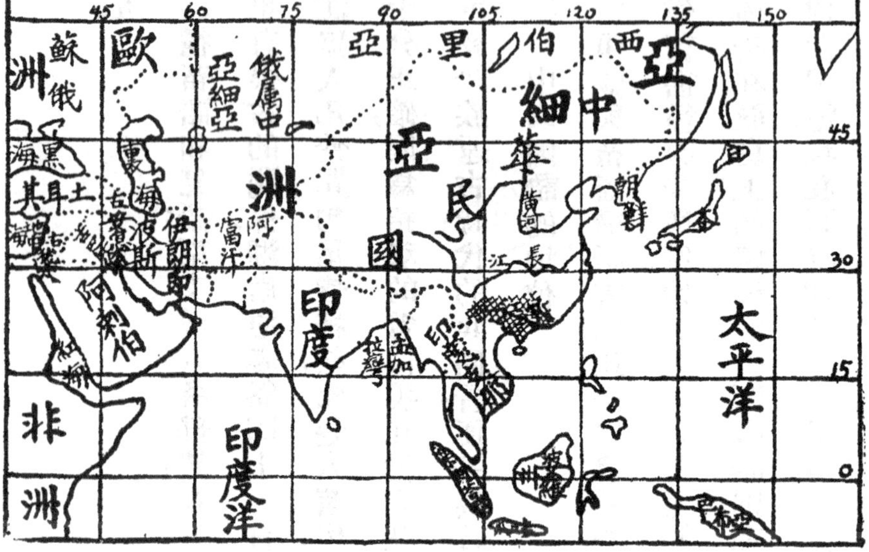

八爲 Pet-tet，呼九爲 Kung-gu 或 Du-gu 或 Ta-ku，呼十爲 Sa-shi 或 Ha-suh 的。貴州省定番附近的仲家則呼一爲 Yi-ne，呼二爲 O-nu。這一類的複音辭，顯然是單音語之較原始的格式。因爲 Pu-ngu 一辭，去了前面的 pu，豈不就是粵音的五(ngu)麼？Pet-tet 一辭，去了後面的 tet，豈不就是粵音的八(Pet)麼？Yi-ne 一辭，去了後面的 ne 豈不就是國音的一(Yi)麼？O-nu 一辭，去了後面的 nu，豈不就是國音的二(O)麼？以前曾經提出穹窿變空窟窿變孔不蘭變斑等許多例子，並謂現在苗傜等族還有許多正在由繁變簡的半複音辭。中國國語在世界的單音語中，可以說是離原始音最遠的一支，也可以美言之爲進化最大的一種。

第二十七章 雜論

一 益州荆州揚州

漢革梁州而置益州，本在四川，兼轄雲南黔西桂西等地。風俗通說，『益之爲言阨也，言其地險阨。亦曰武帝開西南夷，疆壤益大，故名。』作者按這些都是懸揣，其實益州便是夷州。漢在牂柯郡置平益縣，古時亦稱平夷。可見益就是夷，地屬僮夷，故名益州。

荆州乃古九州之一，西粵乃荆州徼外。書禹貢『荆及衡陽惟荆州。』爾雅釋地『漢南曰荆州。』李巡說『漢南其氣躁剛，稟性強梁，故曰荆，荆強也。』其實荆州得名並非因此。字書謂荆通羌。史記范雎蔡澤傳有『成荆』二字，注謂徐廣云荆一作羌。可知荆州卽是羌州，古代乃羌姓或姜姓神農後人的住地。

揚州亦古代九州之一，東粵乃揚州外圍。禹貢『淮海惟揚州。』爾雅釋地『江南曰揚州。』李巡說『江南其氣躁勁，厥性輕揚。』其實揚州卽是羊州，亦牧羊人牧羊女（姜羌部族）所佔的區域。今兩廣楊村陽村羊村甚多。照字書所說，羊陽楊揚古時實係通用。史書往往稱春秋時的

姜姓部族爲羋姓。羋即芉字變來，芉乃羊的古字。掩有豫南湘鄂皖贛等地的楚國，原來也是羊姓的呢。（說蠻亦謂⿰犭羊獷即是楊黃）

二　五仙人事

世人稱廣州爲羊城或穗垣，因爲從前有五個仙人騎羊送穗的故事。照嶺海勝所記，則所傳時代不一。有人以爲是出於周顯王時，有人以爲是出於漢趙陀時，又有人以爲是出於吳滕修時，更有人以爲是出於晉郭璞時。此外據我們所知，又有人以爲這是周夷王時的事。然而各種傳說的最後根據，乃是裴氏廣州記和沈氏南越志這一類稗官小說的書。

太平御覽謂周顯王時高固爲楚相（事楚威王），有五仙人降於楚庭，（當時在南海立有楚庭。）太平寰宇記則謂周時南海有五仙人，騎五色羊，各持穀穗一莖，六出，衣與羊色各如五方，降於楚庭，遺穗騰空而去，羊化爲石，城因以名。或謂臨去時並預祝說願此闤闠，永無荒饑。

這種神怪的事，最初出於稗乘，後來正史採錄，或有增減，不能完全據爲信史，但這傳說似亦不能指爲事出無因。按南越乃羋份羊份姜份牧羊族乃古代西南的人種。番禺既然是南越的重鎮，稱他爲羊城，必有事實上的根據。作者相信五羊城得名，必不出下列的兩個原因。（1）羊姓仙姓的人自楚遂穀種到來。從前仙姓如仙源仙時忠等頗負盛名且如今廣東增城還有仙村墟順德還有仙涌新會還有仙洞墟廣西向都還有仙村湖南藍山還有仙家箭羊姓則古時羊祜的大名人人知道今日海南島和柳州還有許多羊姓的人。（2）粵江古代稱牂柯江，牂族或僮族乃古代粵江流域的土著。字典說牂吳羊也，漢揚雄方言說吳大也吳羊即大羊義。似番禺城最初實係牂城，即吳羊城，訛為五羊。五羊啣穗而來，似指僮人取得新穀種回到故土。按兩粵所種粘穀，根據宋史乃宋眞宗時遣使由安南占城取來。以前所種，有稱江南白的，顯然是江南傳來的種子。

三　韓改為韋

兩廣韋氏有一部分來自中原，有一部分乃是土著。嵩溪纖志說『廣南有韋氏者，韓信之後也。當淮陰侯既縛，信有客匿其孤，求撫於蕭相國。作書致南越尉佗，佗素重信，又憐其寃，慨然受託。姓之以韋者，去其韓之半也。孤後入粵西，有武功，世長海壖。』

順德梁章冉著南越五主傳言及此事，引阮志指為無稽之談。據說『蓋韋氏世為谿峝長，後等齊氏，其家乘有此說云云。……第漢法踵秦慘酷，彼高祖時，蕭何敢與佗通書耶？』作者按韓信被呂后斬時，罪及三族，三族的人尙且被誅，遺孤怎能藏匿，蕭何又安敢匿孤。阮氏和梁氏所說，十分有理。

四　嶺南山歌

嶺南歌謠有許多情辭並茂，非常哀感頑豔。朱彝尊明詩綜所列不少。下列乃自各方面摘錄出來的片段『中間日出四邊雨，記得有情人在心。』『一樹石榴全着雨，誰憐粒粒淚珠紅。』『燈心點着兩頭火，爲娘操盡幾多心。』『妹相思，不作風流到幾時，只見風吹花落地，那見風吹花上枝。』『竹葉落，竹葉飛，無望翻頭再上枝。擔傘出門人叫嫂，無望翻頭做女兒。』『三月採茶茶葉新，妹在房中繡手巾。兩頭繡出茶花朵，中央繡出採茶人。』『四月採茶茶葉黃，三角出中使牛忙。使得牛來茶已老，採得茶來秧又長。』像這樣攻麗的歌辭，流傳於兩粤的實在不少。

南方歌謠情意纏綿，文辭悱惻，原來也有他的歷史。王逸楚辭章句九歌序說『昔楚國南郢之邑，沅湘之間，其俗信鬼而好祀。其祀必作歌樂鼓舞，以樂諸神。屈原放逐，竄伏其域，……出見俗人祭祀之禮，歌舞之樂，其詞鄙陋，因爲作九歌之曲。』又舊唐書劉禹錫傳『劉禹錫貶朗州司馬，地居西南夷，……蠻俗好巫，每淫祠鼓舞，必歌俚辭。禹錫或從事於其間，乃依騷人之作，爲新辭以教巫祝，故武陵溪峒間夷歌，率多禹錫之辭也。』按禹錫又曾謫廣東連州可見南方歌謠實有楚辭風味，而各地山歌亦每係文人捉刀。

五 劉三姐出處

劉三姐乃兩粵山歌之祖，關於他的生平，有許多半神話的傳說。有人說他是廣西永淳人。相傳有粵東人四名喜歡歌唱，到粵西搜羅歌書，載滿一船，自以爲所得甚富。艤舟到永淳江邊，訪劉三姐。適三姐在江邊洗衣，自認爲三姐的妹妹，問四人到訪有何用意。四人一姓李、一姓陶、一姓祝、一姓石。他們具述來意之後，三姐便隨口唱歌說『姓李唔見李花白，姓桃唔見桃花開，（開字永淳音 Hai）。姓竹要來塘邊種。姓石要來路底埋。』四人瞠目不知所答，退入船裏，遍覓歌書，沒一首可以適用。暗想三姐的妹妹尙且如此多才，何況三姐，遂把歌書完全燒去，而覆船於大江之邊。

貴縣人則說劉三姐籍隸貴縣。境內有唱歌山，上面有歌仙石，一石叫秀才郎，一石叫劉三姐。相傳乃劉三姐和白鶴秀才登山歌唱後所化。相離不遠，又有一覆舟山，相傳乃歌書船云。

潯州府志又說『劉三妹係漢劉晨之裔，父尙義，於唐莊宗時流寓潯州。三妹貌如天仙，聰明而善歌，通蠻語。聞風而來者，迭爲唱和，或一日，或二日，卽罄腹結舌而返。有秀才張偉望者，慕而訪焉。與唱歌三日夜不倦，乃相率登山，連唱七日，聲出金石。久之不見下山。村人登山視之，則皆化爲石矣。』

平南人却說劉三姐是平南產，指他故家在平南縣大容山七排思迴岩脚下的大村心。父名劉國贊，母黃氏，兄妹四人。兄一位，有收滅蝗蟲的奇術，玉帝冊封爲劉猛將軍。姐妹三位，劉大娘居長，二姐雲遊天下，三姐唱歌得道。甚至徭山裏頭，也有虔拜劉猛將軍劉大娘和劉三姐的風俗。

陸次雲峝溪纖志只紀其事，而不說明三姐的籍貫。據說『劉三妹者不知何時人，通曉諸谿峝方言，皆依聲就韻作歌，與之以爲諧婚跳月之詞，後人奉以爲式。蠻人之善歌始此。相傳同時有白鶴秀才，與三妹在粵西七星巖絕頂相酬唱，聽者數千人。歌已兩人俱化爲石，諸苗遂祀奉於峝中。』按七星巖在桂林。據峝溪纖志所表示，則劉三姐又似乎是桂北女子。

廣西容岑一帶，則但指三姐爲大容山人。（按此山跨容平桂等縣地）說三姐好歌行爲浪漫，他哥哥劉猛屢屢勸他，但終不聽。一日哥哥把櫈子攔住大門，自己屹坐櫈上，不許三姐出去。不意三姐有遁形之法，竟自櫈下走出，而高聲唱歌於門外說，『我兄癲，我兄癲，我兄擔櫈把門前。你妹走跟櫈底過，正知你妹是神仙。』後來他哥哥想得一法，拿石頭數顆，要他煎成糕團一樣，方才許他出去。誰知三姐又用法術，把石頭煎成粽子一樣。哥哥只得讓他外出。他出了門，又唱歌說，『我兄癲，我兄癲，馬卵石頭畀我煎。煎得石頭粽嗷軟，正知你妹是神仙。』再後他哥哥在山上設計，想跌傷他，使他不能出去歌唱。他在陡峭的山路走過，石頭一鉀，身體果然倒將下來。正在千鈞一髮之際，他手急眼快，牢牢的抓着巖壁的一條小藤，得以不至跌傷。當他掛在巖壁上掙扎脫險的時候，又唱歌說，『石山裂，石山崩，我兄陷害得人憎。正想跌傷劉三姐，好得個條救命藤。』（個條即是這條）

輿地紀勝和廣東考古等書，均指三姐為廣東人。邕寧東南與綏淥交界處，流傳一個山歌說，『你係廣東劉三妹，我是南山呂洞賓。』這又似乎三姐不是粵西所產。

屈大均廣東新語且指三姐為廣東新興縣人。他說『新興女子有劉三妹者，相傳為始造歌之人。生唐中宗年間。年十二，淹通經史，善為歌。千里內聞歌名而來者，或一日或二三日，卒不能和而去。三妹解音律，遊戲得道，嘗往來兩粵谿峝間。諸蠻種類最繁，所過之處，咸解其言語。遇某種人，即依某種聲音作歌與之唱和，某種人即奉之為式。嘗與白鶴鄉一少年登山而歌，粵民及傜獞諸種人圍而觀之，男女數十百層，咸以為仙。七日夜歌聲不絕，俱化為石。土人因祀之於陽春錦石巖。巖高三十丈許，林木叢蔚，老樟千章蔽其半。巖口有石磴，苔花繡蝕，若鳥跡書。一石狀如曲几，可容臥一人，黑潤有光，三妹之遺跡也。月夕輒聞笙鶴之音。歲豐熟則彷彿有人登巖頂而歌。三妹今稱歌仙。凡作歌者，無論齊民與狼猺獞人山子等類，歌成必先供一本，祝者藏焉。求歌者就而錄之，不得擕出。漸積遂至數簇，兵後今蕩然矣。』以一女子而爲兩廣民謠粵謳木魚歌龍舟歌采茶歌的遠祖，他的歷史竟然這樣不明，眞是可惜。

作者按上述傳說，有指劉猛將軍爲劉三姐的哥哥的。考畿輔通志則指劉猛將軍原名承忠，廣東吳川人，元末官指揮，有猛將之號。江淮蝗旱，督兵逐捕，蝗盡殛死。後因元亡，自沉於河，士人祠祀之。這記錄使我們更難解決三姐的出處。此外還有怡庵雜錄，則謂宋景定四年旱蝗，上勅封劉錡爲揚威侯天曹猛將之神，蝗遂殄滅。此說似乎最不可靠。

六　巧遇兩則

桂省東南一帶，一般人民，往往呼鳥爲郎。如『白頭郎』『頂髻郎』『坡郎』『釣魚郎』之類，（郎音羅康切 Long）。向來無人知道他的意義。作者前在桂西左右兩江旅行時，某日在邕寧百色長途汽車上偶然想起這個問題。當時作者已有相當證據，表明僮人乃古代嶺南的土著。於是心中自念，難道這是古代桂東僮人的遺音。倘若眞與今日的僮音相類，則我的信念又可以加多一重證實了。適遇車上坐在旁邊的是個僮人，我就問他說，你們呼雀鳥爲甚麼？他大聲說郎nlong。我一聽見他的回答，心中如同感電，暢快得很，覺得我所抱僮人是兩廣舊民這一個信念是不錯了。他處僮人有呼鳥爲褭爲諾的乃一音的差異罷。

僮人呼食爲 gum 作者久已疑爲哽字，但是苦無證據。後來想起哽咽二字是我們在文言上所常用的，倘若僮人亦用咽字，就可證明食爲哽了。因此所以在綏淥時，特問周君治長說『僮人呼食爲 gum ，呼吞下去又爲甚麼呢？』出乎意料之外，他竟高聲說，『僮人呼吞爲 un 。』於是我纔知道以前所疑擬的是不錯了。粵語區域每有呼因爲 un 的，咽字屬於形聲。哽咽二字，原來出於西南僮族。再後閱廣西鍾山縣志，知道僮人確稱食飲爲哽咽。

第二十八章　全書提要

(1)華夏漢三字起源於益梁荊楚與古代所謂夷方極有關係。

(2)華族夏族漢族並非單指中原血統這三個名稱是文化的界限，多過血統的界限。

(3)唐虞夏商周秦楚吳越都被古史家列爲黃帝的子孫，其實許多是出於有意的附會中國人的家譜，記述遠古淵源，也往往不能憑信。

(4)古代中國本部的部落一萬以上，漸漸形成許多文化的核心其中最大的乃蜀山和中原兩處。蜀山文化很古，屬於漢族的南支。

(5)遂人伏羲神農黃帝是建立中原古代文化的四巨頭。前三位屬於南支漢族，後一位屬於北支漢族。

(6)現時苗傜獞人敬奉伏羲女媧神農，而不敬奉黃帝，表明炎帝和黃帝一戰之後南支部落日漸退縮，華蠻的文化界限遂起。

(7)古代中國南北部落都是漢族，最初似由隴西川陝高原分黃河上游線江漢線和西南峽谷線三路發展文化。

(8)後來因爲中原在地理上政治上民性上和領袖上佔着優越的地位，所以中原文化成了中國的正統。

(9)自此以後，南人興起握着政權的，也奉中原文化爲正宗。其實舜稷禹湯都不是中原人士。

(10)蠻乃古代南方部族的自稱，蠻閩庥蒙岷民蔓晚等，原來都不是鄙賤的稱謂。後來華蠻界限日嚴，蠻字纔被加上了不良的意義。然而直到如今，南人自稱爲蠻的遺蹟，還是斑斑可考。

(11)周時黃河以南還佈滿南蠻的部落。後來一部分歸化了中原冠族，成爲齊民，一部分向着西南退去，遂成今日的現象。

(12)苗人是最先居住中國本部的漢人部族。他們古代的根據地，卽今日地理學上所謂黃海沿岸和大湖區域。

(13)苗人流傳射殺九日的神話，表明他們古代住地乃在東方。九日似指九個君主。

(14)傜人居住中國本土，或比苗人更早。他們在遠古時最大的根據地，乃是中國的極東，卽今日江浙閩贛等省。

(15)徭族西南移的蹤跡，可於盤古地名的分佈，墟字的使用，僂字魚字的稱呼，和今日徭人自述的歷史傳說等考察明白。

(16)徭人的文化淵源很遠。或謂徭人男丁受田於酋長，不輸賦而服其役，故稱為徭。

(17)僮人亦於遠古時代自江漢線移入，原是姜漢族類，蜀山氏即其部族，古西南夷和兩廣古代土著並猺族暹族，都是廣義的僮。

(18)苗徭僮在言語上喜歡倒裝，有很多的公用冠辭和原始複音辭，並重層音鼻音破裂音；而在風俗上椎髻喜歌，信奉淫祀；又在體格上一律平均短小，所以同隸南支漢族，即姜漢族或炎漢族的系統。

(19)在體質上，苗徭僮才是比較最純粹的漢人，因為中原漢族已經雜有很深的兇奴突厥蒙古鮮卑遼金的血統了。

(20)在祭祀上、姓氏上、耕作上、部落組織上、對外政策上、和心理作用上，苗徭僮相異之點亦多。最顯著和最有意義的一點，就是苗徭倣襲僮語多而僮人倣襲苗徭僮語少。苗徭倣襲而發生許多誤用和濫用，遂使他們的部族特立性有時也覺得可疑了。

(21)有些法國和英國學者指苗人爲白種人，這是一件很滑稽的事。但大多數西方有名學者，則認定苗徭獞爲南蒙古利亞種，與中原漢族同屬一大系統。

(22)作者斷定苗徭獞乃歷史很遠的南支漢人，因爲單就語言而論，苗徭獞語極富 ng 鼻音，特別冠辭非常繁博，文法構造富暗示性，與中國國語絕對相同。

(23)用 ng 鼻音爲結尾的地名，在全世界上，只普遍發現於藏族和南北兩支漢族住地，並印藏之間暨印度之極東區域，以及印度支那馬來半島南洋羣島全境。這事十分有趣。

(24)古代中國國語有許多是苗徭獞音。沱江的沱字，千餘年來學者聚訟，或說禹貢沱江在川，或說在湘，或說在鄂。不知沱字原係獞人呼『河』的土音，至今廣西獞人還沿用着。

(25)獞人古時以東西漢水爲重要的根據地，而且自稱男子爲漢兒，所以獞族才是最十足不折不扣的漢人。

(26)漢語藏語撣語和後印度語，都隸屬於正統單音語系；而漢語又分南北二支。北支就是國語，南支包括苗語徭語獞語暹語和佬撾語。粵語乃是國語和獞語混合而成的方言。

(27)北支漢語因受塞北語言和自然環境的影響，與原始漢音相離已遠，
(28)但因得着文字的幫助，和因政治文化地位的優越，北支漢語竟得成爲中國的國音，在各方言中最佔勢力。
(29)南朝時代，南方國語抬頭，故後來廣韻一書列入南方音韻不少。
(30)苗徭僮遷語與原始漢音最爲接近，閩粵方言亦比北方國語較爲近於原始漢音。
(31)古代僮人（指廣義的）對於安內攘外，幫助國家不少。
(32)僮人何時始入兩粵，議論紛紛，莫充一是。大都以爲元朝來到廣西，明朝來到廣東。
(33)作者斷定兩廣古代土著是廣義的僮族，所謂百粵甌駱俚人烏滸等，均是廣義僮人，不過當時不以『僮族』自稱，而且他們早已歸化，等於齊民罷了。
(34)省府縣志非以科學方法編輯，所作關於僮人的記載不能盡信。
(35)兩廣徭山多用具有僮義的地名，可見僮人到來遠在徭人之先。
(36)僮人喜用兩字地名，且其地名均有僮語意義，兩粵此類地名最多，而且僮人喜歡歌唱，喜歡檢骨重葬，男多逸而女多勞，食物不喜太熟。此類風俗，兩廣仍流行着，可以證明僮人乃是兩

學士著。

(37)僮在史籍上，有『越人』『蠻夷』『西甌』『駱越』『種人』『俚人』『里人』『獠人』『士人』『土民』『烏浦人』『西原蠻』『廣源蠻』等別名。

(38)烏滸蠻即今烏蠻，他們的住地喜用『羅』字名稱。

(39)整個廣狹義僮族的近代別名，有很侗儂仲毋老仡老沙徠伶徉倮儸等。其中狹義或純粹僮人，乃僮很儂仲侗毋老等族。

(40)漢牂牁郡和牂牁江流域的人都是僮族，僮亦因此而得名。牂牁江即大禹所導經三危而入南海的黑水，亦即今日的粵江。牂牁郡跨有黔桂滇三省的地方。

(41)『狼』人乃夜郎遺民，『狙』人乃且蘭遺民，毋佬乃漢毋斂毋棳等縣的遺民。『猶狸』人乃漢有斂縣的遺民。儂人的儂字與牂柯龍姓及晉代桂西的農城縣極有關係。

(42)『狪』佬乃指峒人，『犵』佬乃指溪人，均與僮族有關，古時大部住武陵郡。

(43)今日滇西滇南土族名號，和苗傜族類的支派名稱，遠比僮族支離複雜。而且他們取名多以風俗服色為根據。這些情形表示他們比不上僮人文化的齊整，歷史的一貫，和族類的團結。

(44)廣西苗人大半來於元明兩代，廣東海南島的苗人則於明朝來自廣西。

(45)兩廣傜人古時亦稱山越。一部分爲潮海土著，一部分爲三國孫吳平山越及自五胡至黃巢時流入來的。但傜類最初到達粤江下游，却遠在楚滅勾越的時候。

(46)桂傜或說來自江西湖南，或說來自廣東，或說來自福建。

(47)桂省紅傜所信繼續人種的洪水神話，與苗人所相信的一樣，可見紅傜與苗人從前有很密切的關係。最可異的就是這神話頗類基督教聖經所載挪亞方舟避水的故事。

(48)根據兩廣板傜祖傳的榜牒，而參以其他考證，作者提出十八個理由，表明板傜乃浙閩兩省古代東甌的遺民。他們的龍犬傳說，脫胎於漢初吳王濞事敗逃東甌被殺的一段事實。

(49)榜文中的官職多是傜人自封自受，因爲宋初王室原來採這懷柔政策。

(50)傜人對昝官屯官供給傜役，非常辛苦。此事在他們的歌謠中還可窺見。歷朝傜變多半是土豪和酷吏所激成的。

(51)畲傜以廣東東部爲最多，江西福建浙江也有。

(52)海南黎人有一部分是土著，有一部分是肇慶和梧州府屬等地所移去的土人。照作者研究所得，他們實際都是廣義的僮族。

(53)『黎』乃僮語『峯』的意義。黎村即峯村，黎壁即大峯；此類地名嶺南甚多。

(54)蜑人亦是廣義僮人部族之一，他們就是賧家或河家。

(55)今日桂省人民至少有百分之六十五以上屬於僮族血統。粵省人民屬於廣義僮族即土著族血統的，亦至少等於全人口百分之六十。

(56)僮人民族性的三大特點乃女性的活躍，男子的勇悍，和一般部族吸收力的偉大。

(57)唐末以前，嶺南樹木蒼鬱，瘴癘蒸騰，毒蛇猛獸充斥各地。

(58)燧人遊南垂，未必就是南越。堯命羲叔宅南交，和成王時越裳氏來貢，似乎取道雲南。湯定四方獻令和成王王會，嶺南方才開闢。

(59)春秋時嶺外地方受楚國影響最大，楚威王且在南海建立楚庭。

(60)秦始皇闢嶺外陸梁地為桂林南海象郡，中央經營嶺外，這是一個起始。

(61)趙陀統治南越，稱南越武王，採用隨俗雅化和土客聯婚政策，而且廣任土人為官吏將帥，所以第一期僮族歸化甚早。後來南越王相呂嘉反，由路博德楊僕等率兵討定。

(62)西漢時廣信人陳欽陳元精左氏學，這乃嶺南文教之始。

(63)東漢光武時，交阯女子徵側徵貳反，馬援和段志出兵把他們討平。

(64)漢時交阯郡人口八倍於南海郡，此點甚有意義。

(65)東晉至隋，羣雄逐鹿，嶺南土客混合更甚。

(66)唐宋在嶺南分管分路，設立屯田，謫放學子，政治開發，規模最大。

(67)廣東富家大族，大部來於宋末。廣西冠族，則大半來於明末清初。

(68)嶺南古代交通，以自湖南零陵出桂林下灕水這一路爲最衝要。其次有廣東北江的湟水武水湞水三路。南海南北行兩水路，開通亦早。邕州南行一路的開闢，先於北行一途。由宜州直通牂牁一道，漢初卽已開啓。至於容州南通合浦交阯的大路，則古時亦殊重要。

(69)嶺南向來是政治軍事上的一個大單元。唐宋根據水道分管分路，意義亦頗深穎。

(70)嶺南倒裝地名甚多，這乃僮人遺跡。

(71)城父城潁成紀乃中國古代倒裝地名，可見當時僮人勢力甚廣。

(72)娥皇女修后稷公劉等倒裝名辭，大約都是出於蜀山文化。

(73)兩廣語言的倒裝辭很多，豆角薯萓便是兩個例子，均出僮人習俗。

(74)兩廣地名冠首字最普通的，有『那』『都』『思』『古』『六』『羅』『雲』『板』等字每字都有特別的僮義。

(75)『伏陀村』在僮語是指對河村。若照字面解釋，指爲平伏陀姓，那就錯了。兩粵地名多半不能照字面解釋，因乃出於僮語。

(76)兩廣地名非常一貫，廣西地名多數在廣東留有痕跡。這事更足證明兩廣古代都是僮人地方。

(77)山東古邛地古濮地有許多倒裝地名，令我們天然聯想到僮人苗人的故居。

(78)類似僮人所用之兩字式齊頭式和倒裝式的地名，在東方亦有發現；如於越於潛句吳句章等，極堪注意。

(79)廣東廣西的白話統稱粵語，與自然音特別接近，而且較近原始漢音。

(80)北方古音存留於兩廣的很多。『見』『谿』之讀喉音，便是一個實例。

(81)北方古語有許多是出於蜀山和苗傜部落的，這些語辭留存於兩廣的亦衆。

(82)吳越古語今語與兩粵方言多有相通例如呼小孩爲『孲』古吳語和今粵語客家語僮語暹語並一部分的傜語，完全相類。

(83)粵語從苗傜採來的聲音和辭語甚多，但從僮語採集而來的最爲繁博。就大體而論，我們可以說兩廣白話是僮語和北語的混合體。

(84)廣東廣西土白有十二聲，即陰平、陰上、陰去、陰入、陽平、陽上、陽去、陽入、中平、中入、和陽抑、陰抑。抑聲部分，以容管語發長最爲圓滿。

(85)兩粵銅鼓絕對不是伏波孔明所鑄。

(86)這些銅鼓乃傩越人所造。從銅鼓出土，銅鑛出產，銅器使用，銅器與鼻音關係，和交阯爲古代揆景地方等點，可以證明一切。

(87)銅鼓最初用處，似爲祈雨鎮雷和領導羣衆數項。

(88)銅鼓入土，起於唐宋時代，銅鼓出土，則在嶺南方面以傜僮消長線爲最多。當時大都因爲逃難而埋藏起來。

(89)廣西桂平都合附近一帶，有許多銅鼓出土，又有種種古代石刻發現。這確是嶺南古代僮人的一個文化區域，很有考查研究的價值。

(90)古西南夷都是廣義僮族。古巴蜀兩國的人也是僮類。

(91)六詔君主稱號皆採前代最後一字爲後代最前一字，甚合中原古例。

(92)印度支那在遠古時代，馬來人據其南，撣人據其北，東北角則爲哀牢領土。越裳扶南都是撣族國家。後來馬來人被逼而向南遷徙。

(93)暹人是我國蜀山漢族的嫡裔，三國時一部分移入印度支那，唐時確立勢力於景邁附近，元時暹與羅斛合成暹羅。暹羅語言風俗，與廣西僮人相類。

(94)暹人自稱泰族，實乃『爨』字的譯音，作者堅信他們是漢牂牁郡的遺民。

(95)雲南在秦漢時已爲西蜀和印度交通的孔道。

(96)西藏族乃羌人與鮮卑禿髮部的混種，用單音語，他們的語言風俗，表示與苗僮有密切關係。

(97)印度東北諸小民族，在語言風俗上，也與苗僮有關。我們不能不承認在極遠古的時代，後印度民族西藏民族印度支那民族和漢族當中的各部落，在血統上原是一家之親。

(98)僮族古代集中荆益二州荆就是姜的轉音益就是夷的轉音

(99)劉三姐乃嶺南的歌祖，或指爲粵東人，或指爲粵西人；她的生平與徭僮甚有關係。

(100)在總括中認識粵江流域古代史地研究的重要性。

苗徭僮黎是黃河以南最原始的漢人，而且是我們整個漢族最基本的骨幹。我們可以稱之爲姜漢族或炎漢族，以表示與姬漢族或黃漢族的分系。用『苗』字或『泰』字概括他們均不妥當因爲苗族泰族只是其中的一部分『越』字雖然包括吳越閩越南越夷越甌越駱越越裳越窩但古代荆楚部族却不在越族之內

怎樣見得他們是黃河以南最土著的漢人呢？一、原始漢族是用倒裝辭的，從骨甲文字和遠古記述的例裝遺跡可以推想而知。現在的苗徭僮黎，仍普遍的使用着。二、原始漢語是最富於鼻音喉音重唇音和破裂音的，如今苗徭僮黎所使用的，正是這樣的單音語。三、漢語特別富於冠辭。目前苗徭僮黎的冠辭種類，實在非常繁博。四、黃漢族民間所不流傳而經籍上只有一鱗半爪的許多皇古傳說，如盤古故事十日故事和伏羲兄妹平水故事等，苗徭僮人却很生動的流傳着。五、中國古代的地名如斟尋斟灌成紀成武等，多用齊頭形式，與歷代苗徭僮黎的原立地名無異。六、『華』字『夏』字『漢』字均起源於古代僮人據域而稱人；爲民爲蒙爲黎，亦不外脫胎於自

古以來苗徭自稱之語。七、中國傳說的古代君主，如燧人伏羲女媧神農等，其所生所治所遊和所葬之地，多在日後目爲東夷或南蠻之區。而且前三位姓風，後來東方卽有風夷。神農姓姜，後來南方盡號姜族羊族。八、現在苗徭獞敬拜伏羲女媧神農，而不敬祀黃帝，此點更堪注意。根據以上所述，可見苗徭獞黎確是黃河以南最原始的漢人。

既然他們是黃河以南最先有的漢人，他們的地位重要可以想見。我們研究中國有文字記載以前的歷史，深覺材料缺乏。其實今日苗徭獞黎語言傳說風土人情的探討，正是很好的資料。作者相信在發掘古蹟以外，這種探討，對於中國古史的研究，確然最有幫助。

曠觀今日中國，這些苗徭獞黎古族遺民集中的地方在那裏呢？他們的集中地，乃是兩粵滇黔四省。換一句說就是粵江流域。目前苗徭文化較爲零落糅雜。兩廣獞族則上承衞濮荊湖巴蜀夜郎甌駱百粵文化澂瀁的餘緒，語言制度最爲完整，人物才度最爲雋秀。而粵語區域因自趙佗以至南漢兩宋，多採懷柔政策，在血統上仍以獞族爲最大成分，所以獞族古代文化的間接保存，更非鮮少。粵江流域，尤其是兩廣之爲中國漢族古史材料的豐腴供給地，可以不言而喻。那末這粵江流域人民史的研究，原是中國古史極重要的一頁。他的價值，又何嘗限止於鄉土志呢！

附錄一　關於嶺南的重要舊籍（近著不錄）

(1)南越行紀。　漢陸賈著　佚　南越包括今日兩粵
(2)南裔異物志。　漢楊孚著　佚　簡稱異物志
(3)南州異物志。　吳萬震著　佚
(4)廣州記。　晉裴淵著　佚　當時廣州包括今日兩廣
(5)交廣二州記。　晉黃恭著　佚　簡稱交廣記
(6)交廣春秋。　晉王範著　佚
(7)南方草木狀。　晉嵇含著
(8)南越志。　南朝宋沈懷遠著　佚
(9)北戶錄。　唐段公路著
(10)嶺表錄異。　唐劉恂著
(11)嶺南異物志。　唐孟琯著　佚　兩廣當時均屬嶺南道

(12)投荒雜錄。 唐房千里著 佚

(13)南遷錄。 唐李德裕著

(14)南漢劉氏興亡錄。 南漢胡賓王著 佚 南漢國包括今日兩廣地方

(15)嶺外代答。 宋周去非著 （周曾官桂林）

(16)南漢書。 宋周克明著

(17)百越先賢傳。 明歐大任著

(18)嶺海名勝志。 明郭棐著

(19)嶺表奇觀。 佚名氏著

(20)嶺南風物記。 清吳綺著

(21)南越五主傳。 清梁廷枏著

(22)南漢春秋。 清劉應麟著

(23)嶺南雜記。 清吳震方著

(24)廣東通志。 初稿明戴璟編明嘉靖黃佐修萬歷郭棐修清雍正郝玉麟修道光阮元修 宋胡槻普寧縣志宋陳峴南海縣志宋黃以寧惠陽志均粵東縣志的前鋒 可惜宋元各志均佚 明永樂時始詔天

下重修 本表只節錄重要舊故兩粵府縣志均不錄

(25)廣州人物傳。明黃佐著

(26)粵大記。明郭棐著

(27)廣東新語。清屈大均著

(28)南越筆記。清李雨村著

(29)南越遊記。清陳烱齋著

(30)羊城古鈔。清仇巨川著

(31)粵觚。清鈕琇著

(32)粵東筆記。清李調元著

(33)粵中見聞。清范端昂著

(34)海國聞見錄。清陳倫炯著

(35)粵遊日記。清王鉞著

(36)嶺海見聞。清錢以塏著

(37)粵東金石略。　清翁方綱著

(38)廣西通志。　明黃佐編　清有金氏李氏修本

(39)桂海虞衡志。　宋范成大著　(明王士性著有桂海續志)。

(40)驂鸞錄。　宋范成大著

(41)赤雅。　明鄺露著。

(42)南征錄。　明張瑄著

(43)粵西叢載。　淸汪森著

(44)粵西文載。　淸汪森著

(45)粵西偶記。　淸陸祚蕃著

(46)蠻司合志。　淸毛奇齡著

(47)粵西諸蠻圖記。　淸錢元昌著

(以下各書雖非嶺南史地專著，但亦關於嶺南的參考要籍。)

(1)水經注。　後魏酈道元註　(相傳此書乃伯益所作)

（2）方言。漢揚雄著

（3）越絕書。東漢袁康著

（4）華陽國志。晉常璩著

（5）蠻書。唐樊綽著

（6）各朝國史。特別注意其中所載西南夷傳南越傳南蠻傳及地理志等

（7）各朝地志特輯。如唐李吉甫所撰元和郡縣志宋樂史所撰太平寰宇記宋王存所撰元豐九域志宋李昉所撰太平御覽及明統志明彙典清統志等

（8）通典杜佑通志鄭樵通鑑司馬光及文獻通考馬端臨

（9）交阯占城扶南等外傳。

（10）朝野僉載。唐張鷟著

（11）路史。宋羅泌著

（12）溪蠻叢笑。宋朱輔著

（13）方輿勝覽。宋祝穆著

（14）老學庵筆記。宋陸游著

(15)炎徼紀聞。　明田汝成著

(16)峝溪纖志。　清陸次雲著

(17)天下郡國利病書。　清顧絳著

(18)雲南通志、貴州通志、湖南通志、江西通志、及福建通志。

(19)南詔野史。　清楊升庵著

(20)滇考。　清馮甦著

(21)滇海虞衡志。　清檀萃著

(22)說蠻。　清檀萃著

(23)黔書。　清田雯著　續黔書。　清張澍著

(24)黔中雜記。　清黃元治著

(25)西清古鑑。　清乾隆勅撰

(26)山海經晉郭璞註　淮南子漢劉安撰　博物志晉張華撰　搜神記晉干寶撰　述異記後漢任昉撰　山堂考索宋章如愚撰　風俗通後漢應劭撰　等書。

附錄二　徭民榜令文件（誤字悉照原文按語乃本書作者所加。）

（廣西大徭山板徭徭豪存有評王發給徭民榜令律例條款牒文上面蓋有特殊硃印徭豪視同珙璧全文大約乃歷代多種文件集合而成最初文件始於唐朝貞觀年間最後纂輯則在明朝正德時候作者在劉錫蕃君處曾見古本一份在徭山曾見抄本片段桂省政府且存有古本照相本篇乃作者在桂林時錄自蒙君立强鈔本蒙君曾在徭山工作研究頗有心得）

盤護王龍犬有猛虎之威，有二十四斑點。教初生在東海劉家所被劉男劉女弟稱是生母仙伲，不養。將去都落日隨跟紫王。路中遇一婦人，大叫一聲，紫王左右臣大悅，進朝引龍犬入內宮，飲食美味待之不淺。紫王每坐朝廷，賞令侍側，以大將安計再戰評王，斬取頭級，可安國界，是夜排筵飲酒，大醉昏迷不醒，人事不管。龍犬心思報主之恩，威猛功勞，心生一計策。是夜走至龍牀宮，一口咬定頸中，咬脫頭級不放，偷出外邊，拖頭過海，回歸朝內，血污在身。大臣僚畢抱住，問言龍犬曰，汝自取得口啣紫王級，到殿前朝見評王盤護。祈陛下，小龍犬奉旨施行，不敢違令，斬取紫王頭級，到殿前在此，乞我主恕罪。評王大悅，是犬身威猛勇。立時陛下殺牲備酒，大排筵席，三日三夜，大作鼓樂慶賀。以此國界安甯。諸臣啓奏盤護王陛下，無別因，我主金口勅令，若有何臣收斬紫王頭級，願賜三宮之女與他爲妻。如今龍犬過海斬取回朝，望我主陛下勑令。盤王想起，將三宮女□□□□□大笑陛下將三宮裝扮衣裳插帶梳裝備辦整齊，來到盤王殿前，深深參拜。龍犬看見向前一口咬定三宮女黃裙脚下不放，要與我龍犬配合。我奉你父親之令，游過海取斬紫王頭級回朝，你父將你配合我等爲妻。三宮女准願父令，當憑許王爲月老，就入京內排宴成親，勑令

預備鼓樂，送入稽山安住居。（按稽山在河南修武縣西北另一稽山則在安徽宿縣西南稽字與猺字頗似猺山在山東臨淄縣南十五里詩齊風『遭我乎猺之間兮』即指此山水經註作猺屆氏廣東新語猺人條說猺人舊居文昌東北百里東猺山）每年差人供奉錢粮，夫妻食用，黃金白銀共交八十萬，供應官賜二品尚書。勑令文武官員，照牒放免一切，前後只許青山白雲之地安，後宮女育生四男四女，分爲八姓，龍藍卜劉唐秦戴文，此乃八姓龍犬之先□□花衣紅猺，搬移居住王山爲業，永遠爲悉存照。（按上述龍犬故事與范曄後漢書所說多有不同可見同源異述而漸成荒誕）

先因盤護王娶許王殿前一宮女，配合爲妻，育生七女。後征伐海外，龍犬收斬紫王頭級，國界安寧。（按上文說龍犬是盤護王所畜娶許王宮女爲妻又說龍犬朝見許王盤護可見許王和盤護王原是一人現在又說盤護王娶許王宮女前後頗形矛盾且上文說龍犬之後八姓乃花衣紅猺本段則說盤護王之後十二姓乃花領板猺此點頗有意義。）盤護王不願登佐殿爲主，願將男女分姓爲花領板猺。許王殿前陛下，急付五姓天子王孫公侯商議，勑賜各委盤沈王李鄧周趙雷鄭馮高包弓弩酬償，各補官祿，飲奉錢粮黃金白銀二十四

萬。王猺子孫年年完納供應，官賜一品都尉護國尚書盤王顧十二姓發於青山安住，正爲盤王子孫，永居山田爲業。評王准令，以盤猺置榜開國文牒給付護照。貞觀三年（按貞觀乃唐太宗年號。）先緣子伏兵部尚書勅封盤猺子孫宗祖敬香火。七月十四日所爲目連節，十二月三十日爲大年節，永在青山開具之神。請動三清盤王聖帝盤十七郎，盤九郎，（按秦漢有郎官但通稱男子爲郎及通稱主人爲郎則始於唐朝。）禾花姐妹，聖僧和尚，行郎把傘口口如今後代王猺子孫，宗祖居青山，逢節設祭此神也有靈顯，護獲金銀財寶，祈保千年萬代。蒙光州司馬使經鄭文式屍死於石羊縣，夫人部唱悟先府究都尉尚書有於山內，貞觀三年立置十二姓，王猺子孫永曉世務，分耕青山田源各處山場。三鍬以上之地，離田三丈三尺，不到。離三丈六尺，旱水不上，乃是猺人之地承管。以下三鍬之地，乃農民耕種，送納王粮。三鍬以上之地，乃養生送死安葬，一依三千條罪律令施行。（按尚書乃秦置官名漢唐宋各代均存都尉乃漢置官名宋遼金元所無周公卿大夫士有九等之命但九品之制則自魏以後始有目連節即盂蘭盆會目連亦作目犍連乃佛祖的大弟子相傳嘗入地獄救母光州後魏置即山東萊州但唐時光州即今河南潢川縣石羊縣無此地名綜察上列各點可見此盤猺開國榜文必非唐朝以前所作似乃貞觀時作品）

入山內居住，准刀耕火種，山田坑處管業，蠲免國稅夫役，各照律令。

入山冲中嶺田擺（當係擺字）歸王猺子孫承管，勅令無粮無稅，准照律令。（按山冲的冲字乃皖南和湘粵桂所通用的。）

（⊙以上似係明朝猺曾追敍唐時猺人榜文。）

國家普天下萬頃山河，青山茅坡，乃係朝廷山場，仍須王猺子孫承耕青山荒茅田園，自置山貨藤豆旱禾糯粟麥芋頭薯羌瓜菜茶葉木竹松油百項等件，與客通販榮身。（當爲營生二字）猺山准客民浮遊販貨，不許漢家僞害，（當爲危害）豪富欺凌侵奪山貨肥身利躬。（按上列各山貨名稱尤其是旱禾茶葉兩項顯然是皖豫以南出品）如有百姓霸佔山林荒山田圜源，（當爲准字）猺人恭吉。（當爲攻擊二字）倘有刁橫強誣霸佔，當該稟赴前令切休官有究治。不許差役強鎖猺人王猺永居青山，屬國家所管。遂給券牒付與王猺，永遠萬代膽備後代。時官之□□□□□地，盤王猺子孫將國分界通呈官司勝念（當係信任二字）之人，觀中間有無筆文字物。（當爲字墨二字）□□□律令出世子孫乞恩放行。右牒上奉十二姓王猺子孫永遠爲照。右牒十二姓板猺搬移家丁妻兒男女衣箱鎗刀鎵百行等件，遊過尋訪山場畊種。經過各省佈政司府縣，鄉村路頭關津鐲（當係隘字）口軍民巡捕兵丁把截去路，不許行兇盤問。開關放行，切莫阻擋行程。文引爲照。（按布政司乃官名，明太祖分全國爲十三布政司。）

右牒盤猺子孫搬移由恐缺乏盤費，任從逢州食州，逢縣食縣，逢鄉食鄉。猺人尋得青山荒地居住，耕管爲業，呈將榜牒爲照。

右牒十二姓永遠管山，刀耕火種山田，餘得活命。（⊙以上似係明代板傜遷徙牒文。）

先日盤護王處𨈬山嶺青山捕獵石羊，不料錯脚被石羊角抆落石岸㰅□□□傷而死。子孫逐日尋找屍，將歸七賢垌南山安葬。（按垌字乃南方所用地名）而連把首啼唷□□□唱跳作樂，三日三夜，驚天動（當缺地字），因前便是許王子孫宗祖，許王勅令□□□□□□王猺子孫，敬奉盤王聖帝子孫使動長腰木鼓□□□□隨鼓嚮板猺身穿花領衣，頭上梳裝，引出男女搖天動地。□□□□□□人於木極銅鈴王猺子孫侍奉香火，亨受（當係壽字）無疆，功積連綿不朽，合□□□律令條開列於左。

一、准令王猺子孫所居青山冲嶺田園荒地，刀耕火種。山源水口田園，以上三鍬之地，不許百姓漢家客民霸佔。以下三鍬之地，原係百姓輪納租粮，夫戶役不免。許王陛下勅令王猺子孫，耕山不許上粮，耕種山田切莫上粮。以此原係開國許王田園山林，倘若離三丈六尺，犀水不上，原係所管之業，准律施行。

一、准令漢民不許取猺女爲妻，民不許與百姓爲婚。盤王之女，嫁國漢爲妻者□□□□□。倘若不遵律令，處備𧵳子作酢三甕，開通銅錢三百貫，六節竹三百枝，狗出角作梳三百付，老糠紡索三百丈，枯木船一只，寬八尺，厚十二寸，深長十二丈。若有百姓成親者，無此六件定言（當係然字）入官究治，依律除之，山田撥歸王猺。准令施行。

一、准令各省府縣州司官吏，公事不許科派諸盤夫役，並以蠲免粮租。往來山峪，不許問律盤查，准令施行。

一、准令十二姓王猺上考各省府縣，賜官僮職，點取舉人。居住青山，不許結儔。（當係仇字）准令施行。

一、准令王猺子孫永代所入各省佈政府縣見官，不准王猺下跪。父母病逝，丁休三年，不當殺牲告判。逢水過渡，不使錢文。如有不遵□□□，償令施行。

一、准令十二姓子孫自行嫁娶，不許與族內配婚成親，倘若不遵，稟官依律施行。

一、准令王猺子孫出入搬移，任從所帶弩刀鎗，不許官府軍巡捕百姓盤查阻擋，准令施行。

一、准令應承王猺耕種山林荒地田園，不問原由廣闊遠近水源尺丈，付與王猺子孫世代管業。逢山刀砍，逢水開田養活，山土耕敗栽種等件，山貨生理，通客販買，不許誣猺行兇強取。倘若不遵，任從王猺刑罰，償令施行。

一、准令從學武藝，不許府官貞（當係徵字）派，當即准令施行。

一、准令天時不雨，大旱禾苗五穀焦枯，任從王猺師道付出府縣，祈求風雨。（按府乃明清制）俗國俗民，宗廟天廷，玉皇大帝，開天立地，聖帝盤皇，高山宗祖，衆皇見吾道德，普奉准令。護王盤古聖帝所管百萬百千山林山水田地竹林木植蕉藤白藤，置出。盤王子孫所管百萬山田，皆是猺山管業。但有高山田園山林高坪荒地茅坡，離田三尺，離水三寸，各依分界，不以（當係與字）民間之事。離口口口口若上下三尺三寸王猺安葬之地，百姓不許阻擋。青山荒（當缺地字）刀砍火燒，種禾撒穀麥穄粟，栽種爲食。（按只有粵語呼粟爲穄。）三月清明下本，夏月耘苗除草，秋月禾胎入米，冬月收藏，世代不入租稅。王猺子孫各戶，侍奉盤王大帝三廟大皇，長腰木鼓，吹笛笙歌，鳴鑼鼓板。隨唱男女，連夜達，天轉地。（達下似缺旦字地下似缺覆字）猺人世代家安樂，居住山林，日共青山對座，夜有百鳥共棲。男人吹笛學師，女人花針線習歌，日日快活。春到五穀栽種雜粮，插田種豆薯羌芋菜等項，所爲活命，不理民間之事。仍棲朝廷官地，燕飛不過，平田平水，舟車借國皇帝地面，百姓所耕，養生送死，錢粮當夫，送役戶口。王猺子孫居住高山草嶺，養生，敬奉盤王聖帝。但有高山厚嶺，日月照臨，聽聞禽獸之聲；青山石壁，所聽聞餓鬼之聲；荒地冲中，常聞野狸之叫；乃係猺人之業，栽種養活，永代本份。倘有貪官軍民兵堡差役，生計侵略猺山，捕捉指猺人爲盜，橫生禍端，誣害猺人，不准律罰。准令施行。（⊙以上似係明代徭山所守律例。）

評王牒文開列於左。

右牒王猺子孫由，恐過犯王法律條，勅令各省府縣官員輕審，勿得杖打償命，死徒查明原由，施歸准諜。右諜天下十三省佈政司，各省府州縣軍民人等，以山內猺人不同，各均山水地界。普天下置有東南西北，乾坤艮巽，金木水火土，但有青山荒地，茅坡草嶺，東南以北，四方豎立千萬茅房瓦屋。西至九州等處，有神農五穀，與猺人養生性命。此乃淸泉源水流不乾。勅令第一山場山地，第二山坡嶺田，荒拋冲田，皆與猺人管業之田。但有山林竹木等項，不許百姓別人亂斬。第三坡水下民家管業，春早時百姓開水入田，卽係民家所管，納粮，以民不同。各有山水分界地面不同。盤王子孫之業，百姓客民之田。猺人山田嶺水，百姓坪坦之田。各立尺寸，二家不得爭佔。倘若漢民恃強誣僞猺人所執，盤王仍立爲始置文立牒。倘若民等不依定界，卽稟官究呈上官，有准除強民定律。

評王盤護榜文照牒，傳與王猺子孫，萬古傳留爲照。右牒榜文付盤王三郎，盤紹七郎，准此爲照。計開猺人老名下高太祖皇盤護男女大小三千七百五十四號，計開十二姓盤王猺姓名開列於後。

第一姓盤陸□□□才富，封助□□□□□□□，補充叅州刺史。（按無此地名。）第二男姓沈名賢成，封國侯，食邑五千戶，補充刺州大將軍。（按無此地）第三男姓包名進承，封都尉，食邑三千戶，補充桃州都尉刺史。（按無此地）第四男姓黃名文敬，封光祿大夫，食邑三千戶，補充堯州都尉。（按無此地）第五男姓李名思安，封財祿大夫，食邑三千戶，補充本司候（當係僕字）射郎。第六男姓鄭名連宴，封安國大將軍，食邑一千戶，補充勝州都尉。（按隋置有勝州，在今綏遠托克托北）第七男姓文名友旺，封都大將，王氏夫人。第八男姓趙名朝昌，都尉國公，楊氏夫人。第九男姓胡名通廣，封都總將，永氏夫人。第十男姓雷名萬朝，封護國將軍，喜氏夫人。第十一男姓鄧名富有，封護國公都尉，楊氏夫人。第十二男姓馮名德忠，封經國門下大學士知州，柳氏夫人。右仰准如前令乞恩議定十二姓各門下議立勅官，各賜各品尙書都尉。

令准猺人入科考取者，准令右仰各姓爵官如前議定官品。門下大學士臣林光（按林光宋建安人，字子輝，乾道進士，歷知信豐，及承議郎）奉照議定姓名。大學士臣劉居上奉馮德忠封經國大侯，門下大學士。臣羅道上奉官品大學士。臣劉居上奉東門大將軍，金騎都尉。臣經專上奉南門大將軍，雷騎都尉。臣羅行上奉西門大將軍，飛騎都尉。臣何林上奉北門大將軍，節飛都尉。臣劉任上奉中門大將軍，節騎都尉。臣劉光輝中國大夫知國事。臣盧節奉給事，策令宗奉正諫大將軍，節度判使。臣李行林奉金紫光祿大夫，上柱國，佐首舍人奉各皇名列於左。

景炎一年（按景炎乃宋端宗年號。）
元復二年（按元貞乃元成宗年號。）
至大四年（按至大乃元武宗年號。）
正德一年（按正德乃明武宗年號。）
明道五年（按明道乃宋仁宗年號。）
至元三年（按至元乃元世祖年號。）
大德一年（按大德乃元成宗年號。）
皇慶四年（按皇慶乃元仁宗年號。）
乾文八年（按無此年號宋孝宗有乾道朝）
知政十六年（按無此年號元順帝有至正朝）
（以上各年號有前後倒置處。）

開寶二年八月十五日，（開寶乃宋太祖年號在乾德後）給照施行普天下各省佈政使司，一千九百零四處，一分田塘九分山岡。一分田塘百姓耕管九分山岡山田冲田猺人永遠耕種爲業。此猺過往搬移情形，執此照爲實欽差官員巡捕兵人等官於建除一年八月初六日，（按無建除年號宋太祖建隆年號在乾德前。）山東佈政司吏青州府縣相同出入護照。（按自漢唐至清每代縣份均無一千九百零四處之多又宋代只有安撫司而無佈政司宋元皆府制亦與明清的府縣制不同青州府明朝始有）

但有猺人居住山林山坡荒地，四至千萬山田，生有杜林冲田山田，皆歸開國王猺子孫管業，鐲免皇稅當夫科派。王猺原有田地，栽種五穀。青山主有山猪山羊山貉山麖山麂山鹿山猢山猴山獵山雞百鳥溪河水魚，或出偪人。

評王盤護聖帝勅令，准與嬌兒子孫，任從弓弩打獵，射死禽獸，可以有種有收，可無耗食五穀，便爲養生，幹免朝廷府縣粮税。倘有軍民鄉村里老百姓頭目，三千戶如有不遵律令之人，亂入科派夫役，强取物件，收税納租，勅令猺佬猺目（按佬字只用於粤語）所將右特盤王□□□□□□，枷木押，將强歹之人捆綁鎖搏，扭解官究治，依律刑罰。當討錢一百貫，白米八十石，官使杖打八十六棍。奉吾盤王之令，如有百姓强爭地界，唆詐盜偸，殭婪棍强阻，山林荒山田地各有定規，誣害王猺子孫，任從稟官吏究治，准奉評王律條施行。

太祖王徭居住地方，不敢爲匪爲歹，並無盜心横强，可保全身安生樂業。王猺原係善人，牒文爲照，勅賜皇名。

□□六年（按宋乾德前乃建隆只有四年）

乾德五年（按乾德乃宋太祖年號。）

開寶八年（按開寶乃宋太祖年號。）

端德三年（按無此年號，宋太宗有端拱朝）

淳化九年（按此乃宋太宗年號，但只有五年。）

端拱五年（按端拱乃宋太宗年號。）

天禧六年（按此乃宋眞宗年號，但只有五年。）

盛平六年（按宋眞宗有咸平年號。）

祥符四年（按祥符乃宋眞宗年號。）

天聖九年（按天聖乃宋仁宗年號。）

嘉慶八年（按宋仁宗有嘉祐年號。）

景佑四年（按景祐乃宋仁宗年號。）

康定二年（按康定乃宋仁宗年號。）

皇佑五年（按皇佑乃宋仁宗年號。）

元祐六年（按元祐乃宋哲宗年號。）

紹聖四年（按紹聖乃宋哲宗年號。）

元符三年（按元符乃宋哲宗年號。）

淳堈十六年（按無此年號宋孝宗有淳熙朝）

開禧十二年（按開禧乃宋寧宗年號。）

寶應三年（按宋仁宗有寶元宋理宗有寶慶號。）

景德四年（按景德乃宋眞宗年號。）

乾興二年（按乾興乃宋眞宗年號。）

明達四年（按無此年號宋仁宗明道亦只有二年。）

治平四年（按治平乃宋英宗年號。）

寶元二年（按寶元乃宋仁宗年號。）

康歷八年（按慶歷乃宋仁宗年號。）

元禮十年（按無此年號宋神宗元豐亦只有八年。）

乾寧八年（按宋神宗有熙寧年號。）

端國二年（按無此年號宋徽宗靖國朝只有一年。）

慶元六年（按慶元乃宋寧宗年號。）

至道一年（按至道乃宋太宗年號。）

重和一年（按重和乃宋徽宗年號。）

紹興三年（按紹興乃宋高宗年號。）

乾定九年（按宋無此年號宋孝宗有乾道朝。）　端平六年（按宋理宗端平朝只有三年。）

紹定六年（按紹定乃宋理宗年號。）　嘉泰六年（按宋寧宗嘉泰朝只有四年。）

淳祐三年（按淳祐乃宋理宗年號。）　皇祐五年（按皇祐已見前此必指宋理宗寶祐朝。）

宣和十年（按宋徽宗宣和朝只有七年。）

（按上列年代紊亂顛倒第一在事實上宋朝各帝順序乃太祖太宗眞宗仁宗英宗神宗哲宗徽宗欽宗高宗孝宗光宗寧宗理宗度宗恭宗端宗帝昺第二端拱之後乃淳化淳化之後乃至道至道之後乃咸平咸平之後乃景德景德之後乃祥符祥符之後乃天禧天禧之後乃乾興諸舉此兩例已可概見上表年代倒置的情形。）

聖帝同使猺人原是開國皇帝嬌兒子孫，王猺於紹興十六年五月十三日（紹興乃宋高宗年號）出照發下各處地方，據榜實貼欽蒙償示。（按高宗乃南宋開基第一主時正在金人攻陷汴京徽欽蒙塵之後）敕賜該王猺撫戶三千七百五四號，拗合回山，（按回山的回字甚有意義）償賜金銀萬兩，綢緞綾羅千疋，白米百萬石，金錢千貫，五穀本五百石，弓弩鍬刀斧鋤六畜犧牲鍷鍋等項。各物償賜付與王猺子孫，永代茂盛。

聖帝敕賜養活性命，開國天子殿前敕令所發王猺前往，即依言安居養活。（按發庄二字亦堪注意。）長衫大袖，猺男便打長腰木鼓，猺女身穿闊領青衣。日在青山之地，賜有金銀財寶王猺子孫遊山之處，養生病死，無論老虎石麒麟口，獅子口，龍頭龍口，龍爪龍尾，任從葬之。右牒勅賜十二姓王猺子孫任從浮遊天下，隨風雨浪，逢山吃山，逢水吃水，有山砍山，有田耕田，無田耕地。十二姓猺人來不齊來，去不分家，世代本分，乃助國之人，以

聖帝勅賜地方居住。給立

評王給榜令律法條劵牒。

王徭照驗施行。

⊙以上似係徭酋在明朝所作遷徙榜劵牒文，其中敍述自宋太祖以來所受朝廷厚待恩典。

（按(1)上列全文必係明代所作(2)此文必是多種傳說及多種文件集合而成(3)此文乃板徭所存有的(4)此文不是朝廷所發乃是徭酋發與遷徙徭民之一種榜牒(5)文中最堪注意之四個日期乃唐貞觀二年宋開寶二年宋紹興十六年及明正德一年包括自公曆元後六二九至元後一五〇六共八百七十七年之經過(6)作此文之地點乃兩粵說白話的地方）

附錄三　苗民譜本

（作者在桂北搜獲苗民譜本多種很希奇的一件事就是他們大致相同尤其是譜中註有同一歌頭的更為類似此等譜本所記遠古歷史且有與徭人傳說相同之處在事實上苗徭均奉盤古玆特附錄一份於下其中誤字甚多悉照原文不可解釋的地方只好揣測意會因為此類譜本苗民長老用來唱誦自己也不全懂）

羅鼓淨聲，肚裏淨言今日不是為朋結友，不是為弟結兄，不是金爺認子，不是龍胎鳳骨，不是看門亂石不是無路坐風吹。今日花紅吃酒，打馬遊街，世間一年有幾宗美事。迟（按乃起字）屋坐廈為美事，紅年滿壽是美事埋金過骨是美事，招親結果是喜事，架橋度花是喜事，生男育女是喜事。三宗喜事，三宗美事上古元年人吐書下古元年把本畫符。不講公爺一出，明月一落。日出有山，月洛（按乃落字）有圖。尋天說不盡，尋地說根因。說公爺出身之地，鴨府坐堂，扳船扳過洞庭湖。船到洞庭大也小，客到南京有也無。屋上秧瓜原有本，十等聰明有洛圖。笛笛凍凍助不起，長長短短助不牢。楊王天子，黑天黑地，混沌年間，包羅天地，混混沌沌，一粒粟米立乾坤。天大只有一粒米，地大只有一魚連。只有魚林變化大，並做金雞鳳凰身。身上包起三千子，一個結天，二個結地，三個結四天盤古，千變萬化立乾坤。三個担不動，採地不開。三個結成一圖，鳳（當係絳字）成一塊。（按即天地人三才之說。）今是開盤古。盤古置天高萬丈，盤古跟衣只天高十萬丈。右手擔天不動，左脚踏地不頂。一上一跟一跨，頭頂四天十萬丈，脚地元空地平空。乾坤不圓，金雞打翅天皮動，鳳凰賽翅四山崩。天上四個金童來結頂，地下四個鰲魚來頂根。鰲魚背上擎天柱，正是乾坤不動。一鰲魚討吃一口水，並（當係變字）成雲霧結天尊。人氣夫人討（按乃置字）人種，張王李帝管乾坤。肚餓要吃岩慢土，無衣就穿石慢衣。黑天黑地，五百年前結神仙。凡人不等太平年，長生不老千萬歲。五百年前難脫皮。（以上說人類因脫皮而斷種。）正是上元甲子人斷種，又說中元甲子立乾坤。張氏夫人生盤古，李氏夫人生馬王。盤古置天，馬王置地。烏鴨頂嶺，猿猴置山窩。須龍王置明月，窩須羅王託上天。角老仙人置五穀。藍桶大隻樹，屋柱大條根，拳頭大粒米。五百年前陳老米，吃了三年不肚飢。焦火元年天大旱，晒死凡間多少人。（按與呂氏春秋所謂十日出而焦火不息相同）十二日頭十二月，（按貴州苗人有十日並出射殺九日的神話。）晒破紅岩做兩邊。去了中原甲子人斷種，又說下元甲子人出身。（人類又因大旱而斷種。）下元盤古置人民，管到凡間世上人。張良張妹（按或作姜良姜妹。）置人民。大福元年生盤古，六月十三子時生。（按徭人亦有盤古出世歌）　下元盤古生九子，正是牛頭馬面人。第一所生劉明王，第二所生龍明王，第三虎明王，第四蛇明王，第五狗明王，第六苗明王，（按苗顯然指猫苗人與奉狗王的徭人原有密切關係。）第七張良，第八張妹，第九人明王。雷身虎骨，龍身大骨，人心狗骨，行不像樣，坐不相同，十人出來九條心，面上生毛不認親。後來卷氏夫人生七子，正是開天立地人。一個叫做大得力，二個叫做鐵大肘，三個叫做皮懶嗜，四個叫做冷淸淸，五個張長手，六個李長脚。逢着雷公天上過，左手上天捉雷公，右手下地捉雷婆。弟兄商議要吃雷公肉，不吃雷母湯。七人姐妹造鐵倉。痲雀會說話，老鼠會彈琴。惡蛇會吹葉，（當係籥字）烏鴉會唱歌。蝦蟆會相駡，烏龜上得樹。籠（當係籠字）瘻耙得滕，鐵樹開得花。混沌年間，亂陽世界反亂，山頭無路走，地下惡蛇滿山林。脚穿鐵鞋行得路，手拿銅拳上得山。混沌年間亂陽世界。後來惡明王造米，狗明王犂田。天上不容，地下不載。天上犯天條，地下犯六合。討吃惡公一口水，一口成風，二口成雨。（按[illegible]明王即蛇明王，蛇明王造米而干犯天條，遂遭天譴，與舊約創世記毒蛇故事相類）青天一聲雷鳴響，打破鐵倉做兩邊。（按毀[illegible]鐵倉與舊約創世紀造塔不成故事相類。）置出一粒仙瓜子，把與張良士內秧。賜你一粒仙瓜子，只怕後頭有難，去走西瓜里內去藏身。羅奉六年四月初三落鐵雨，四月十三淹天門。大山樹木春根死，九十九江滔天門。寅時秧瓜，卯時結子。葫蘆頭上乾坤頂、一連三洞湊天門。二人脚下打一望，打破葫蘆做兩邊。張良走去東邊山頭打一望，看見凡間斷火烟。張妹走去西邊山頭打一望，望到四面山頭破，世上凡間人斷種，莫把元心卦肚觴。（按是時人類又爲洪水所滅，此洪水故事與舊約洪水故事亦類似）二人姐妹都氣死，太白仙人點轉來。後來白岩頭上取火，沙州脚下取柴。八洞仙人來救難，天把張良做人種，二人姐妹結成雙。太白仙人都開口，金龜老人做媒人。上把青天爲憑，下把路邊青草爲主。夫妻結成隊，姐妹結成雙。（按徭人亦有此神話）三條日月上身，九條日月改担肝。生下一陀肉，後來大摩師祖來（大字當係達字）破爛，破浪三百六十四塊，就是三百六十四姓。姓姓有州，姓姓有縣。白石沉塘姓陳，急水滄頭姓呂，樹上摘桃姓李，木邊着易姓楊，頭上款帶姓戴，山上殺茅姓潘，洗菜逃（當係淘字）米姓鐵，進倉載禾姓谷，秧牙洛水姓白，石頭出烟姓火，官府入峝姓趙，留倒文書姓劉。姓姓有州，姓姓有縣。峝州峝縣。後來彌勒佛百里立縣，十里立塘，文官有差，武官有兵。太陽皇帝立東京，伏羲女媧立南京，聖貞皇帝立西京，洪武皇帝立北京。（太陽皇帝似指燧人）洪武一年立起河南陝西。洪武二年立起廣東廣西。洪武三年立起湖南楚地。洪武四年立起雲南兩廣。洪武五年立起福建。洪武六年立起廣南正定。公爺出身有圖，洛水有步，前庚申城步所，后庚申甲子城步司，後來擂撫院立起城步縣。庚辰戊申立起十團橫子，戊申己酉立起長平子定，元年立起五峝人民，六峝鄉里。

混沌一年蛇精隴（當係弄字）海。混沌二年凡人返亂。混沌三年死鬼隴神，隴眞成假，隴假成眞。當堂坐婁，埋溫坐楚，捉倒張長明王。千兩過頭，萬兩過脚；當不動，買不肖。九車潭，十里路頭。師公埋鬼，三年無肉吃。中人理事，三年無錢用。師公出法，羅盤出計。男人商量出金，女人商量出銀。買得黃牛一雙，白牛一只。担去平王江口太陽坪。羅衣（當係一字）把索，羅二把尾，羅三把斧頭。十二牛頭向上，十二馬頭向下。血水滿江。溫犯一年，六面置陽。瘟犯二年，六面置陽。上元甲子三千六，中元甲子二千四，下元甲子一千二。一盤（按盤字有排字或房字或族字意義）洛（當係落字）天心架樑。二盤洛地心雨落。三盤洛進三元昰土。四盤洛進烏江大塘。五盤洛銅鼓五魁。六盤進京涼石井。七盤石村慢塘。八盤洛亦（當係入字）上鄉山家。九盤洛亦九溪上年楊崗。（按上乃敍述苗民起事弄假成眞事敗後分九路逃散情形。）天心排楊返，楊柳倒山隻。地心雨落返，百鳥滿天飛。前庚申返，進洛岩四崗。后庚申返，遂同土五魁。一犯四十八年，男來做夫，女來做被（當係婢字）北京城內奏一本，朝田（當係朝廷）陣上點兵丁。一點三千六百個，二點八萬七千兵。衣針兜來，送合朝庭。星子一年，晴天進正。星子二年，滿天進銀。天順水江永定洛委江。甲子洛入子林硬州。戊申己酉洛進長安橫領。壬戌癸亥入洛城。田牛流天順洛水江。從狗光勝洛永定委江。甲子進地，上寨通溫，下寨通勝。戊申己酉楊總秤楊總產。壬戌癸亥洛入陳田牛流。早頭光元洛入荒田頭。蒙崗蒙正高布崗洛入布念。苟龍平洛入龍太保。平定洛入李家。李何田行蹺洛入少友。古慢日必目岩洛入才明大明。下鄉材口洛入毛苟孝元。洪武開天立地，朝頭立起九個州，夜間立起八個府。立起九州八府五十四縣，三百二十四姓。姓姓有州，姓姓有縣，姓姓有府。洪武過了，太敗皇帝管天下。皇帝敗了，將軍退了。遊山打列，（當係獵字）男過走東，女過走西。一個走洛天正良，二個走洛都天橫嶺，三個走洛九溪羊崗去。一句洪武開天入（當係立字）地，開府衙門。張良記（當係置字）天，李良記地，盤古太陽記田，魯班仙人記尺，白鶴仙人記稱。天上星子記單，地下凡人記雙。記下七朵蓮花，五條長櫈。星子一年，暗天進正，入洛上鄉山家。星子二年，滿天進銀，進洛都天橫嶺。星子三年，所殺進樣，進我九溪羊崗。去兩句子定元進長安。（桂北有長安）遠定入委江。上婁進田通。下婁入田富。有吳王章、龍果就、蒙果扇、石果崗、蒙富行、石富樣、藍雞、藍法，去洛藍州大杭。東北西北，義寧（桂北有義寧縣）板田。（屬義寧縣）過了石門，過隘丁林過坰。爺同十二公爺上水，有六個上清水江，有六個上濁水河。（按即柳江上游之兩支流）遠定入委江，有陳家陳禾尙，戴家戴富龍，入洛洋灣井遮水。金才金林入長滄，着得上三跳，得下三跳，得上連羊，下連羊，羊灣入地。楊大脚藍家虫是管砍畬（當係輋字）吃粟，木皮蓋屋。有三百勾刀，有四百斧頭，砍開上羊林，砍開下羊林。有待勾三百個，婁鼠三百坑，有茶樹三百支。這個也是開田公入地子。有猫子再銀進荒寨，三白通勝布隴。子光通定入坪塘。卯子今非入冲里。藍富弄貎入岩句。卯光昌通入石家。黑皮才樣入新寨。孝堂孝時林堂林時入蔣家。過的是以布隴（按布隴屬桂北龍勝縣，）九十九家開田公，入子崽。公爺有入明月有出。……（原文繼續記述許多地方之開田公入地崽不必全錄其中稱爲猫子猫公卯子者不少似即苗字）

上祖埋過仙人出洞下祖埋過五虎離山公爺埋着離鄉祖一鄉過一鄉川船過了洞庭江一圖過一圖，川船過了洞庭湖。船上過木易楊，船頭過叉角羊，船底過包耳陽。（羊陽均南方姓氏。）船底過洛岩狴。十二州陽，同船過水，共馬過江。洛亦金州府。第一州伸國州，第二府五昌府。（金州似指荆州五昌似指武昌）上在長沙寶慶府桃花坪。大的商量細結義。楊號尺令（似指勅令）選時辰日子，害定三月初八，着亦番刀復斧。時辰不登，日子不到，三月十八，秤死肉粮殺酒，半夜子時打浪盡州飛山廝陽大寨。第一殺了龍陽公，第二殺了龍陽娘。洛一芙蓉江口太陽坪。文酉二年開枝散葉。第一遱天心百陽。第二遱走心雨洛。第三婆唐溪九寶。第四遱五門三鄉。第五遱古州八萬（安古州在桂北接湘黔界）第六遱撞家迷狗。第七遱石村慢塘。第八遱下鄉林口。第九遱九溪上年陽洞。洛在武江（當係武岡）州頭三欄鋪。……（原文繼敍各大姓在湘西分徙情形茲不詳錄）

（另一譜本敍了長沙寶慶城步便說『三年坐周四年坐滿女人不愛當差納粮男人不愛點夫送担』於是敍述打下盡州飛山大寨『一盤洛在天心百陽二盤洛在地心雨落三盤洛在洪州赤因四盤洛在雙溪朝渡五盤洛在長東白水六盤石通慢專七盤大羊黃土八盤十闒横水九盤九溪洋峒一望玉溪二望其溪三望乾溪四望雙溪五望塔溪六望天溪七望邊溪八望地溪九望九溪楊嵩茶坐十園蒙古猺坐九里大山撞在古坭韻勝客坐城步大州義寧板田苗坐九溪陽嵩有秦昌明藍昌和楊昌正劉昌再四名昌字十二水狗打進沉江渡十二龍狗打入馬安山』按徭人龍犬神話亦必如是從上列譜本可見嶺南苗人乃明朝初年經湘西黔東而到來的。）

跋

作者研究粵江流域人民史，有三件事使我驚心動魄。第一，我驚歎粵江流域基本部族的獞人乃是最純粹的漢胄，具有淵源綿遠的歷史。周代以前，黃河以南的莽莽神州，充滿着純獞式或類獞式的文化。目前粵江流域還有顯明的獞族統緒。中華古史尚未寫成的一頁，還要求之於兩粵滇黔的研究呢！第二，我驚歎獞族同胞潛蓄力量的恢宏磅礴。近代所謂兩廣精神，西南精神，根本就是一點獞性的發揚光大。這獞性卽南越性夜郎性二徵性（徵側徵貳）南詔性廣源性金田性諒山性的集合體。第三，我驚歎獞族同胞今後的機會奇偉。當宋朝文物南渡時，朱夫子說，豈天旋地轉，東南反成爲天下的中心乎？照樣，現在我們也可以說，豈天旋地轉，西南將要成爲中國的中心嗎？封建已去，五族共和。姬漢姜漢在粵江流域已有令人欽羨的光榮混合，並且因這混合而產生了優良文化。將這精神團結，推而至於親愛的泰漢族和撣漢族。我們只覺得兩粵滇黔所有獞族同胞的責任重大罷了。

追念獞族的往史，我們仰慕他們的燦爛功績。觀察獞族的現狀，我們歌頌他們的強毅性能。

展望僮族的將來我們期待他們對於國家民族的無窮貢獻。在我們中華民族的整個生命上，粵江流域的僮漢族確是非常重要的一員！作者祖籍粵東而遷居粵西梧郡。因爲女性祖系的遺傳藐夘有深穠的僮族血液流貫着，引爲生平無上的榮耀。我愛兩廣。我愛西南僮族。我愛印度支那與我們同宗的泰人撣人。但我的心更愛念的，乃是我們偉大的中華民族。

作者徐松石敬跋

中華民國二十八年七月一日

粵江流域人民史終

敬啟

『民國專題史』叢書，乃民國時期出版的著名學者、專家在某一專題領域的學術成果。所收圖書絕大部分著作權已進入公有領域，但仍有極少圖書著作權還在保護期內，需按相關要求支付著作權人或繼承人報酬。因未能全部聯系到相關著作權人，請見到此説明者及時與河南人民出版社聯系。

聯系人 楊光
聯系電話 0371-65788063